DAS WIENER DONAUBUCH

HUBERT CH. EHALT / MANFRED CHOBOT
GERO FISCHER
(Hrsg.)

DAS WIENER DONAUBUCH

EIN FÜHRER DURCH ALLTAG UND GESCHICHTE

EDITION S

Edition S
Verlag der Österreichischen Staatsdruckerei

1. Auflage 1987

Copyright by
Österreichische Staatsdruckerei
Alle Rechte vorbehalten

Graphische Gestaltung: Multi Art
Druck und Bindearbeit: Österreichische Staatsdruckerei
ISBN 3-7046-0085-7

INHALT

Vorwort 7

I. Die Donau bei Wien. Situationen, Probleme und Perspektiven

BERTRAND MICHAEL BUCHMANN: Historische
Entwicklung des Donauraumes 12
LEOPOLD REDL: Regulierungen 36
ERNST GERHARD EDER/ELISABETH SPANLANG:
Lust am Wasser 49
HERMANN SCHACHT: Zur Ökologie der Donauauen 107
HANS WÖSENDORFER: Stromlandschaft und
Donauauen bei Wien 110
ERNST GERHARD EDER: Wiener Donaufische — Ein
wenig heroisches Kapitel Zivilisationsgeschichte 116
MANFRIED WELAN: Donauraum — Utopie und Realität 124
WALTER ZETTL: Die Donau — Eine Reise durch
Mitteleuropa 128
ANDREAS DUSL: Wien am Inn 132
CHRISTIAN HÖLLER: Experiment Donauinsel oder
Ausbruch aus dem Radfahrerghetto 138
DIETER SCHRAGE: Alltagskultur in Wien 143
ERNST GEHMACHER: Die Donauinsel — erlebt,
erforscht 150
HANS WÖSENDORFER: Brutvögel an der Donau 157

II. Wege und Orte

ROLAND GIRTLER: Sokrates, Napoleon, Dominic und
Kyselak an der Donau 162
TRUDE MARZIK: Gänsehäufel am Sunntag 168
BARBARA DENSCHER: Florian Berndl — Alternatives
Leben an der Donau 169
HERBERT STEINER: Kindheit am Gänsehäufel 174
PETER ALTENBERG: In einem „Wiener Puff" 179
TRUDE MARZIK: Gänsehäufel unter der Wochen 180
EDITH DÜRRER: Die Alte Donau 182
ELISABETH KOLLER-GLÜCK: Der Fischer und die
Nixe 184

MARTIN POLLAK/CHRISTOPH RANSMAYR: Wien, Mexikoplatz	187
KLAUS WILDNER: Der Nabel der Welt	198
TRUDE MARZIK: Rettung	201
WERNER NACHBAGAUER: Der Friedhof der Namenlosen in Albern	202
H. C. ARTMANN: dod en wossa	205

III. Alltägliche Geschichten

Ein Leben an der Donau	208
Der Daubelfischer Fikulka	217
Der Seebär	221
CARL LORENS: Der Donau Gigerl	223
Franz Sula, Bootsmann, Hafenmeister und Kapitän, und seine Tochter	224
Der Matrose	228
Leben im Stelzenhaus	232
Geschichten aus dem Inundationsgebiet	235
Die Donauphilosophie des Graphikers	239

IV. Freizeit an der Donau

Anreisen	248
Radfahren	248
Wassersport	250
Baden	254
Wandern	258
Sport-Plätze	260
Essen und Trinken	262
Alte Donau	253
Donauinsel Nord	255
Donauinsel Mitte	257
Donauinsel Süd	259
Lobau	261

VORWORT

In den Veränderungen, die sich in den letzten zwanzig Jahren im Wiener Donaubereich vollzogen haben, spiegeln sich besonders deutlich jene Prozesse — mit allen Kosten- und Nutzenseiten —, die das Antlitz der Stadt geprägt haben und prägen: Verdichtung des Verkehrs, Begradigung, Betonierung — Phänomene, die die Entwicklung aller europäischen Städte in den letzten Jahrzehnten kennzeichnen.

Die Donau bei Wien: Schlepper, Matrosen, Kranfischer, Fährleute, Schmuggler und Strompolizisten, früher die Arbeitslosen, Zuhälter und Unterweltler, heute die bunten Farben der Freizeitkonsumindustrie: Sportbootfahrer, Surfer, Rad- und Rollschuhfahrer, Jogger und Nacktbader; früher ein unzugängliches Gebiet, in das sich die *braven Bürger* nur bei Tageslicht und auch dann nur in einige erschlossene Gebiete wagten, heute eine rundum kultivierte, überschaubare, zivilisierte und mit asphaltierten Promenadenwegen ausgestattete Region, in der *lichtscheue Elemente* von der Polizei verdrängt wurden, die auf diesen Wegen patrouilliert — vor allem an heißen Tagen in den Nacktbadezonen. Einige Streifen des Gebietes der Donau bei Wien haben bis heute den Charakter *an der Grenze zwischen Zivilisation und Wildnis* erhalten. Der Wanderer überschreitet *Zeitgrenzen* und findet sich in einer anderen Welt.

Der *Prozeß der Zivilisation* (Norbert Elias), in dem sich im Verlauf der europäischen Geschichte mit der Durchsetzung zentralistischer, überschaubarer staatlicher Strukturen Verhaltensweisen herausgebildet haben, die durch Affektkontrolle (Kehrseite des Gewaltmonopols des Staates), Langsichtplanung und *gesittete Manieren* gekennzeichnet sind, ist überall dort, wo sich die Natur dem Menschen machtvoll entgegenstellt, langsamer verlaufen — in diesem historischen Prozeß wurde zuerst die Natur und dann der Mensch durch den Menschen gezähmt. Die Flußläufe mit den immer wiederkehrenden Überschwemmungskatastrophen und den rasch wuchernden Auwäldern haben sich dem disziplinierenden Eingriff staatlicher Instanzen bis weit ins 20. Jahrhundert hinein entzogen. Die Randkulturen der Kriminalität, der Prostitution, des Schmuggels und der Hehlerei hatten (und haben in verschwindendem Maß) hier ebenso ihren Platz wie nonkonformistische Gruppen, wie es die Anhänger der Freikörperkultur einmal waren.

Geometrisierung, Regulierung und Betonierung haben die Welt ständig überschaubarer, zugänglicher und sicherer gemacht. Fluchträume sind verschwunden, die Kontrollierbarkeit ist gewachsen, mit allen positiven und negativen Seiten, die Kontrolle hat.

Die weltweite Entwicklung vernetzter Infrastrukturen, neuer

Medien und Technologien lassen den Countdown der Synchronisierung der Kulturen immer schneller laufen — Mähdrescher, Caterpillar, Stahlbetonbau und Transistorradio sehen in Sri Lanka und Österreich ebenso aus wie in Neuguinea und den USA. Das Phänomen der *Ungleichzeitigkeit des Gleichzeitigen*, das die Kulturen der Geschichte bunt gemacht hat, verschwindet ebenso wie die Gegensätze zwischen Stadt und Land. Die Eigentümlichkeiten der regionalen, den ökologischen Milieus angepaßten Produktions-, Wohn- und Denkformen weichen der Normkultur der aktuellen westlichen Konsumgesellschaften.

In dem gleichen Maß, in dem dieser Prozeß der Zivilisation voranschreitet, wurde in Europa der Traum vom verlorenen Glück der Wildnis kultiviert. Romantische Phantasie und die Sehnsucht nach einer paradiesischen Unmittelbarkeit, Ursprünglichkeit und Natürlichkeit, die es tatsächlich nie gab, stehen gegen die Vernunft *der wirklich praktischen Leute, die wirklich auf allen zehn Zehen im wirklichen Leben stehen* (Christian Morgenstern). Die Argumente der Technokraten, die den Ton unserer Zeit angeben, sind die Sachzwänge, ihre Methode Kosten-Nutzen-Rechnungen im Dienste eines Fortschritts der Realisierung ihrer Ziele: Überschaubarkeit und Kontrolle, Information und Geschwindigkeit, Funktionalisierung und Umwegrentabilität, totale Vernetzung und Profit. Die Freizeit der Menschen wurde im Sinn dieser Prioritäten zu einem riesigen Absatzmarkt, auf dem die Erzeuger in immer dichterer Konkurrenz in der Schaffung und Befriedigung neuer Bedürfnisse ihre Nischen suchen; und die Politik muß dieser Entwicklung nolens volens folgen, denn Profit und Konsum (in einem Nachzugsverfahren für die große Masse der Arbeitnehmer) waren und sind ja legitime Interessen der Wähler der großen politischen Parteien.

Österreich und vor allem die Bundeshauptstadt Wien haben mit ihrer spezifischen Vergangenheit, in der sich die mächtigen feudalen Traditionen mit anarchisch-revolutionären und proletarisch-demokratischen Strömungen auf seltsame Weise gemischt haben, einen verspäteten soziokulturellen Anpassungsprozeß an die beschriebenen Aspekte des Fortschritts mitgemacht. Es gab und gibt hierorts viele Bereiche, in denen noch Werte, Wahrnehmungsweisen und Rituale der vorkapitalistischen Gesellschaft Geltung haben. Das hat Wien zu einem Ort gemacht, an dem auch Nonkonformisten leben können. Die *Wilden*, die *wahren Indianer der Stadt*, die Lebenskünstler, die Caféhausphilosophen und Anarchisten brauchen Schlupfwinkel, Rückzugsmöglichkeiten, Wälder jenseits der Zäune, um zu überleben. All das war und ist für mich die Donau bei Wien — und ich bin der Auffassung, daß man alles dafür tun muß, um diese Qualität zu erhalten.

Ich habe seit einigen Jahren an den Schnittpunkten dieser Welt fotografiert, mit den Leuten, die hier lebten und leben, gesprochen und diese Gespräche dokumentiert. Das Leben hier *am Rande der Zivilisation* hat mich fasziniert und den Wunsch entstehen lassen, die Geschichte der Strukturen, aber auch die spannenden persönlichen Geschichten, die das Leben geschrieben hat und die sich hier zugetragen haben, aufzuzeichnen.

Das Inundationsgebiet, an dessen Stelle seit Anfang der siebziger Jahre das Entlastungsgerinne angelegt wurde, und die Lobau sind traditionsreiche Lebensräume der Stadt. In der Lobau trafen sich in der Zwischenkriegszeit vor allem sozialdemokratische Nonkonformisten, für die das Ablegen des Badeanzuges auch etwas mit der Suche nach neuen Lebensformen zu tun hatte. An der Donau leben und lebten aber auch all jene Menschen, denen der Strom die Existenzgrundlage bietet: Fischer, Fährleute, Schlepper, Matrosen und Händler; an den Altarmen und in jüngster Zeit auch an der Neuen Donau bietet die Versorgung der Erholungssuchenden eine Vielzahl von Arbeitsmöglichkeiten: Bootsvermietungen, Segel- und Surfschulen, Rad- und Rollschuhverleih, Badeanstalten, Würstelstände und Beisln, Eis- und Salzgurkenverkäufer.

Das Buch versucht, Geschichte und Gegenwart des Donauraumes aus einer sozial- und kulturwissenschaftlichen Betrachtungsweise, vor allem aber auch aus der Sicht der Menschen, die hier gelebt haben und leben, darzustellen. Lebensgeschichten sind immer interessant und aufschlußreich, gleich, ob sie erfüllt von Erlebnissen, Geschichten der Verwirklichung von *Bedeutsamem* oder der Verhinderung, der Erniedrigung und Beleidigung oder der Solidarität und des Protestes sind. In den Erzählungen der *kleinen Leute* spiegelt sich mehr von Strukturen des alltäglichen Lebens, von der *Alltagskultur*, von den Mentalitäten und Ritualen der *Eingeborenen* als in denen der *Bedeutenden*, deren Namen in den Stadtchroniken vermerkt sind, die in ihren oft schriftlich niedergelegten Berichten und Reflexionen nicht selten in Selbstdarstellung und Ichbezogenheit verharren und wenig über das wissen lassen, was Substanz und Struktur, Fleisch und Knochen der Geschichte ausmacht.

Während die ersten beiden Teile des Buches Geschichte und Strukturen aus interdisziplinärer Sicht analysieren, werden im dritten Teil alltägliche Geschichten aus der Dokumentation von Gesprächen lebendig. In den traditionellen Quellen der Geschichtswissenschaft (obrigkeitliche Akten, Konskriptionslisten, Volkszählungen und Konsumstatistiken, Kirchenmatrikel, Fabrikordnungen etc.) kamen die Wahrnehmungs- und Bewältigungsformen der Betroffenen meist nur sehr gebrochen zum Ausdruck. Für die Erforschung der Alltagsgeschichte der letzten sieben bis acht Jahrzehnte bietet die *Oral History* die Möglichkeit, durch Gesprächsbeziehungen mit Zeitzeugen an der Produktion der Quellen mitzuwirken.

Es ist hier nicht der Platz für eine ausführliche Diskussion der Probleme, die sich bei der Arbeit mit mündlicher Geschichte ergeben. Jedenfalls aber liefert diese Methode einer Geschichte von unten entgegen den Einwänden der Kritiker ebenso valide Quellen wie die herkömmlichen schriftlichen Zeugnisse. Die Lebendigkeit der Situationen, in denen diese Quellen gewonnen werden, täuschen jedoch häufig eine Ursprünglichkeit und Authentizität vor, die auch die *Oral History* nicht bietet.

Ich habe Freundinnen und Freunde, die wie ich eine besondere Beziehung zur Donau haben, eingeladen, für dieses Buch zu schreiben. Die Texte spiegeln das Spektrum möglicher und berechtigter Erlebnisformen und Auffassungen: zwischen Ernst Gehmacher, der die großen Qualitäten des gewonnenen Freitzeitraumes *Donauinsel* preist, Dieter Schrage, der aus der abstrahierenden Perspektive des Ethnologen, zugleich aber mit einem liebevollen Blick auf die konkrete *Kultur der Eingeborenen* die Riten der Nacktbader beschreibt, und Leopold Redl, der seine Zeit im Bereich der Donauinsel erst verbringen will, wenn der Beton brüchig, der Lack vom Piano-Expreß-Beisl abgeblättert, Wasserrutsche und Wasserskilift zu Freizeitindustrieruinen geworden, Safari-Lodge und Tauchbasen ausgestorben sind und der Auwald die Geometrie der Planer und Technokraten überwuchert.

Architekten, Historiker, Soziologen, Schriftsteller, Lebensretter und Lebenskünstler, Fischer und Matrosen, Fährleute und Wanderer kommen zu Wort, erinnern sich an Kindheitserlebnisse, an ein Klavier, das vom Hochwasser weggespült wurde, spüren den Anfängen der Wiener Freibadebewegung und der Nacktbadekultur nach und erzählen die Geschichte des Pioniers Florian Berndl, der auf dem *Gänsehäufl* eine alternative Kultur einer einfachen und naturverbundenen Existenz lebte.

Zeitdokumente und Augenzeugenberichte machen so die sozialen Wirklichkeiten der letzten Jahre der Donaumonarchie, der Zwischenkriegszeit und der Gegenwart an der Donau bei Wien lebendig. Vieles wird festgehalten, bevor mit den Menschen auch die Erinnerung verschwindet.

Die in dem Buch gesammelten subjektiven Wahrnehmungen, Beobachtungen und Überlegungen lassen ein lebendiges Bild eines faszinierenden Kultur- und Naturraumes entstehen. Der Beziehung und Wechselwirkung von Kultur und Natur an der Donau bei Wien geht das Buch nach. Geschichte und Gegenwart eines Gebietes an der Grenze der Zivilisation, in dem die schwierige Naturbewältigung am Strom die Menschen geprägt hat, gewinnen in den Dokumenten, Erzählungen und Fotoessays Gestalt. In diesem Sinn geht es in dem Buch darum, Stadtstrukturen aus der Geschichte lebendig zu machen, aber auch darum, authentische Erfahrungen und Originalität von Menschen, die sich bisher nur ihrer näheren Umwelt mitteilten, zu erschließen.

Im Namen der Herausgeber *Hubert Ch. Ehalt*

I. DIE DONAU BEI WIEN. SITUATIONEN, PROBLEME UND PERSPEKTIVEN

HISTORISCHE ENTWICKLUNG DES DONAURAUMES

Bertrand Michael Buchmann

Hat ein Strom Geschichte, oder macht er Geschichte?
Die Geschichte, die er *hat,* fällt in den geomorphologischen Bereich: Sie beginnt für die Donau vor etwa zwei Millionen Jahren, als sich die aus den Alpen in das Vorland fließenden Gewässer zu jenem breiten Strom vereinten, dessen charakteristische Eigenschaft es war, Gebirgsschotter zu transportieren und bei abnehmendem Gefälle als mächtige Schotterkörper abzulagern. Im darauffolgenden Wechsel von Eiszeit und Zwischeneiszeit grub sich der Fluß immer tiefer ein und schuf jene Terrassenlandschaft, die heute das Relief der Stadt Wien prägt.
Die Geschichte, die der Strom *macht,* ist seine Einflußnahme auf die Siedlungstätigkeit der Menschen, auf ihre Lebensbedingungen in Handel und Verkehr, Krieg und Frieden.
In der Grauzone zwischen „Geschichte haben" und „Geschichte machen" liegen die Versuche des Menschen, das Gewässer durch Regulierungen zu bändigen.

Nach der Stromenge zwischen Leopoldsberg und Bisamberg teilte sich die Donau einstmals in mehrere Arme, die leichter als andere Stellen durchquert werden konnten und von einer alten Handelsstraße als Furt benützt wurden. Hier legten die Römer, nachdem Kaiser Augustus die nördliche Reichsgrenze mit dem Verlauf der Donau definiert und militärisch gesichert hatte, ein mit Erdwällen befestigtes hölzernes Kastell an. Gleichzeitig mußten die Kelten, welche die Höhensiedlung *Vindobona* auf dem Leopoldsberg bewohnten, auf römischen Befehl ihr *oppidum* aufgeben und sich in der Niederung unmittelbar neben dem Kastell neu ansiedeln. Der Name Vindobona erstreckte sich von nun an auch auf die römische Wehranlage, welche unter Trajan (98—117) in ein gemauertes Legionslager für sechstausend Soldaten ausgebaut wurde. Vindobona bildete gemeinsam mit dem Legionslager Carnuntum den Flankenschutz des am meisten gefährdeten Limesabschnittes, denn hier, im Bereich der alten Bernsteinstraße, versuchten die Scharen germanischer Stammesaufgebote immer wieder den gewaltsamen Einbruch in das Imperium Romanum.
Die Mauern des Römerlagers, deren Verlauf sich noch im heutigen Straßennetz der Innenstadt abzeichnet, grenzten im Norden unmittelbar an das „Hochgestade", jene steilabfallende Uferböschung

zwischen der höher gelegenen Stadtterrasse und der tiefer gelegenen Praterterrasse, welche einst das rechte Flußufer markierte. Im Nordwesten reichten die Mauern bis an den Ottakringer Bach (heute Tiefer Graben) und im Südosten an ein kleines, längst verschwundenes Gerinne im Bereich der Rotenturmstraße; sie waren also mit Ausnahme der Südwestkante (heutiger Graben und Naglergasse) ringsum zusätzlich durch Gewässer geschützt. Reste der Umwallung wurden da und dort ausgegraben, an der Donaufront sind sie jedoch spurlos verschwunden, ein Opfer des Stromes, der den Steilhang im Frühmittelalter unterspült hat.

Die Bucht zwischen Rotenturmstraße, Griechengasse und Laurenzerberg barg vermutlich den Hafen für die römische Donauflotte. Man nimmt an, daß die Zivilstadt Vindobona jenseits der Wien lag und die Wienflußmündung als Hafen benutzte. Vom ersten nachchristlichen Jahrhundert an war also das rechte Donauufer im Wiener Stadtgebiet Gegenstand städtebaulicher Überlegungen. Nach dem Abzug der Römer aus diesem Raum — Vindobona hörte im beginnenden 5. Jahrhundert auf, Legionslager zu sein — stockten allerdings alle größeren Bauarbeiten für länger als ein halbes Jahrtausend. Nun bildete die Donau nicht mehr die Reichsgrenze und sollte diese Funktion auch nie wieder ausüben. Nur in Kriegszeiten trennte sie bisweilen die feindlichen Armeen, wie beispielsweise während der beiden Türkenbelagerungen, im Feldzug gegen Napoleon 1809 oder im Krieg gegen Preußen 1866.

Während der Völkerwanderungszeit und im frühen Mittelalter blieb die Siedlungskontinuität von „Vindobona" erhalten, wenngleich unter anderen sozialen und wirtschaftlichen Voraussetzungen. Im achten und neunten Jahrhundert beschränkte sich die Restsiedlung (erste urkundliche Erwähnung: „ad Weniam", 881) auf die Nordostecke des ehemaligen Römerlagers, beidseits der heutigen Judengasse und rund um den Platz vor der Ruprechtskirche; sie wurde vom Berghof, der ältesten Wiener Burg, beherrscht. Die Bevölkerung suchte bewußt die Nähe der Donau, um auf dem Wasserweg die notwendigsten Güter herbeischaffen zu können.

Auch in historischer Zeit hatte die Donau ihre geomorphologische Geschichte. So drängte sie bis zum Ende des Hochmittelalters nach rechts (Südwesten); damals floß der Hauptarm unmittelbar am Hochgestade entlang und riß bei jedem Hochwasser Teile der Uferböschung mit sich. Seit der Wende vom zwölften zum dreizehnten Jahrhundert zeigte der Strom eine gegenläufige Tendenz: Er begann nach links (Nordosten) zu wandern und sich vom Hochgestade, also von der Stadt Wien, zu entfernen. Die Ursache dieses Phänomens ist in einer tektonischen Kippung des Donautalprofils (Praterterrasse) zu suchen. Nach und nach verlandeten die einstigen Anlegeplätze und wurden nach Norden verlagert. Als Herzog Leopold VI. (1198—1230) im Zuge der Stadterweiterung die neue große Stadtmauer erbauen ließ, kam das Salzgries, wo einst die Salzschiffe gelandet waren, innerhalb der Umwandlung zu liegen.

Mit der Anlage dieses großen, über viereinhalb Kilometer langen Festungsringes wurde der Umfang der Inneren Stadt für die nächsten siebenhundert Jahre vorbestimmt. Von den insgesamt neunzehn Türmen der Stadtmauer standen neun am Donauufer, wiesen also diesem Abschnitt höchste Bedeutung zu. Hier erstreckte sich die Wehrmauer parallel zum Hochgestade in nahezu gerader Linie; zwischen *Salzturm* und *Rotenturmtor* war ihr eine zweite, etwas längere Mauer vorgelagert; vor dieser standen einige Lagerhäuser im Anschluß an die Landeplätze. Die wichtigsten Ausfalltore der Stadt blickten ebenfalls zur Donau hin (Rotenturmtor, Werdertor, Salztor, Fischertürlein).

Auch außerhalb der Festung bildeten sich entlang der Donau mittelalterliche Siedlungen, vornehmlich von Angehörigen des stromverbundenen Gewerbes: Flußabwärts erhob sich am Steilhang zur Donau die 1192 erstmals erwähnte Erdburg, welche dem hier entstehenden Uferzeilendorf *Erdberg* seinen Namen gab. Als sich auch dort die Donau vom Hochgestade entfernte, wurde auf neuem Alluvialland (Schwemmland) die Vorstadt *Unter den Weißgerbern* gegründet. Noch weiter stromabwärts entstand — ebenfalls aus Schwemmaterial — die Simmeringer Heide; auf deren tiefstem Punkt, mit 153 bis 155 Metern Seehöhe zugleich die tiefste Ortslage von Wien, ist seit 1162 *Eberichsdorf*, der Sitz eines begüterten Herrengeschlechtes, bezeugt. Das zugehörige Wasserschloß fiel 1499 an Kaiser Maximilian I. (seither *Kaiser-Ebersdorf*) und wurde bis weit in die Neuzeit als landesfürstliches Jagdschloß benützt. Das 1028 urkundlich erstmals erwähnte Simmering, wie Erdberg ein Uferzeilendorf, erhob sich wie dieses auf dem hochwassersicheren Hochgestade, während das nahe der Schwechatmündung gelegene Albern (seit 1162 bekannt) häufig von Überschwemmungen heimgesucht wurde. Vor Wien sparten die Donauarme eine Reihe von Inseln aus. Links vom *Wiener Arm*, dem späteren Donaukanal, erstreckte sich der *Untere Werd*, eine Gruppe von Inseln, die während des Spätmittelalters zu jenen großen Blöcken verschmolzen, welche nach der ersten Donauregulierung (1870—1875) die Praterinsel bildeten. Der im Jahr 1300 erstmals urkundlich erwähnte, burgartige *Hof zu Neydecke* liefert den frühesten Nachweis für die Besiedelung dieser Donauinseln. Der *Obere Werd*, 1291 urkundlich erstmals erwähnt, umfaßte die Inselgruppe nördlich von Wien, welche später, als die Donau weiter nach links drängte, mit dem rechtsufrigen Festland zusammenwuchs und heute die tiefstgelegenen Teile des neunten Bezirks ausmacht. Die der Stadt nächstgelegene Insel war die *Roßau* mit der 1364 genannten Siedlung *Unter den Vischern*; der Name *Roßau* oder auch *Roßtrenk* rührt daher, daß die Schiffsleute, welche mit ihren Schiffen stromaufwärts zogen, dort ihre Rosse tränkten. Im Mittelalter war diese Gegend berüchtigt, weil hier das Bäckerschupfen gehandhabt wurde, eine Ehrenstrafe für Bäcker, welche minderwertiges Backwerk feilboten: Der Verurteilte wurde in einem Korb mehrmals in den Fluß getaucht. In

wirtschaftlicher Hinsicht diente die *Roßau* jahrhundertelang als Stapelplatz für das an der Donau herangeführte Holz. Die Sage vom Donauweibchen, der schönen Nixe, die einen Fischer vor dem herannahenden Hochwasser warnte und ihn später mit sich in die Fluten nahm, erinnert an die zahlreichen verheerenden Überschwemmungen in diesem Gebiet.
Oberhalb der Alsmündung erstreckten sich die ebenfalls noch zum *Oberen Werd* gehörenden Inseln *Spittelau* und *Klosterneuburger Au*. Die *Spital-Au*, vom *Hospital an der Siechenals*, seit dem siebzehnten Jahrhundert als Quarantänestation benützt, nahm die Pestkranken während der Epidemien auf.

Als sich in Folge der oben erwähnten geologischen Veränderungen der ursprünglich hart an den Mauern vorbeifließende Strom von der Stadt entfernte und die weiter nördlich gelegenen Flußarme immer breiter wurden, der *Wiener Arm* jedoch mehr und mehr versandete, schien Wien an seinem Lebensnerv getroffen, bildete die Donau doch nach wie vor die Hauptader für die Nahrungsmittelversorgung der Stadt. Darüber hinaus machte das 1221 verliehene Stadt- und Stapelrecht den Wiener Hafen zum Handelsmittelpunkt des deutschen Südostens und begründete im 13. und 14. Jahrhundert den Wohlstand der etwa zwanzigtausend Seelen zählenden Gemeinde. So ist es verständlich, daß die Wiener Stadtverwaltung alles unternahm, um den *Wiener Arm*, den nachmaligen Donaukanal, schiffbar zu erhalten. Sie ließ im Rahmen der damaligen technischen Möglichkeiten die Sandbänke abtragen und das immer seichter werdende Flußbett ausbaggern. Das älteste gesicherte Zeugnis von Arbeiten mit Handbaggern stammt aus dem Jahr 1376. Generationen von Wasserbaumeistern mühten sich von nun an mit wechselndem Erfolg, die Wasserstraße schiffbar zu halten.
Es ist der Unstetigkeit der Flußlandschaft und ihrer nach jedem Hochwasser veränderten Flußlinie zuzuschreiben, daß sich die Wiener erst verhältnismäßig spät an die Errichtung einer Donaubrücke heranwagten. Man bediente sich der Überfuhren, und nur zu außergewöhnlichen kriegerischen Ereignissen schlugen Heerführer wie Marc Aurel, Karl der Große, Ottokar von Böhmen und Rudolf I. von Habsburg Schiffsbrücken über die Donau. Die älteste dauerhafte Donaubrücke führte vom *Rotenturmtor* über den *Wiener Arm* in den *Unteren Werd*. Vermutlich unter Erzherzog Albrecht II. (1330—1358) errichtet, erhielt sie den Namen *Slachpruck* (später *Schlagbrücke*, heute Schwedenbrücke). Der Name bezog sich entweder auf die Bauart (die Brückenjoche wurden in den Grund geschlagen) oder auf die beim Roten Turm ansässigen Schlächter. Für nahezu ein halbes Jahrtausend blieb die Schlagbrücke die einzige Verbindung zur Donauinsel. Wenn sie auch häufig dem Hochwasser oder einem Eisstoß zum Opfer fiel, wurde sie doch immer wieder in derselben Form als hölzerne Jochbrücke hergestellt.

Am vierten Juli 1439 traf König Albrecht II. (als Landesfürst Albrecht V.) die Verfügung, auch die übrigen Donauarme mit Brücken zu überspannen. Zugleich erließ er eine Ordnung für die zu entrichtende Stadtmaut. Diese Donaubrücken öffneten der Stadt Wien den ungehinderten Handelsweg nach Norden, vermochten aber nichts zur Beseitigung der Wirtschaftskrise beizutragen, die Wien im 15. Jahrhundert heimsuchte, da sich in jener Zeit das Verkehrssystem des europäischen Großhandels von der Donaulinie zur *mitteldeutschen Straße* (Nürnberg—Leipzig—Breslau—Krakau—Ofen) verschob. Das oben erwähnte Wiener Stadt- und Stapelrecht verlor zusehends an Bedeutung und wurde 1515 schließlich aufgehoben.

In städtebaulicher Hinsicht zog die Donauüberbrückung das verkehrsgebundene Gewerbe an die neue Ausfallstraße in den *Unteren Werd*, dessen Wohnqualität bereits ein Jahrhundert früher durch den Bau der *Schlagbrücke* wesentlich gewonnen hatte; erstmals ließen sich hier Handwerker nieder, vereinzelt schlugen auch reiche Bürger ihren Sommersitz im Auengebiet auf.

Nach dem Tod Albrechts II. (1439) verfiel in Österreich die staatliche Ordnung; ständige Fehden und Kriege verursachten den wirtschaftlichen Niedergang von Stadt und Land. Die schwersten Verwüstungen richtete die Erste Wiener Türkenbelagerung (2. bis 14. Oktober 1529) an. Ein Heer wie die osmanische Armee hatte man an der Donau noch nie gesehen: 150 000 Soldaten, begleitet von einem etwa 100 000 Mann zählenden Troß und einer Donauflotte von vierhundert Schiffen (darunter dreißig bis vierzig Kriegsschiffe) bedrängten die Stadt und ließen erst von ihr ab, als frühe Schneefälle, Krankheiten und ein nicht funktionierender Nachschub den eiligen Rückzug erforderten.

Die folgenden Dezennien des Wiederaufbaues und der Neugestaltung der Kulturlandschaft sind von der Entscheidung Ferdinands I. im Jahr 1533 geprägt, Wien wieder zur Residenz zu machen. Wien erhielt eine neue Stadtmauer, deren Bau bald nach der Ersten Türkenbelagerung einsetzte und unmittelbar vor der Zweiten Türkenbelagerung 1683 vollendet wurde und die Stadt zur stärksten Festung des Abendlandes machte. Diese Anlagen schnürten im 16. und 17. Jahrhundert den Wohnraum der wachsenden Wiener Bevölkerung ein. Mit zunehmender Raumnot strömten immer mehr Wiener Bürger in die Vorstädte. Stromaufwärts von Wien, in der *Roßau*, ließen sich Angehörige des stromverbundenen Gewerbes, insbesondere Flößer, Binder, Holzhändler und Gärtner nieder; weitläufige Holzstapelplätze breiteten sich entlang des *Wiener Armes* aus. Sozial ähnlich gegliedert war die hinter der Wienflußmündung gelegene Vorstadt *Unter den Weißgerbern*. 1561 siedelte Ferdinand I. die Lederer und Weißgerber hier an, auch Fleischhauer fanden sich ein, welche die von Ungarn per Schiff nach Wien transportierten Ochsen an der Weißgerberlände übernahmen und

entweder gleich schlachteten oder zu den Ochsenständen auf dem Glacis trieben.
Kaiser-Ebersdorf, 1529 Sultan Suleimans Quartier, erfreute sich als Jagdschloß inmitten der wildreichen Auwälder größter Beliebtheit bei den Landesfürsten. Maximilian II. richtete hier 1552 seine Menagerie ein, welche dann 1607 in das oberhalb des Hochgestades gelegene Neugebäude (heute Krematorium) übersiedelte.
Die Ansiedelung jenseits der *Schlagbrücke* im *Unteren Werd* entwickelte sich nach dem Wiederaufbau der von den Türken zerstörten Häuser zur größten und volkreichsten Wiener Vorstadt. Im Jahre 1624 wurde hier das Wiener Ghetto errichtet. 1670 verfügte Kaiser Leopold I. jedoch wieder die Aufhebung der *Judenstadt* und ordnete die Vertreibung ihrer Bewohner an. Der *Untere Werd* wurde daraufhin von den Wienern in *Leopoldstadt* umbenannt.
Die stromabwärts der Leopoldstadt liegenden Teile der Donauinsel, der Prater, blieben von Bebauungen frei, da Kaiser Maximilian II. diesen Bereich 1560 der landesfürstlichen Jagd gewidmet hatte. Auch stromaufwärts der Leopoldstadt erstreckte sich ein Jagdgebiet, die *Wolfsau, Taborau* oder das Land *Zwischen den alten Donaubrücken*. Hier hatte Kaiser Matthias 1614 im Bereich des heutigen Augarten ein Jagdschloß erbauen lassen. An der linksufrigen Lände des Wiener Armes lagerte wie am gegenüberliegenden Ufer der Spittelau und Roßau das Holz in ausgedehnten Holzlegestätten.

Das größte Hochwasser in historischer Zeit, vermutlich das größte des Jahrtausends, ereignete sich anno 1501. Bald danach begannen die ersten Regulierungsarbeiten am Strom. Nach wie vor bemühte man sich, durch Baggerarbeiten ein Versanden des Wiener Arms zu verhindern. Erstmals ging man aber auch daran, durch eine Neugestaltung der Nußdorfer Stromgabelung mehr Wasser in den Wiener Arm zu leiten, wozu man sich sogenannter Buhnen bediente. Das waren kleine, vom nördlichen (linken) Donauufer aus in den Strom gebaute Dämme, welche das Wasser zur Laufänderung zwingen sollten. Um ein Einreißen des Stromes zu verhindern, schützte man die Ufer mit Beschlächten, also mit senkrechten Bohlenwänden.
Der erste namentlich bekannte Wasserbaumeister Wiens war der Münchner Hans Gasteiger, der mit seiner eigens patentierten Baggermaschine, vor allem aber durch die von ihm erbauten Buhnen und Beschlächte, in der zweiten Hälfte des 16. Jahrhunderts einige, wenn auch nur kurzfristige Erfolge erzielte. Mehr durfte denn auch angesichts der damaligen technischen Möglichkeiten nicht erwartet werden, obwohl jeder neu angestellte Hydrauliker eine dauerhafte Lösung versprach. Jedes größere Hochwasser machte jedoch alle Bemühungen zunichte. Hinzu kam, daß ständiger Geldmangel, andauernde Kompetenzstreitigkeiten und kleinliche Querelen gegen begabte Ingenieure großzügigere Projekte verhinderten, so

auch jenes von Ferdinand Albrecht Freiherr von Hoyos-Stixenstein. Dieser galt fälschlich als der Erbauer des Donaukanals, da man lange Zeit glaubte, er hätte einen kanalartigen Durchstich geschaffen. In Wahrheit beschränkten sich seine Arbeiten (von 1605 bis 1608) darauf, den sogenannten *Waschaküttel,* den obersten Teil des Wiener Armes, zu vertiefen. Ferner begann er damit, bei der Nußdorfer Stromgabelung einen Sporn anzulegen, der größere Wassermassen in den Wiener Arm zwingen sollte. Mißgünstige Konkurrenten Stixensteins veranlaßten einen Baustopp des Sporns, eine verheerende Überschwemmung zerstörte das angefangene Werk bald wieder.

Im Jahre 1608 erhöhte die Regierung den Salzpreis für die Dauer von 99 Jahren, um mit den Mehreinnahmen des Salzamtes die Stromregulierungen zu finanzieren.Aber das Geld reichte nie aus, sodaß auch die niederösterreichischen Stände zur Beitragsleistung genötigt wurden, was einen andauernden Konflikt zwischen Regierung und Ständen hervorrief und die Bauausführung schwer beeinträchtigte.

Der Dreißigjährige Krieg brachte die Kampfhandlungen zweimal vor die Tore Wiens: Im Jahr 1619 belagerte Graf Thurn mit etwa 10.000 Mann die völlig unvorbereitete Stadt, blieb aber letztlich erfolglos, weil es der Wiener Garnison gelang, die Donaufront offen zu halten und von dieser Seite den nötigen Nachschub zu besorgen. Die strategisch wichtige Praterinsel blieb trotz mancher Gefechte fest in den Händen der Verteidiger, auch die Donaubrükken konnten gehalten werden, denn an ihren Enden hatten die Wiener mehrere größere Schanzen aufgeworfen und einige hundert Soldaten als Posten aufgestellt; auf dem Strom selbst patrouillierten ständig vier Kriegsschiffe.

Den zweiten Angriff gegen Wien führten die Schweden unter General Lennard Torstensson im April 1645: Diesmal stand der Angreifer nördlich der Donau und bedrohte den Wiener Brückenkopf, eine Sternschanze in der Wolfsau (*Wolfsschanze*) am Ende der insgesamt vier Brücken, die über den verästelten Strom führten. Nach fünftägigem Beschuß mußte die Wiener Besatzung abziehen und die Brücke hinter sich zerstören. Nun rückten die Schweden in die Schanze ein und wurden erst sechs Wochen später wieder vertrieben. In der Legende von der Entstehung der Brigittakapelle im 20. Bezirk lebt die Erinnerung an die Errettung des kaiserlichen Kommandanten vor dem Einschlag einer schwedischen Kanonenkugel in sein Zelt fort. Der Tag dieses Ereignisses, der Brigittatag, gab der *Wolfsau* den neuen Namen *Brigittenau*. Vom 18. Jahrhundert bis zum Revolutionsjahr 1848 war dieser Standort Schauplatz eines gern beschriebenen Kirchweihfestes.

Während des Dreißigjährigen Krieges standen die Wasserbauarbeiten still. Als aber der Hauptstrom in Richtung Enzersdorf und Jedlesee auszubrechen drohte, erwies es sich als nötig, dieser Gefahr mit Befestigungen des linken Ufers zu begegnen. Nach dem Krieg konzentrierten sich die Wasserbaumeister wieder auf die Nußdorfer Stromgabelung und bemühten sich, mittels eines neuen Teilungswerkes oder Sporns und einiger Buhnen am linken Donauufer wieder mehr Wasser in den inzwischen stark versandeten Wiener Arm zu leiten. Diese Bauten führten allerdings noch schneller zur Versandung des Wiener Armes, denn der vergrößerte Wasserstrom brachte auch mehr Geschiebe mit sich, das sich nach einigen hundert Metern, wenn die Fließgeschwindigkeit abnahm, ablagerte. Aber keiner der Wasserbauingenieure durchschaute diesen Vorgang; jeder glaubte, der Erfolg hinge lediglich von der richtigen Größe des Teilungswerkes ab.

Härter und grausamer als jeder andere Feind wüteten die Türken während der Zweiten Türkenbelagerung vom 13. Juli bis zum 12. September 1683. In den Vorstädten blieb kein Stein auf dem anderen, die Stadt selbst hingegen trotzte mit ihren soeben fertiggestellten Festungswerken dem Angreifer und hielt solange stand, bis das Entsatzheer unter Karl von Lothringen, welches sich jenseits der Donau gesammelt hatte, den Strom überquerte und in der Schlacht am Kahlenberg den Türken eine vernichtende Niederlage bereitete.
Durch den Sieg über die Osmanen und die anschließende Eroberung Ungarns rückte Wien aus seiner Randlage in das Zentrum der habsburgischen Länder. Mit der wiedergewonnenen Sicherheit erwuchs den Bewohnern ein neues Lebensgefühl, welches sich auch in einer neuen Bauphase manifestierte: Die mittelalterliche Bürgerstadt wandelte sich zur barocken Residenz, die Donaumetropole erlebte — insbesondere um die Mitte des 18. Jahrhunderts — ihren Höhepunkt an höfischer Prachtentfaltung. Zwischen 1683 und 1770 verdoppelte Wien seine Einwohnerzahl von 80.000 auf 160.000. Die Gewerbetreibenden drängten aus der nun schon viel zu dicht bebauten Innenstadt hinaus in die Vorstädte.
Am *Wiener Arm*, der seit dem beginnenden 18. Jahrhundert *Donaukanal* genannt wurde, blieben die Festungsanlagen der Innenstadt einigermaßen unverändert. Um so stärker änderte sich das Bild der Vorstädte. Auch neue Vorstädte entstanden jetzt, wie die Roßau, deren Häuserzeilen die ehemaligen, nun versandeten Donauarme markierten; die untere Berggasse (ehemalige Holzgasse) und die Porzellangasse kennzeichnen den einstigen Wasserverlauf des *Nußdorfer Armes*, der bei der heutigen Augartenbrücke in den *Wiener Arm* mündete. Die Bevölkerung dieser Vorstädte rekrutierte sich aus Angehörigen des stromverbundenen Gewerbes. Erfolgte das Wachstum der *Roßau* auch wenig planvoll, so entwickelte sich die kleine Gemeinde Lichtental an der Stelle der einstigen Insel *Alt Lichtenwörd* wesentlich regelmäßiger: Hier ließ von 1694 bis 1712 Fürst Liechtenstein im Raume der Liechtensteinstraße, Althanstraße und Reznicekgasse ein Brauhaus und eine Wohnsiedlung erbauen. Der gesamte grundwassernahe Bereich des Donaukanals

bildete auch nach 1683 bevorzugte Standorte für Gemüsegärtner und Milchmeier. Vor allem das Gelände der ehemaligen Weißgerbervorstadt und das des weiter unten liegenden Erdbergs beherbergte zahlreiche Betriebe dieser Art.
In der links des Donaukanals liegenden Leopoldstadt war das wichtigste neu errichtete Bauwerk das Schiffsamt (Obere Donaustraße 55 — Ecke Schiffamtsgasse). Vor der Türkenbelagerung befand sich dieses Institut, das für Militärtransporte auf der Donau, für die Stromaufsicht, den Schiffsbrückenbau und für die Beseitigung von Schiffahrtshindernissen zuständig war, im Gelände des Schiffsarsenals nächst der Elendbastion, 1688 wurde der neue Gebäudekomplex in der Leopoldstadt errichtet. Zum Schiffamt gehörte auch der Schiffstadel (zwischen heutiger Ferdinandstraße 2—6 und Praterstraße 8) mit dem Leerenbecheramt, welches die vom Schiffamt benötigten Schiffe zu beschaffen hatte. Die bauliche Gestaltung der Leopoldstadt wurde im Barockzeitalter vor allem durch die sommerlichen Adelssitze und die dazugehörigen Gärten geprägt. Eine solcherart aufgewertete Wohngegend zog auch zahlreiche Wiener Bürger an, sodaß die Leopoldstadt auch in jener Zeit als größte und volkreichste Vorstadt Wiens galt. Neben der Leopoldstadt barg die Donauinsel noch drei Erholungslandschaften: den Prater, 1766 von Kaiser Joseph II. für die Öffentlichkeit zugänglich gemacht, den Augarten, ebenfalls von Joseph II. 1775 für das Publikum geöffnet, und die Brigittenau.

Seit Wien nach dem Sieg über die Osmanen ins Zentrum der habsburgischen Besitzungen gerückt war, belebte sich der Donauverkehr unterhalb Wiens aufs neue. Im Zeichen einer merkantilistischen Wirtschaftspolitik galt zudem der Förderung des Verkehrswesens, insbesondere des Schiffsverkehrs erhöhtes Augenmerk der Regierung. Kühne Projekte von Binnenschiffahrtskanälen tauchten auf, die Arbeiten an der Donauregulierung, insbesondere an der Nußdorfer Stromgabelung gingen mit gesteigerter Intensität weiter. Der Vizestatthalter von Niederösterreich, Karl Graf Welz, ließ zwischen den Jahren 1696 und 1703 in der nördlichen Taborau einen 1140 Meter langen Durchstich zwischen Hauptstrom und Wiener Arm ausheben. Dieser *Neu-Canal* gab von nun an dem Donaukanal seinen Namen. Er fixierte endgültig seinen obersten Abschnitt zwischen Mooslacken- und Rampengasse, das alte Nußdorfer Teilungswerk wurde aufgegeben, an der nunmehrigen Stromgabelung entstand ein neues. Als flankierende Maßnahmen wurde 1699 der Nußdorfer Arm mit einem Damm abgeschnürt, so daß durch den neuen Kanal eine größere Wassermenge geleitet werden konnte.
Um 1700 kam es zur letzten natürlichen Veränderung des Donaukanals, als infolge eines Hochwassers das Heustadelwasser nach Erdberg durchbrach und die Flußschlinge im Erdberger Mais einriß. Ein in den Jahren 1714 bis 1726 angelegter Durchstich verbesserte die Schiffahrtsmöglichkeit in diesem Abschnitt, Dämme im

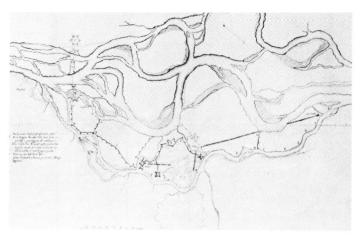

Erste topographisch richtige Darstellung der Wiener Stromlandschaft von Josef Priami, 1663. Aus: Österr. Staatsarchiv, Kartensammlung.

Erdberger Mais ließen diese Flußschlinge nach einigen Jahrzehnten wieder trocken fallen.
Im Jahr 1704, als zum Schutz gegen die Kuruzzen der Linienwall um die Vorstädte Wiens gezogen wurde, hatten die Veränderungen des Donaulaufes einen vollständigen Neubau der Donaubrücken gefordert. Sie querten den verzweigten Strom nun nicht mehr wie früher nahe der Brigittakapelle, sondern knapp einen Kilometer stromabwärts. Die Bauarbeiten, vom begabten Ingenieur Maximilian Antoni Hoffmann von Ankherscron ausgeführt, dauerten nicht ganz zwei Monate und umfaßten neben einer Anzahl kleinerer auch drei große Brücken: die der Stadt zunächst gelegene *Fahnenstangenbrücke* über das Fahnenstangenwasser hinter dem Augarten, die *mittlere, andere* oder *schlamperte Brücke* sowie die *große* oder *Schänzel-Brücke* über den Hauptstrom; alles in allem mußte Hoffmann sechzig Brückenjoche in das Flußbett schlagen.
Obwohl der Donaukanal bereits seiner heutigen Trassierung entsprach, blieb seine Wasserführung unbefriedigend, und die mehrfache Verlängerung des Nußdorfer Sporns vermochte ebensowenig wie die Abdämmung des Nußdorfer Armes zu verhindern, daß beladene „Hohenauer", eine Schiffsklasse, bei Niedrigwasser nicht mehr einfahren konnten. Tief entmutigt angesichts der vergebens aufgewendeten enormen Summen von mehreren hunderttausend Gulden (ein Gulden entspricht heute etwa fünfhundert Schilling), ließ die Regierung weitere Bauarbeiten am oberen Donaukanal vorläufig einstellen und beschränkte sich auf das Ausbaggern von Sandbänken.
Unter Kaiser Karl VI. (1711—1740) legten die Wasserbaumeister ihr Augenmerk auf die Uferfixierung des Donaukanals und des

Fahnenstangenwassers, wobei die herkömmliche Methode von mit Steinen befestigten Holzbeschlächten in Anwendung kam. Absperrungen von Nebenarmen brachten noch nicht die gewünschten Ergebnisse; lediglich die Abdämmung des Verbindungsarmes vom Heustadelwasser zum Erdberger Mais blieb von nachhaltiger Wirkung. Im Bestreben, die Wasserstraßen besser auszubauen, gründete Maria Theresia 1770 in Wien die Navigationsbaudirektion, deren Aufgabe in der Beseitigung von Schiffahrtshindernissen im Donaustrom lag.

Etwa um 1770 wurde die hochbarocke Bauperiode durch die des bis 1840 dauernden Manufakturzeitalters abgelöst, welches an Stelle des barocken Luxus die praktische Nüchternheit des wirtschaftstreibenden Menschen setzte. Erleichternde Bestimmungen für Handel und Gewerbe ließen zahlreiche neue Betriebe entstehen, deren Standorte vorwiegend in den Wiener Vorstädten lagen. Ein Zuzug aus allen Teilen des Reiches vermehrte Wiens Bevölkerung von 160.000 auf 440.000. Längst war der Raum innerhalb des frühneuzeitlichen Mauerringes zu klein geworden. Doch durch die ungeheuren Kosten der napoleonischen Kriege rückten alle Gedanken an eine mögliche Stadterweiterung in weite Ferne.
Zweimal zog Napoleon in Wien ein, beide Male kam dem Donaulauf strategische Bedeutung zu, denn er trennte die feindlichen Heere voneinander. Im Jahr 1805 räumten die kaiserlichen Truppen kampflos die Stadt vor den Franzosen und setzten sich nach Norden ab. Ehe sie die Donaubrücken hinter sich zerstören konnten, bemächtigte sich der französische Marschall Joachim Murat durch eine List der intakten Brücken — er täuschte einem untergeordneten österreichischen Kommandanten Waffenstillstandsverhandlungen vor — und erlaubte dadurch Napoleon die ungehinderte Überquerung der Donau.
Als Napoleon im Jahr 1809 ein zweites Mal vor Wien stand, sollte die Stadt verteidigt werden. Nach einem kurzen Bombardement der Innenstadt gaben die Österreicher Wiens Verteidigung auf, zogen sich über die Donau zurück und verbrannten — diesmal rechtzeitig — die Brücken. Napoleon sah sich gezwungen, auf einer provisorischen Pontonbrücke den Strom zu überqueren, um das Habsburgerheer anzugreifen. Das Unternehmen mißlang, sowohl wegen des Hochwassers als auch wegen ständiger Störaktionen mutiger österreichischer Soldaten, welche schwerbeladene Kähne oder brennende Wracks gegen das schwankende Bauwerk treiben ließen und es wiederholt durchbrachen. Dem Kaiser der Franzosen glückte die Übersetzung seiner gesamten Armee auf das linke Donauufer nicht, sodaß Erzherzog Karl mit überlegenen Kräften angreifen konnte. Nach der Schlacht von Aspern verschanzte sich Napoleon mit seiner Armee auf der Donauinsel Lobau, der „Île Napoleon", zog in kürzester Zeit sämtliche verfügbaren Truppen dorthin zusammen und griff sechs Wochen später die Österreicher, welche sich bei

Deutsch-Wagram aufgestellt hatten, erneut an, wobei er dieses Mal zehn Kriegsbrücken über die Donau schlug, den Strom ungehindert übersetzte und die Schlacht bei Wagram gewann.

Im Jahr 1817 hob Kaiser Franz den Festungsstatus von Wien auf, womit er eine Diskussion über die Wiener Stadterweiterung auf Kosten der Basteien initiierte; es sollten aber noch vier Jahrzehnte vergehen, bis durch die Anlage der Ringstraße das Aussehen der Innenstadt maßgeblich verändert wurde. Vorerst blieb der städtebauliche Wandel auf die Vorstädte beschränkt. In der Weißgervorstadt bildeten sich zwei Bebauungsschwerpunkte, nämlich die geschlossene Ländensiedlung der Lederer und Fleischhauer und dahinter die Streusiedlung der Küchelgärtner; an der Weißgerber Hauptstraße zu beiden Seiten der 1802 errichteten Franzensbrücke entstand eine Straßensiedlung. In der Leopoldstadt war der gesamte Raum zwischen Augarten, Fahnenstangenwasser, Prater und Donaukanal zur Siedlungslandschaft geworden; die barocken Gärten wurden nach und nach parzelliert und verbaut, sodaß der einstige Gartenstadtcharakter verlorenging. Die Fischerhütten, Gerber- und Bleicherbetriebe am Donaukanalufer verschwanden in der ersten Hälfte des 19. Jahrhunderts und machten neuen Mietshäusern Platz. Am *Schüttel*, dem an den Donaukanal angrenzenden Teil des Praters, tauchten im Vormärz einzelne kleine Fabriken, Dampfmühlen, aber auch Mietshäuser und Villen auf. Die Brigittenau ließ vorerst noch kein Ortsbild erkennen.

Ausschnitt aus der Vogelschau Wiens um 1683, von Folbert van Alten-Allen. Blick über die Vorstadt Roßau gegen die Leopoldstadt, den Prater und die Donauauen. Aus: Niederösterr. Landesarchiv, Ständ.A.

Andere Donauinseln waren wegen der Hochwassergefahr kaum bewohnt. Eine Ausnahme machte das kleine Dörfchen *Zwischenbrücken* im Bereich der heutigen Floridsdorfer Brücke, das zwischen dem Hauptstrom und dem mittleren Donauarm gelegen, vom Verkehrs- und vom Stromgewerbe lebte. Auch die Schiffsmühlenkolonie am Kaiserwasser *(Kaisermühlen)* war auf das wasserverbundene Gewerbe angewiesen. Als die 1829 gegründete Donau-Dampfschiffahrtsgesellschaft (DDSG), welche bis zum Ersten Weltkrieg als größte Binnenschiffahrtsgesellschaft der Welt galt, in Kaisermühlen eine Schiffahrtsanlegestation errichtete, erfuhr dieser Vorort einen gewissen Aufschwung. Auch der Vorort Floridsdorf am jenseitigen Donauufer profitierte von der DDSG, die dort eine Schiffswerft betrieb. Die erst 1786 gegründete Gemeinde *Am Spitz*, die sich dann nach dem Klosterneuburger Stiftspropst Floridus Leeb *Floridsdorf* nannte, gewann allerdings in erster Linie durch die Eisenbahn: 1837 fuhr die erste Dampfeisenbahn Österreichs (Kaiser-Ferdinand-Nordbahn) auf der Strecke von Floridsdorf nach Deutsch-Wagram. Ein Jahr später erhielt Wien seine zweite Donaubrücke; durch diese wurde die Bahnlinie an den neuerbauten Nordbahnhof in der Leopoldstadt angeschlossen.

Eine Reihe von neuen Brücken erhielt auch der Donaukanal: Die jahrhundertelang stets nach dem selben Muster hergestellte *Schlagbrücke* genügte dem anwachsenden Verkehr nicht mehr und mußte 1819 einer Steinkonstruktion weichen, die der Wasserbauamtsdirektor Johann von Kudriaffsky ausführte. Sie hieß nun *Ferdinandsbrücke* und blieb bis 1909 unverändert. 1782, noch unter Joseph II., kam es zum Bau der Augarten- und Weißgerberbrücke; letztere wurde 1801 von Johann Freiherr von Pacassi als Steinbrücke neu errichtet und hieß von da an *Franzensbrücke*, wegen ihres gefälligen Äußeren auch *Die-schöne-Brücke*. 1797 ließ Fürst Rasumofsky an Stelle der heutigen Rotundenbrücke einen Fußgängersteg anlegen, der 1824 einer von Ignaz von Mitis und Johann Kudriaffsky konstruierten Hängebrücke weichen mußte; diese, eine der ersten Hängebrücken der Welt, hieß damals *Sophienbrücke*. Ignaz von Mitis stellte schließlich den nach dem Sieger von Aspern benannten *Karlskettensteg* her, die erste auf Stahlketten hängende Brücke der Welt (heute: Salztorbrücke). Knapp unterhalb des *Karlskettensteges* befand sich die Anlegestelle für Personenschiffe der DDSG, welche die Linie Wien—Linz befuhren.

Die Geschichte des Donaustromes im Manufakturzeitalter ist durch das erste großzügige Hochwasserschutzprojekt, durch den Bau der *Nußdorfer Schere*, durch die endgültige Ausgestaltung des Donaukanals, aber auch durch zwei verheerende Überschwemmungen gekennzeichnet. Der Hochwasserschutz ist bis zum heutigen Tag mit dem Namen des Wasserbauingenieurs Johann Sigismund Eutelhuber, genannt Hubert, verbunden. Dieser erhielt im Jahre 1776 den Befehl, die Donau von Klosterneuburg bis Simmering mittels etlicher Sporne (ins Wasser ragende Dämme) zu regulieren

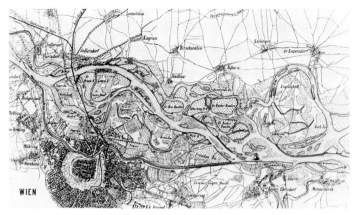

Florian Ritter von Pasetti, Karte des Donaustromes, 1862. Dieser in vereinfachter Form wiedergegebene Plan diente als Grundlage für die Donauregulierung. Aus: Kriegsarchiv, Kartensammlung.

und die Strömungsverhälnisse, insbesondere im Donaukanal, zu verbessern. Im Zuge dieser Arbeiten wurde entlang des linken Donauufers der sogenannte *Hubertusdamm* errichtet, der von Langenzersdorf bis Simmering reichte; diese Erdaufschüttung mit einem steinernen Kern war 5,8 Meter hoch, was Hubert für ausreichend hielt. Am rechten Donauufer ließ er von der Nußdorfer Stromgabelung entlang dem Kaiserwasser (nördlich von Brigittenau und Augarten) bis in die Nähe des Heustadelwassers einen ebenso hohen Inundationsdamm aufführen. Bei der Nußdorfer Stromgabelung, wo sich der Kanal infolge von Einbrüchen der Ufer bereits auf über hundertfünfzig Meter verbreitert hatte, fixierte Hubert die Ufer durch kleine Sporne und beschränkte durch den Ausbau des Teilungswerkes die Breite des Kanalbetts auf siebenundfünfzig Meter.

Das katastrophale Allerheiligenhochwasser des Jahres 1787, nach dem Hochwasser von 1501 das stärkste des Jahrtausends, zerstörte nicht nur das Einschränkungswerk bei Nußdorf, sondern überflutete auch den zwar gut trassierten, aber zu nieder dimensionierten Hubertusdamm und brach ihn an vierzehn Stellen. Kaiser Joseph II., verbittert über die offensichtlich vergeblichen Geldausgaben für den Hochwasserschutz, hielt den gesamten Damm für eine Fehlkonstruktion und verbot seine Wiederherstellung.

In die Regierungszeit Franz II. (I.) (1792—1835) fällt die systematische Regulierung des Donaukanals, dessen Breite mit 51,2 Metern festgelegt wurde. Diese Arbeit oblag dem Wasserbauamtsinspektor Pacassi und seinem Nachfolger Osterlam. Damals erhielt der einstige Wiener Arm in seiner Gesamtheit ein kanalartiges Aussehen, da die Ufer nun nicht mehr scharfe Krümmungen und Einbuchtungen aufwiesen, sondern mit ihrer gleichmäßigen Böschung, welche bis 3,8 Meter über den Normalwasserstand reichte, den Eindruck eines künstlichen Durchstiches vermittelten. Der stark verwilderte Unterlauf, der noch immer am Lusthaus vorbeizog (heutiges Mautnerwasser), blieb von der Regulierung vorerst ausgespart.

In dieser Zeit tauchten Projekte für eine großzügigere Donauregulierung auf. Das bedeutendste stammte vom Direktor des Hofbauamtes, Josef Schemerl Ritter von Leytenbach, der 1811 einen 1,9 Kilometer langen, geraden Durchstich des Donauhauptstromes plante, wobei als einziger Seitenarm nur der Donaukanal übrigbleiben durfte. Während der Aushubarbeiten sollte im Trockenen eine stabile Donaubrücke errichtet werden. An Stelle der *Nußdorfer Schere*, eines vom ungarischen Ingenieur Heppe konstruierten scheren- beziehungsweise trichterförmig sich verengenden Teilungswerkes, das die Versandung des Donaukanals jedoch nicht verhindern konnte, wollte Schemerl ein 2,85 Kilometer langes Teilungswerk parallel zum Hauptstromstrich anlegen.

Schemerls Plan gelangte aus Kostengründen nicht zur Ausführung; statt dessen wurden Osterlams Vorstellungen verwirklicht, nämlich ein vom linken Ufer vor der *Schwarzen Lacke* in den Strom ragender Damm, der den Hauptstromstrich wieder stärker nach rechts drängte. Trotzdem bildeten sich im Donaukanal neue Sandbänke. Deshalb erbaute Johann Kudriaffsky, der Nachfolger Osterlams, einen gegen die Strommitte gerichteten, 399 Meter langen Treibsporn, und als dieser auch nichts nützte, einen gegen die Strommitte gekrümmten Uferdamm, der parallel zur Schere lag. Treibsporn und Uferdamm verengten die Donau bei Nußdorf auf eine Breite von nur mehr 152 Metern (heute mißt die Donau an dieser Stelle 284,5 Meter), was infolge der starken Strömung Gefahren für die Schiffe hervorrief, die Sandbänke im Donaukanal aber nicht zum Verschwinden brachte. Die Fachleute standen diesem Problem ratlos gegenüber. Sie erkannten nicht, daß durch Schere und Treibsporn zwar viel Wasser, jedoch auch viel Geschiebe in den Donaukanal getrieben wurde, das sich dann wegen der geringeren Fließgeschwindigkeit im Kanal, die etwa halb so hoch war wie die im Donaustrom, ablagerte und zur Versandung führte.

Ende Februar 1830 ereignete sich eine durch einen Eisstoß hervorgerufene Überschwemmungskatastrophe, welche die tiefergelegenen Vorstädte Wiens (Roßau, Leopoldstadt, Unter den Weißgerbern und Erdberg) und die Marchfelddörfer des heutigen 21. und 22. Bezirks unter Wasser setzte und vierundsiebzig Menschenleben forderte. Schemerl und sein Nachfolger, Hermengild Francesconi, hielten die Einengung bei Nußdorf für die Hauptursache der Katastrophe und forderten — vergeblich — deren Beseitigung, Francesconi durfte lediglich in den Jahren 1832 bis 1834 einen 3,8 Kilometer langen Durchstich für den unteren Donaukanal ausführen, wodurch die Freudenau von der Simmeringer Heide abgetrennt und mit dem Prater verbunden wurde. Zu Änderungen an der Nußdorfer Schere kam es angesichts der widersprüchlichen Ansichten der zuständigen Ingenieure nicht. Einer von ihnen, Ferdinand Ritter von Mitis, sprach sich dafür aus, sich überhaupt nur mehr auf Baggerarbeiten im Donaukanal zu beschränken, was dann auch tatsächlich geschah. Seit 1836 stand ein Dampfbagger im Einsatz, der mit sechs PS vierundfünfzig Kubikmeter Schotter pro Stunde beförderte.

Das Katastrophenhochwasser von 1830 hatte also noch keine Lösung der Regulierungsfrage gebracht. Man erhöhte an der Donau lediglich den rechtsufrigen Inundationsdamm und fixierte die Ufer an einigen gefährdeten Stellen. Das Uferschutzsystem bestand nicht mehr aus Holzbeschlächten, sondern aus einer starken Steinpflasterung in einem Böschungsverhältnis von eins zu zwei und aus einem groben Steinwurf in Höhe des Normalwasserspiegels.

Die Frühgründerzeit (1840 bis 1870) stellte eine Übergangsphase vom Manufakturzeitalter zum hochindustriellen Zeitalter dar. In dieser Periode verdoppelte sich Wiens Bevölkerungszahl von 440.000 auf 815.000 Einwohner. Den entscheidenden Anstoß für den gründerzeitlichen Bauboom setzte die große Stadterweiterung: Die alte Stadtmauer wurde 1858 geschleift, an ihrer Stelle so wie auf dem unverbauten Glacis wurde die Ringstraße beziehungsweise entlang des Donaukanals der Franz-Josefs-Kai angelegt.

Der Donaukanal vor 1889 mit Wienflußmündung und Franz-Josefs-Kaserne. Aus: Bildarchiv der Österr. Nationalbibliothek.

Von den Prunkbauten der Ringstraße blieb der Donaukanalabschnitt ausgespart, die neu hergestellten Kais bieten keine repräsentativen Schaufronten; beide Ufer sind geschlossen verbaut. Wie alle anderen Vorstädte erfuhr die Leopoldstadt in der Frühgründerzeit eine bedeutende Verdichtung des Baubestandes; auch die letzten freien Flächen, die Gemüsegärten, wurden parzelliert, die Küchelgärtner in die Brigittenau verdrängt. Dort zogen die billigen Boden-

preise bald auch Fabriken und in ihrem Gefolge Arbeitersiedlungen an. Der von Ludwig Förster geschaffene, von August Sicard von Sicardsburg überarbeitete Regulierungssplan bestimmte seit 1864 das Baugeschehen der Brigittenau. Alle Straßen mußten zum Schutz vor Überschwemmungen in ihrem Niveau um mindestens einen Schuh über dem Pegel des Hochwassers von 1830 liegen, eine Bestimmung, die eine allgemeine Hebung des Terrains im heutigen zwanzigsten Bezirk zur Folge hatte.
Der gründerzeitliche Wandel erfaßte auch die anderen Vorstädte, welche 1849 mit Wien zu einer Ortsgemeinde vereinigt wurden. In der Roßau dominierte die 1865 bis 1870 erbaute Roßauer Kaserne, nördlich von ihr entstand ein kleinbürgerliches Wohnviertel. Die Spittelau änderte 1870 durch den Bau der Franz-Josefs-Bahn ihr einstiges Aussehen und wurde durch die Gleisanlagen vom Lichtental abgeschnitten. An der wenig attraktiven Spittelauer Lände blieben die alten Holzlagerplätze bestehen. Die 1857 eröffnete Verbindungsbahn teilte auch die Weißgerber Vorstadt. Die Gemüsegärtner übersiedelten in den trocken gefallenen Erdberger Mais. Das Donaukanalufer bot sich seit Beginn der Gründerzeit als bevorzugter Industriestandort an, die einstigen Ländensiedlungen wurden zu Arbeiter-Industriegebieten.
Das Revolutionsjahr 1848 brachte der Stadt Wien nicht nur Barrikadenkämpfe, namentlich in der Leopoldstadt, und in deren Folge den Bau sogenannter Defensionskasernen (Arsenal, Franz-Josefs- und Roßauer Kaserne), sondern auch eine rege Tätigkeit am Donaustrom: Im Zuge von Notstandsbauten zur Milderung der Arbeitslosigkeit kam es unter anderem zur längst fälligen Wiederherstellung und Erhöhung des Hubertusdamms. Regulierungen des Hauptstroms unterhalb des Kaiserwassers bis nach Fischamend vereinten im Bereich der Donaukanalmündung das gesamte Donauwasser erstmals in einem Bett. Allen bisherigen Bauarbeiten fehlte jedoch eine einheitliche Planung. Ein Versäumnis, das der energische Handels- und spätere Finanzminister Karl Freiherr von Bruck (1848—1860) beheben wollte. Bruck dachte an eine großzügige Lösung für die Ausgestaltung des Donauraumes. Er knüpfte an die bereits von Schemerl 1811 geforderte Idee eines neuen Donaudurchstiches an, kam aber über diverse Planungsarbeiten nicht hinaus.
Das Hochwasser des Jahres 1862 richtete abermals ungeheuren Schaden an. Nun endlich wurde der Entschluß zur großen Donauregulierung gefaßt. Der Krieg gegen Preußen 1866 führte zu einer Verzögerung: Die links der Donau gelegenen Niederungen wurden in einen gewaltigen Brückenkopf mit insgesamt vierundfünfzig Festungswerken und vierhunderteinunddreißig Geschützen umgestaltet. Zwei Kriegsbrücken, eine bei Nußdorf, eine bei Stadlau, sollten die Taborbrücke entlasten. Wieder einmal kam der Donau die Funktion zu, feindliche Armeen voneinander zu trennen, denn im Norden rückten die siegreichen Preußen gegen Wien vor, im

Süden sammelten sich die bei Königsgrätz geschlagene österreichische Armee sowie jene Truppen, die auf dem italienischen Kriegsschauplatz erfolgreich gekämpft hatten. Angesichts der mächtigen Festungsanlagen ließen die Preußen von einem Angriff auf Wien ab und verzichteten auf die Überquerung der Donau. Ein baldiger Friedensschluß veranlaßte den Kaiser, den Wiener Brückenkopf aufzulösen; die festen Erdwerke sollten erst 1914 wieder armiert werden.

Die Donaustromlandschaft vor der Regulierung, vom Nußberg aus gesehen. Graphik, Mitte des 19. Jahrhundert. Aus: Bildarchiv der Österr. Nationalbibliothek.

Die Donaustromlandschaft nach der Regulierung, vom Nußberg aus. In der Bildmitte das Engerth'sche Schwimmtor. Aus: Bildarchiv der Österr. Nationalbibliothek.

Mit dem Beginn der Wiener Donauregulierung, der umfassendsten landschaftlichen Umgestaltung des Donauraumes, setzt in Wien die hochindustrielle Phase und zugleich die Hochgründerzeit ein. Wien vermehrte seine Einwohnerzahl zwischen 1870 und 1890 von 815.000 auf 1,342.000, und nur der die Vorstädte umschnürende Linienwall blockierte als anachronistisches Relikt aus der Barockzeit ein ungehindertes Wachstum der Stadt.
Am 14. Mai 1870 nahm Kaiser Franz Josef den ersten Spatenstich bei der Wiener Donauregulierung vor. Eine seit 1864 amtierende Donauregulierungskommission hatte die Richtlinien vorgegeben,

wobei die französischen Baufirmen, welche sich eben zuvor beim Bau des Suezkanals bewährt hatten, den Zuschlag erhielten. Das neue Strombett wurde 284,5 Meter, das Hochwasserbett 474,17 Meter breit, die mittlere Stromtiefe war mit 3,16 Metern festgelegt worden. Zwei große Durchstiche mußten vorgenommen werden, wobei das Aushubmaterial 12,3 Millionen Kubikmeter ausmachte. Der Donaukanal wurde in seinem Unterlauf wegen der Neutrassierung des Hauptstromes noch um drei Kilometer verlängert. Man beseitigte die alten Bauwerke an der Nußdorfer Schere, verzichtete also darauf, gewaltsam Wasser in den Kanal zu treiben, legte die Abzweigung aber tangential an den Donaulauf. Die Stadtverwaltung mußte nun die regelmäßige Ausbaggerung des Donaukanals in Kauf nehmen, wollte sie ihn als Schiffahrtsweg erhalten. Als Hochwasserschutz konstruierte Wilhelm von Engerth ein Schwimmtor (oder Sperrschiff), welches bei Bedarf knapp unterhalb der Nußdorfer Stromgabelung quer in den Kanal gelegt und so tief versenkt wurde, daß sein Deck die Kaimauern um nicht mehr als einen Meter überragte. So wirkte es wie ein festes Wehr.

Am 30. Mai 1875 fand die feierliche Eröffnung der regulierten Donau für die Schiffahrt statt. Die Gesamtkosten der Regulierung, die sich auf 32,7 Millionen Gulden belaufen hatten, wurden zu gleichen Teilen vom Staat, vom Land Niederösterreich und von der Stadt Wien getragen.

Während der Regulierungsarbeiten entstanden auch neue Donaubrücken, wobei die Ostbahn- und die Nordwestbahnbrücke über fließendes Wasser geschlagen werden mußten. Die Nordbahnbrücke, die Floridsdorfer Brücke (ehemalige Kaiser-Franz-Josefs-Brücke) und die Reichsbrücke (ehemals Kronprinz-Rudolf-Brücke) konnten noch im trockenen, nicht überfluteten Strombett errichtet werden.

Donauregulierung und Brückenschlag schufen für die linksufrigen Marchfelddörfer eine Einbindung in das Wiener Verkehrsgeschehen und somit die Grundlage für die städtische Entwicklung jenseits des Stromes. Die ehemalige Verkehrssiedlung Floridsdorf verwandelte sich in einen ausgedehnten Industriebezirk, auch Stadlau erhielt seine ersten Fabriken, während Kagran und die anderen Dörfer vorerst noch keine Erweiterung erfuhren. Einen gewaltigen Aufschwung nahm aber die Brigittenau, bedingt durch die starke Zuwanderung aus den nördlichen Provinzen der Monarchie; Das Dörfchen *Zwischenbrücken* war im Zuge der Donauregulierung abgebrochen worden.

Am rechten Donauufer (Handelskai) entsprach die bauliche Entwicklung nicht den Erwartungen: Bodenspekulanten hatten die Baugründe erworben und trachteten danach, diese mit hohem Gewinn wieder zu veräußern. Allein für den Abschnitt zwischen Reichsbrücke und Ausstellungsstraße waren zweihundert elegante Villen projektiert, welche ein Pendant zum Döblinger Cottage bilden sollten. Der Börsenkrach des Jahres 1873 machte diesem

Traum ein Ende, es fanden sich kaum noch Käufer. So blieb eine öde Fläche, vom Verkehr ungenügend erschlossen, die sich erst in den achtziger Jahren zu einer uneinheitlichen Stadtrandsiedlung mit zwei Kasernen, einer großen Industrieanlage und ein paar verstreuten Miethäusern entwickelte; nur der an der Reichsbrückenrampe gelegene Bereich wurde rasch verbaut.

Das Jahr 1873 brachte der Donaumetropole nicht nur die größte wirtschaftliche Rezession jener Epoche, sondern auch das größte gesellschaftliche Ereignis: die Wiener Weltausstellung. In der Kriau, zwischen Donau und Heustadelwasser, gruppierten sich rund um die Rotunde, dem damals größten Kuppelbau der Welt, ein Industriepalast, eine Maschinenhalle, eine Kunsthalle und zahlreiche kleinere Gebäude und Pavillons. 53.000 Aussteller aus mehr als dreißig Staaten lockten insgesamt 7,2 Millionen Besucher an, wobei allerdings den Veranstaltern, die 19 Millionen Gulden investiert hatten und nur vier Millionen einnahmen, ein gewaltiges Defizit blieb. Dennoch — niemals zuvor und auch niemals wieder fanden sich so viele Gäste an der Donau ein.

Die Spätgründerzeit bescherte der Stadt eine intensive Bautätigkeit. Mit der zweiten Stadterweiterung wurden 1890 alle rechts der Donau gelegenen Vororte der Gemeinde Wien einverleibt, gleichzeitig fiel der ungeliebte Linienwall und ermöglichte die Anlage des Gürtels und der Stadtbahn (1901 wurde die Donaukanallinie eröffnet). Der Stadtbahnbau brachte eine völlige Neugestaltung des Donaukanals mit sich und präjudizierte eine Reihe von Begleitmaßnahmen: die Anlage von Hauptsammelkanälen entlang der Ufer (1893—1904), den Bau neuer Kaimauern (1899—1903) und schließlich neue Wehr- und Schleusenanlagen. Die Oberbauleitung für diese Donaukanalregulierung übernahm Sigmund Taussig, während Otto Wagner in den künstlerischen Beirat bestellt wurde.

In den Jahren 1894 bis 1899 wurden das Nußdorfer Wehr und, in einem neu gegrabenen Verbindungskanal, die Nußdorfer Schleuse errichtet, während das bereits altersschwache Schwimmtor als zusätzliche Sicherung noch bis in den Ersten Weltkrieg in Dienst blieb und erst 1945 verschrottet wurde. Die Donauregulierungskommission hatte dem quer durch die Stadt fließenden Donaukanal die Funktion eines Handels- und Winterhafens beigemessen. Um die dazu notwendige Mindesttiefe zu gewährleisten, wurden drei Staustufen geplant. In den Jahren 1904 bis 1908 kam es zur Realisierung der obersten Staustufe beim ehemaligen *Kaiserbad*: Auf der Höhe des Ringturmes wurde eine Schiffsschleuse, die heute noch zu sehen ist, und ein bewegliches Wehr, das sich vollständig in den Donaukanal versenken ließ, angelegt. Nach dem Ersten Weltkrieg verlor sich das Interesse an einem Hafen im Donaukanal; die beiden unteren Staustufen gelangten nicht mehr zur Ausführung, und das bewegliche Wehr, welches nie in Betrieb genommen worden war, mußte 1945 nach einem Bombentreffer demontiert werden.

Die Nußdorfer Schleuse in geschlossenem Zustand.

Der zur Jahrhundertwende oberhalb des Kahlenbergdorfes eröffnete Hafen Kuchelau diente zunächst als Vor- und Wartehafen für die Schiffe, welche in den Donaukanal einfahren wollten. Der 1902 fertiggestellte Hafen in der Freudenau übernahm die Funktion eines Schutz- und Winterhafens. Für den Warenumschlag bediente man sich des Stromhafens, des dreizehn Kilometer langen Ufergeländes entlang des Handelskais, wo zahlreiche Umschlageinrichtungen, Speicher und Handelsniederlassungen entstanden.

Um 1900 zählte Wien bereits 1,8 Millionen Einwohner. In Erwartung eines Wachstums zur Viermillionenstadt veranlaßte Bürger-

meister Lueger im Jahr 1904 die Eingemeindung der nördlich der Donau gelegenen Vororte zum einundzwanzigsten Bezirk Floridsdorf, wo ähnlich wie in der Brigittenau ein Arbeiter-Industriebezirk entstehen sollte.
Der Erste Weltkrieg setzte derart weitgespannten Hoffnungen ein Ende. Wien wurde in den ersten Kriegswochen zu einem schwer befestigten Brückenkopf ausgebaut, wobei rund um die äußeren Bezirke ein Gürtel selbständiger Forts entstand, die durch Schützengräben untereinander verbunden waren. Die stärksten Bollwerke befanden sich am Westrand der Stadt und am linken Donauufer. Da nach der erfolgreichen Offensive von Tarnow-Gorlice ein Zurückfallen der Front bis an die Donaulinie nicht mehr zu erwarten war, wurde der Brückenkopf Anfang 1916 wieder desarmiert. Die Stadt bekam von den unmittelbaren Kriegseinwirkungen zwar nichts zu spüren, doch drückte der vier Jahre währende Krieg auch dem Hinterland seinen Stempel auf. Operativ wichtige Einrichtungen wie Bahnhofsanlagen und Donaubrücken waren unter militärische Bewachung gestellt, die Reichsbrücke erhielt sogar einen Stacheldrahtverhau. Der Prater glich einem riesigen Kriegslager, in dem im Laufe des Krieges über fünf Millionen Soldaten untergebracht waren.

Mit dem Zusammenbruch der Monarchie hatte Wien aufgehört, Hauptstadt eines Dreiundfünfzig-Millionen-Reiches zu sein. Die einstige Donaumetropole wurde wieder — wie vor 1683 — Stadt an der Grenze. Ein Donaustatut, welches die Donau zum internationalen Gewässer erklärte, war bereits 1865 ratifiziert worden; nach der kriegsbedingten Unterbrechung wurde 1921 in Paris ein neues Donaustatut unterzeichnet, welches für alle Staaten die Schiffahrt von Ulm bis zum Schwarzen Meer freigibt.
Die Jahre zwischen 1923 und 1934 sind durch den sozialen Wohnbau gekennzeichnet, welcher die Physiognomie des Donauufers, namentlich in der Brigittenau, prägte. So entstand beispielsweise am Friedrich-Engels-Platz einer jener riesigen Baublöcke mit 1457 Wohnungen, deretwegen der Wiener kommunale Wohnbau internationale Berühmtheit erlangte. Die seit Beginn der dreißiger Jahre auch in Österreich spürbare Weltwirtschaftskrise veranlaßte die Bundesregierung, Notstandsarbeiten auszuschreiben. So kam es zwischen 1934 und 1937 zum Neubau der Reichsbrücke, eines Bauwerkes, das mit seiner sichtbaren Kettenkonstruktion in den nächsten Jahrzehnten nicht nur zum Wahrzeichen Wiens werden sollte, sondern auch zu einem der meistbefahrenen Straßenstücke Österreichs.
In der NS-Zeit projektierte man für Wien einen Großhafen. Zu diesem Zweck wurden am linken Donauufer der Erdölhafen Lobau und am rechten Donauufer der Getreidehafen Albern errichtet. Als die Royal Airforce 1944 begann, Magnetminen in die Donau zu werfen, wurde im Hafen Albern eine Entmagnetisierungsstelle

montiert, welche alle Donauschiffe in regelmäßigen Abständen aufsuchen mußten. Die antimagnetische Wirkung hielt bei Schleppkähnen zwei Monate, bei Motorschiffen einen Monat an.
Der Bombenkrieg verursachte umfangreiche Zerstörungen in ganz Wien. Am Handelskai wurden die meisten Hafeneinrichtungen vernichtet. Die schwersten Schäden richteten die letzten Gefechte vom 3. bis 13. April 1945 an: Truppen der dritten Ukrainischen Front griffen die Truppen Hitlers, die sich in der Stadt verschanzten, in einer Zangenbewegung von Süden, Westen und Norden an und zwangen die deutschen Einheiten, sich etappenweise aus Wien zurückzuziehen, zuerst von den Außenbezirken, dann vom Gürtel und am 10. April schließlich aus der Innenstadt. Deutsche Sprengkommandos hatten zwar sämtliche Donaukanalbrücken zerstört, dennoch drangen die sowjetischen Einheiten in den zweiten und zwanzigsten Bezirk vor. Unter erbitterten Kämpfen gelang es den schwer angeschlagenen deutschen Verbänden, sich über die Reichsbrücke und die Floridsdorfer Brücke auf das linke Donauufer abzusetzen. Die Floridsdorfer Brücke wurde am 13. April gesprengt. Die Reichsbrücke blieb unzerstört, obwohl auch sie zur Sprengung vorbereitet war.

Vom Kriegsende bis zur Erlangung des Staatsvertrages bildeten Donau und Donaukanal die Grenze zwischen der sowjetischen (2., 20., 21., 22. Bezirk) und den westlichen Besatzungszonen. Dadurch blieb der Donauraum von der ERP-Wirtschaftshilfe ausgespart und erlebte den Wiederaufbau langsamer als die übrigen Bezirke (ausgenommen die ebenfalls zur Sowjetzone gehörenden Bezirke vier und zehn).
In den sechziger Jahren begann die Gemeindeverwaltung mit gezielten Maßnahmen zur Aufwertung der am linken Donauufer gelegenen Stadtgebiete. 1964 wurde das *Brettldorf* abgerissen und der Donaupark angelegt. UNO-City, Konferenzzentrum, U-Bahnanschluß sowie eine großzügige Verkehrserschließung bilden den vorläufigen Höhepunkt dieses Vorhabens. Zur besseren verkehrsmäßigen Einbindung des 21. und 22. Bezirkes verwirklichte Wien ein neues Brückenkonzept: Den Umbau der *Nordwestbahnbrücke* zur Nordbrücke (1964), den Neubau der Praterbrücke (1972) und die Erneuerung der Floridsdorfer Brücke (1979). Die jüngste Wiener Brückenkatastrophe, der Einsturz der Reichsbrücke in den frühen Morgenstunden des ersten August 1976, gab bei aller Trauer über das Ereignis, welches auch ein Menschenleben gekostet hatte, den Städtebauern die Gelegenheit, eine neue Reichsbrücke als kombinierte Straßen- und U-Bahnbrücke zu konstruieren.
Die Geschichte der Donau im Wiener Raum endet vorläufig mit der Neugestaltung des Strombetts im Rahmen eines absoluten Hochwasserschutzes: Die Arbeiten begannen mit dem Umbau der Nußdorfer Schleuse (1964—1966) und des Nußdorfer Wehrs (1971—1975), wobei trotz vollständiger Erneuerung der techni-

Überschwemmungen in Wien. Entwurf: B. M. Buchmann.

schen Anlagen das denkmalgeschützte Kunstwerk Otto Wagners in seiner ursprünglichen Gestalt erhalten blieb. Am 29. Mai 1972 erfolgte der erste Spatenstich für das Entlastungsgerinne. Diese 21,1 Kilometer lange Neue Donau und die ebensolange Donauinsel bilden das Kernstück der zweiten Wiener Donauregulierung. Wenn im Jahre 1988 sämtliche Bauten vollendet sein werden, wird die Stadt — nach menschlichem Ermessen — nicht nur für alle Zeiten vor Hochwasser geschützt sein, sondern auch über einen neuen Erholungsraum verfügen, der das Freizeitangebot Wiens beträchtlich erhöht.

REGULIERUNGEN

Leopold Redl

Fluß und Stadt

Das Verhältnis Wiens zur Donau ist vielschichtig und mehrdeutig: wie die Stadt am Fluß liegt, zu diesem steht, was der Fluß für diese bedeutet. Der Fluß ist Bewegung und Richtung, fortwährende Überwindung des Ortes und dadurch Verbindung der Orte; in seinem Lauf verkörpert sich Ferne real und metaphorisch. Die Stadt hingegen steht für die Beharrung, für das „Einräumen" und „Verweilen". Von ihr geht die Ordnung des Raumes aus, sie repräsentierte lange Zeit das Prinzip der Nähe und der Geschlossenheit. Für die Stadt ist der Fluß Handels- und Verkehrsweg, Reinigung, Trennung und Verbindung, Schutz und Gefahr. Für den Fluß bedeutet die Stadt Regulierung, Zerstörung seiner Morphologie. Hat die Stadt den Fluß und seinen Raum ständig reguliert, so stellt dieser das Prinzip der modernen Großstadt dar: die Metropole mit ihren Zirkulationsströmen und der Tendenz des „Ausfließens" hat bereits mehr mit dem Wesen des Flußes gemein als mit der historischen Stadt; der Raum der Zivilisation schlägt in seiner extremsten Stufe wieder in den Raum der Wildnis um.
Ursprünglich bildete die Donau eine bis zu fünf Kilometern breite und überwiegend unwegsame Strom- und Aulandschaft. Das Transformatorische dieses Bereiches entzog sich der Stadt lange Zeit. Bis weit in das Mittelalter waren die Niederungen — insbesondere die Praterterrasse, aber auch die nördlich davon gelegenen Gebiete — wegen der wiederkehrenden Überschwemmungen kaum besiedelt. Die stark mäandrierende, in viele Arme gegliederte Donau, die bei Hochwassern ihren Lauf immer wieder veränderte, machte ihre Überbrückung schwierig. Die älteste dauerhafte Donaubrücke befand sich an der Stelle der heutigen Schwedenbrücke. Sie wurde um die Mitte des 14. Jahrhunderts errichtet und erklärt die fächerförmige Struktur der Straßen an dieser Stelle; die Überbrückung der Donauhauptarme erfolgte erst ein Jahrhundert später. Der Strom war transfigurativ: Lange Zeit drängte er von der Stadt nach Norden weg, später — bis zum 12. Jahrhundert — kam er der Stadt entgegen. Die Donau floß mit ihrem Hauptstrom, dem „Wiener Arm", dem heutigen Donaukanal, am Abfall der Stadtterrasse direkt an der Stadtmauer entlang. Ab dem frühen 13. Jahrhundert begann sich der Fluß wieder von der Stadt abzuwenden, die einstigen Landeplätze fielen trocken und mußten nach Norden verlegt werden, die Uferstriche wurden in die neue Umwallung der Stadt einbezogen. Das 1221 erlassene Stapelrecht hatte den Hafen

Wiens zum bedeutendsten Umschlagplatz Mitteleuropas werden lassen, die durchgängige Schiffbarkeit und die Funktion als Wasserstraße traten in den Vordergrund. Erst die später folgenden Hochwasserereignisse — vor allem die Flut im Jahre 1501 (vermutlich das größte Hochwasser des Jahrtausends mit 14.000 Kubikmeter Abflußmenge) — haben die Inundation, die völlige Überflutung des Landes bei Überschwemmungen, zum zentralen Bestimmungsgrad der Regulierung und der Schutzbauten gemacht. Am Anfang beschränkte sich die Donauregulierung auf die Ausbaggerung des zur Versandung neigenden Wiener Armes. Ab dem 16. Jahrhundert kam es zu tiefergreifenden Veränderungen des Flußbettes durch Wasserbauten, durch den Bau von Buhnen, kleinen Dämmen, die den Wasserlauf umlenken sollten und durch Uferbefestigungen. Seit Anfang des 18. Jahrhunderts wurde der Wiener Arm als „Donaukanal" bezeichnet; die Namensgebung, im heutigen Begriffszusammenhang verschiedentlich mit negativen Assoziationen besetzt, rührt vom Durchstich in der nördlichen Taborau her, der vorgenommen wurde, um eine verbesserte Wasserführung zu erreichen. Das lineare Raumprinzip begann sich in den Stadtplan einzuschreiben. Die Siedlungsstruktur prägte sich entlang des Donaukanals aus: Linksufrig vor allem in der Leopoldstadt und erst viel später in der Brigittenau. Wien wird die Stadt am Donaukanal, der Flußraum bleibt Wildnis, Barriere und Opposition.

Eine im wahrsten Sinn des Wortes einschneidende Veränderung bedeutet die große Donauregulierung von 1870. Lange Zeit hinausgeschoben, führte die Überflutung von 1862 zur Beschleunigung der Arbeiten an einem wirksamen Hochwasserschutz. Mit der Flußregulierung verband man das Ziel der Erweiterung der Stadt, der Verbesserung der Straßen und Brückenanlagen. Die Donauregulierung sahen die Kommunalpolitiker als Schlüssel dafür an, Wien zu einer Weltstadt ersten Ranges, zu einem Handelsimperium machen zu können. Der Durchstich schien die Lösung: mittig durch den Flußmäander geführt, ein flacher Bogen zur Stadt, wahrzunehmen als Flußgerade, Metapher auf den linearen Fortschrittsglauben der Gründerzeit. Die Geometrisierung des Stadtraumes war damit vollzogen, ergänzt und verdeutlicht durch die Eisenbahnlinien und das System der Straßen, das die Stadtregionen miteinander verband. Das transformatorische System der Strom- und Aulandschaft erfuhr eine binäre Festschreibung in Flußbett und geschüttetem Überschwemmungsgebiet und wurde durch Damm und Hochkante gefaßt. Mit der Donauregulierung verband sich auch die Absicht, Wien an den Strom hin zu entwickeln. Dies gelang nicht im erwünschten Ausmaß und mit der angepeilten Qualität: Zunächst ging die Verbauung der durch die Regulierung geschaffenen Gründe zögernd vor sich. Dafür sind vor allem die nach 1873 deutlich ungünstigeren ökonomischen Rahmenbedingungen als auch die stadträumlichen Verhältnisse bestimmend gewesen. Die zwischen den Bahnhöfen und entlang des Donaukanals liegenden

Gebiete waren weder als höherwertige Handelsplätze, noch als Wohnviertel für den Mittelstand geeignet. So blieben auch die Hoffnungen des Wohnungsreformers Emil Sax unerfüllt, der meinte, mit den Donaugründen die Wohnungsnot der Stadt beseitigen zu können.

Freibaden im Überschwemmungsgebiet („spontan, ephemer, transformatorisch")

Der etwa zweihundert Meter breite, nicht hochwasserfrei geschüttete Uferstreifen ist der Bahn, geräumigen Lager- und Landeflächen vorbehalten gewesen; entlang des Handelskais siedelten sich Fabriken an, Arbeiterwohnquartiere wurden zum Teil bis an die Donau herangebaut. Die Stadt stellte hier ihre Rückseite auf, blieb auf die Innenstadt und den Donaukanalbereich orientiert. Es scheint für Wien und seine Lage am Strom charakteristisch zu sein, daß sie in verschiedenen Anlagerungen und Schichtungen erfolgt ist, so daß es keine eindeutige Beziehung zum Strom gibt. Die Stadt liegt mit ihren Gebäuden am Donaukanal, der Flußbereich ist „Freiraum" mit inselartig eingeschobenen Bebauungen (Kaisermühlen), Donauinsel und Neue Donau stehen für die Urbanisierung zum Freizeitzentrum, die Alte Donau verweist in ihrer Figuration auf die „historische" Flußlandschaft. Während der Donaukanal faktisch einen „Längsschnitt" durch die Stadt führt, den Blick frei gibt auf die stadttypologischen Situationen, hält die Donau Distanz zur gebauten Stadt, ist Schwellbereich, Schnittstelle zweier Stadtregionen, Durchgangsraum. Der Donaubereich mit seinen Uferzonen und Länden, den angelagerten Stadtteilen, Prater und Lobau, Schrebergärten neben UNO-City, Speichergebäude neben Bürozentren, Hafen neben kommunalen Wohnbauten, ist die Ungleichzeitigkeit der Stadt. In ihr treten die Widersprüche und Brüche der Stadtentwicklung zutage, bricht die Homogenität sozialräumlicher Gliederung auf. Gegenüber dieser komplexen gegenseitigen Durchdringung von Strom und Stadt nimmt sich die aktuell eingeforderte Jahrhundertchance „Wien an die Donau" als potemkinsche Stadtansicht aus.

Hochwasserschutz und Legitimationsdefizit: Die Donauinsel

Bereits kurze Zeit nach Fertigstellung der ersten Donauregulierung tauchten Zweifel über die Schutzfunktion bei größeren Hochwässern auf. Noch vor der Jahrhundertwende ließen die Hochwässer mit einer Wasserführung von über 10.000 Kubikmeter je Sekunde die Grenzen des Hochwasserschutzes am rechten Donauufer erkennen. Hier waren entlang der Stromkante und der Bahn Kühlhäuser, Lager, Fabriken, dahinter auch zahlreiche Wohnanlagen, darunter einige Wohnhöfe des Roten Wien, gewachsen, für die eine unmittelbare Hochwassergefahr bestand. Der Hochwasserschutz wurde damit zu einem hervorragenden Thema der Kommunalpolitik und der Planung. Bis zum Ende des Ersten Weltkrieges finden sich in den verschiedenen Projektvorschlägen bereits jene Grundvarianten des verbesserten Hochwasserschutzes, die ab Mitte der fünziger Jahre wieder zur Diskussion stehen: Erhöhung der bestehenden Dämme, Schaffung eines Umfluters, Ausbau eines Entlastungsgerinnes und einer Insel anstelle des Inundationsgebietes. Den Projekten lag im wesentlichen bereits eine Abflußmenge von zirka 14.000 Kubikmetern je Sekunde zugrunde, die nach einer Wahrscheinlichkeitsberechnung ein „Höchsthochwasser" nicht erreichen kann. Die Donauinsel, auf diese Hochwassermassen ausgelegt, bietet, wie es Wasserbauer ausdrücken, totalen Hochwasserschutz.

Inundationsgebiet 1935 („lineare Strukturierung")

Ausgelöst durch das Hochwasser von 1954, das die gefährdete Standfestigkeit des 1870 geschütteten Hubertusdammes aufzeigte, wurde intensiv an verschiedenen Varianten eines verbesserten Hochwasserschutzes gearbeitet. Neben dem Amtsprojekt der Donauinsel standen zunächst auch die anderen aus der Geschichte bekannten Varianten zur Debatte, angereichert um den Vorschlag einer Staustufe für Wien, welche in einer geänderten Form unter dem Motto „Wien an die Donau" wieder einen aktuellen Planungsanlaß gibt. In den Labors der „Strömungstechniker" fand die Frage der stadträumlichen Entwicklung des Donaubereiches stärkere Beachtung, Transdanubien begann zu wachsen und der Hochwasserschutz kam in einen Vakuumbereich zu liegen. Vor diesem Hintergrund billigten Experten dem Vorschlag der beamteten Planer, eine vierhundert Hektar große hochwasserfreie Inselfläche inmitten des Stadtgebietes zu schaffen, die städtebaulich günstigsten Effekte zu. Ab 1964 figuriert die Insel als Signet im Wahlprogramm der Wiener SPÖ. Sie präsentierte sich damals als ein überbreiter Damm, dessen Oberfläche schematisch mit Grün besetzt war. Die Insel genügte vorerst sich selbst — zumindest ihren Ingenieuren in Politik und Planung: über die technische Optimierung hinaus nur vage entwickelt, standen Thema und Projektumfang (eine Säule der Großprojektsgeneration) als Garant einer öffentlichen Akzeptanz: Fortschritt.

Unmittelbar vor Baubeginn setzte Ende der sechziger, Anfang der siebziger Jahre eine massive Politisierung der Donauinselplanung ein. Die Bezugsebene, auf der sich in der Folge Legitimationsdefizite ausprägten, war durch die Dominanz des Wasserbaues entstanden. Der Bau des Entlastungsgerinnes — so trat es nun in das öffentliche Bewußtsein — bedingt die Halbierung des populären Überschwemmungsgebietes, ein Kompensationsangebot konnte zu diesem Zeitpunkt noch nicht gemacht werden. Das Durchströmen als Maxime der Planung bedeutete, alles aus dem Weg räumen, was vermeintlichen Widerstand bot: die Reste von Auwald, die verbliebenen Altwässer, die flachen Ufer. Die Beseitigung des Widerstandes gegen das Wasser baute an einer Front den Widerstand gegen den Wasserbau auf. Im Blindfeld der Technik entstanden Uferprofile für ein Hochwasser, das laut Wahrscheinlichkeitsberechnung alle 10.000 Jahre auftreten könne und bis dahin — steil und mit Steinen befestigt — kaum nutzbar gewesen wäre. Zudem grenzte die schwerfällige Inselvision eine weitreichende Verbauung im zentralen Abschnitt nicht entschieden aus, vielmehr sprachen die Kommunalpolitiker in einer Analogie zur ersten Donauregulierung und den gleichlaufenden Großprojekten von der Möglichkeit einer neuen Gründerzeit.

Im politischen Umfeld traten Ende der sechziger Jahre mit der anlaufenden Diskussion um Umweltprobleme und der Verschärfung der Parteienpolitik die auslösenden Bezugsmomente in Erscheinung: Aus der Nationalratswahl von 1970 ging die SPÖ als stimmen- und mandatsstärkste Partei hervor. Die Ära Kreisky begann. Die parteipolitischen Auseinandersetzungen verlagerten sich auf der Wiener Ebene, da die Oppositionsparteien ihre Kritik auf das Modell sozialdemokratischer Kommunalpolitik konzentrierten. Die Kritik am Stadtautobahnnetz (1969—1972), der UNO-City (seit 1972), der Donauinsel (1969—1972) und am Neubau des Allgemeinen Krankenhaus bestimmte die Themen politischer Auseinandersetzung. Im Jahre 1969 genehmigten der Nationalrat und der Wiener Gemeinderat die Finanzierung des Donauinsel-Projektes. Vorerst versuchte die Stadtverwaltung über eine gezielte Vergabe von Einzelgutachten, die störendsten Folgeeffekte der Hochwasserschutzeinrichtung dämmen zu lassen. Diese Gutachtertätigkeit sollte auch Grundlagen für eine erweiterte Planung liefern, da bereits abzusehen war, daß die Donauinsel, dem kleinen Expertenkreis entwachsen, zum Thema einer breiteren Öffentlichkeit werden würde.

Im November 1972 beschlossen SPÖ und FPÖ im Wiener Gemeinderat die Durchführung des Wettbewerbes „Donaubereich Wien"; die ÖVP forcierte den Bau des Billigprojektes „Dammerhöhung" und vertrat eine Baustoppolitik gegenüber der Donauinsel. In dieser Phase liefen die Bauarbeiten dem Planungsgeschehen gewissermaßen davon: bei der Präsentation der Ergebnisse der 1. Wettbewerbsstufe, in der Ideen prämiert wurden, waren im Südteil bereits 1,2 Kilometer Entlastungsgerinne fertiggestellt und rund eine Milliarde Schilling investiert. Nicht zuletzt erhöhte das nach den Ausgrenzungsphantasien der Ingenieure ideal ausgebaute Stück die Durchsetzungskompetenzen der Wettbewerbsorganisation. Über die Eindimensionalität stülpte man Pluralismus: den Architektenwettbewerb. Für diese Auschreibungsart sprach nicht zuletzt die Rolle der Architektenschaft in der Projektpolitisierung, sie waren gleichsam die Fachopposition zum Planungsstab der Techniker. Der Wettbewerb „Donaubereich Wien" ist primär als Reaktion des politisch-administrativen Systems auf manifeste Legitimationserfordernisse, sekundär als Einleitung einer stadtplanerischen Phase zur Konkretisierung der räumlichen Entwicklungsspielräume zu werten. Die erste Wettbewerbsstufe in den Jahren 1973/74 steht als Abschnitt der Entpolitisierung. Kurzfristig wurde alles möglich: verschiedene Varianten des Hochwasserschutzes und der Gerinneführung, „bunte" Stadtentwicklungsmodelle, Methoden- und Ideenpluralismus. Mit der Prämierung war die Auswahl eines Planungsteams für die zweite Stufe, die Sicherstellung von „Planungsinhalten" und in der Folge die Spezifizierung der Planungsorganisation verbunden. In der zweiten Wettbewerbsstufe, die in der Detailplanung gipfeln sollte, mußten die widersprüchlichen Erfordernisse des Hochwasserschutzes mit denen eines Erholungsraums, städtebauliche Zielsetzungen mit Grundsätzen der Landschaftsplanung und der Ökologie zu einem „harmonischen Ganzen" abgestimmt werden.

Ab Mitte Juli 1977 wurde eine Nachfolgekommission, bestehend aus einer administrationsinternen Koordinationsstelle und einem Beirat Donaubereich Wien, als politisches Konsens- und Einbindungsorgan etabliert. Damit war die Sicherungsphase der Planung eingeleitet, in der die Umsetzung der inzwischen politisch bestätigten Planungsempfehlungen, die verwaltungsinterne Koordination für den engeren Donaubereich, also den Bereich der Ausführungsplanung und letztlich die gesteuerte Einbeziehung von — auch kommerziellen — Interessen stattfand. Gründe für eine derart erweiterte Planung des Donauhochwasserschutzes, die einzigartig in der neueren Geschichte der Wiener Stadtplanung ist, waren die Projektdefizite einer eindimensional angelegten technischen Problemlösung. Um den „totalen Hochwasserschutz" im Sinne politischer Planung instrumentalisierbar zu machen, bedurfte es aber nicht nur eines öffentlich demonstrierten Planungsrituals, es mußten vielmehr (be-)greifbare Konzepte, die über den Status der Defizitabdeckung hinauszugehen vermochten, zur Formulierung gebracht werden. Eine solche Wirklichkeit erzeugen — das bedeutet, ein schlummerndes, bisher unerkanntes Potential zu einem „Freiraum neuer Qualität" aufschließbar machen. Daß dem Hochwasserschutzprojekt dieses Potential innewohnen könnte, war auf den ersten Blick im Widerspruch zu den Folgen der Erholungsraumzerstörung (Inundationsgebiet) und der wasserbaulichen Ausrichtung gestanden.

Der zweite Blick gab die Möglichkeit der im Vergleich zu den anderen Großprojekten positiv verstärkbaren Eigenschaften frei: ein zeitlich wie ökonomisch gut kontrollierbarer Bauprozeß ohne sichtbare Umweltbeeinträchtigungen, ein demonstrierbarer Naturschutz, der Ausbau eines für beide Stadtregionen gut erreichbaren Erholungsraumes, die Belebung der Gebiete entlang der U-Bahn-Linie 1, die Verbesserung von Wasserqualität und -menge der Altarme, die Anlage eines Sees (Neue Donau), der Ausbau der Trinkwassergewinnung (Wasserschutzgebiete auf der Donauinsel) und nicht zuletzt der Schutz der Wiener vor den Hochwassern der Donau in einem völlig neuen Kleid: mit der Donauinsel, der Neuen Donau und einem jetzt hochwasserfreien Uferstreifen entlang des Handelskais — „Wien an die Donau". Die Voraussetzung für dieses Konzept war, die virtuellen Projektqualitäten in einem Stadium der Überplanung zutage zu bringen. Der rein technischen Betrachtung mußte also eine umfassende Interpretation folgen, die einen Mindestkonsens zwischen den produktiven Infrastrukturanforderungen und den reproduktiven Gebrauchswerten zu schließen vermochte. Auf dieser Grundlage wurde es schließlich möglich, den neuen Raum zu formulieren und die Geschichte des alten ohne größere Widerstände zu löschen. Die Tragfähigkeit des räumlichen Konzeptes „engerer Donaubereich" war aber nicht nur von den Maßnahmen des Hochwasserschutzes bestimmt. Es wirkten noch andere infrastrukturelle Eingriffe mit, von denen der Ausbau der

Modellierung des Raums („konservierte Natur" und „Städtische Tribüne")

Donauuferautobahn A 22, die den Donaubereich der Länge nach einschneidet, hervorzuheben ist. Um die Qualität des Erholungsraumes zu erhalten, mußte diese gestalterisch anspruchsvoll und in ihren Beeinträchtigungen „gemildert" eingebaut werden. So entstand die abgesenkte Trassierung mit „Grünbrücken" zu den Siedlungsgebieten am linken Ufer der Neuen Donau. Am Lärmschutzdamm das Badeufer, dahinter die Autobahn. Eine Lärmschutzwand aus Glas mit aufgemalten Vögeln trennt die Autobahn von den Einfamilienhäusern: Einblick und Ausblick sind wechselweise mit Irritationen gesichert, Vögel klatschen neben ihren schablonierten Ebenbildern zu Tode...
Während die den engeren Donaubereich überschreitenden Planungsvorschläge, die im Verfahren „Wettbewerb" zum gepflogenen Ritual gehören, nicht weiter verfolgt wurden, waren die zur Legitimierung unverzichtbaren Konzepte des „engeren Donaubereiches" in die Ausführung überzuleiten. Zunächst entstand der Plan. Der etwa zweijährige Abwägungs- und Angleichungsprozeß bildete mit der Eingrenzung der Nutzung und den Elementen der Gestaltung die vorweggenommene Wirklichkeit, das Leitbild.
Relativ rasch war die prinzipielle Zonierung der Insel in naturnahe Außenbereiche und den anthropogenen, zentral gelegenen Mittelteil (zwischen Floridsdorfer Brücke und Praterbrücke) zu vollziehen; Konsens herrschte über die Gestaltung der Außenabschnitte: keine signifikanten Verschwenkungen im Gerinne der Neuen Donau, flachere Ufer, Einbeziehung bestehender Altwässer und Baumgruppen als Ökozelle, freiere Wegführungen und Neupflanzungen. Kursorisch interpretierte man die Insel als eine stehengebliebene Flußterrasse, ihre Modellierung soll auf das Klein- und

Großrelief des Donauraumes verweisen. Aus der Verschiebung von Längen- und Höhenmaßstab entstand jener Streifen „Landschaft", der Modell bleibt wie die Eisenbahn im Kinderzimmer, Minimundus oder Disneyland.

Eine ungleich schwieriger zu bewältigende Situation stellte sich für den anthropogenen Mittelteil: hier glaubte man der befürchteten Diskriminierung „Kanal", mangelnder städtebaulicher Planung, aber auch der Absicht eines längerfristig zu sichernden Flächenpotentiales mit einer Gerinneverschwenkung, einem belebenden Element begegnen zu müssen. Von den Architekten jeweils mit dem Argument der Bebauung der Insel beziehungsweise des Ufers bei Kaisermühlen vorgetragen, schob man die Gerinneachse fast zwei Jahre am Plan hin und her. Als strategischer Kompromiß kristallisierte sich die seeartige Erweiterung der Neuen Donau vor dem Internationalen Zentrum und dem breiten Ufer vor Kaisermühlen bei einer verschmälerten Insel in diesem Anschnitt heraus. Für den Umgebungsbereich der UNO-City sollte ein repräsentativer Freizeitraum in urbaner Atmosphäre geschaffen werden. Das Vokabular des Planes: härtere Uferlinien, Korso, Tribünen, geometrisierte Anpflanzungen.

Umwandlung der Uferlandschaft („Konstituierung eines zentralen Freiraumes")

Der Plan kennt gemäß dem Konzept, aus Entlastungsgerinne und Donauinsel den Freiraum neuer Qualität entstehen zu lassen, bereits eine Ausdifferenzierung sämtlicher Land- und Wasserflächen und zeigt Piktogramme, die als vorweggenommene Leitsysteme das Verhalten markieren. Die Funktionszuweisung erfolgt linear, eine Folge von Raumaktivitäten durchzieht logistisch den engeren Donaubereich: Badebucht / Badestrand / Segelhafen / Ausstreifplatz / Rollstuhlfahrerbereich / Fitneßparcours / Zeltlager / Nacktbadestrand / Aussichtspunkt / Segelregattastrecke / Wasserbereich kinderfreundlich/Erste-Hilfe-Stützpunkt/Sportplatz der offenen Tür/Versorgungsstützpunkt/Vivarium/Hotdogger/Fahrradverleih/Grillplatz/Sportzentrum/Wasserschutzgebiet/Surfschule/Parkplatz/Wasserskilift/...

Exkurs: Ökologie, Ökonomie und nochmals Legitimation — die Staustufe Wien

Der Polit-Schock von Hainburg ließ die Kraftwerksbauer stromaufwärts nach Wien wandern. Die Staustufe Wien, nach der Logik des Donauausbaus seit langem erwogen und beim Bau der Donauinsel bereits eingeplant, wurde nun in der Dringlichkeit vorgereiht. Der Bau eines Kraftwerks in der Freudenau — etwa dort, wo der Donaukanal wieder in die Donau mündet — bedeutet ein Aufstauen der Donau an dieser Stelle um etwa acht Meter. Das einzige freie Flußgerinne, der Fluß der Stadt, wäre damit der Donaukanal. Die Argumentation für eine Staustufe Wien stützt sich gegenüber der Öffentlichkeit im wesentlichen aber nicht auf energiewirtschaftlichen, sondern auf wasserbaulichen, ökologischen Begründungen ab.

Vor allem die dramatisch beschworene Eintiefung der Donau und das Absinken des Grundwassers lassen einen Aufstau unabdingbar erscheinen. Diese Argumentation verdeckt, daß die mit der ersten Donauregulierung in Gang gekommene Eintiefung durch die Kraftwerksbauten oberhalb von Wien (Greifenstein) wesentlich verstärkt wurde, da der Fluß nach den Stauhaltungen zuwenig Geschiebe zur Stabilisierung seiner Sohle mit sich führen kann. Projiziert auf die Staustufe in Wien: mit ihr wäre wohl der Eintiefung im Wiener Stadtgebiet zu begegnen, gleichzeitig aber würde sich das Problem stromabwärts verschärfen; in der Logik der Kraftwerks- und Wasserbauer bedeutete dies das nächste Stauwerk. Irgendwann ist man dann wieder in Hainburg angelangt...

Die Stadt Wien reagierte derart unter Zugzwang gebracht mit einer bereits mehrfach erprobten Variante politischer Planung: in einer Phase der Ideenfindung sollen „pluralistisch" alle den Donauraum betreffenden Fragen der Stadtentwicklung, der städtebaulichen Einbindung bis hin zur Ufergestaltung gesammelt werden. Einer der Wettbewerbslogans: nicht der Kraftwerksbau solle die Entwicklung bestimmen, sondern die zu entwerfenden Visionen eines Donauraums sollen die Rahmenbedingungen des technischen Projekts festlegen. Vergessen scheint, daß nur wenige Jahre zuvor mit der Donauinselplanung der Anspruch erhoben worden war, all dies gelöst zu haben.

Der Donauraum-Gedanke ist leicht als schwachbrüstige politische Ideologie zu entlarven, die einerseits die in Verruf geratene Planung (AKH, Steinhofgründe, Flötzersteig, Internationales Zentrum) neu legitimieren sollte, andererseits handfesten wirtschaftli-

chen Interessen diente: Hier paarte sich ein „persönliches Metropolen-Vermächtnis" (Jörg Mauthe) mit der Großprojektssehnsucht einiger Wirtschaftslobbyisten und jener Politiker, die den „Finanzstrom" der Stadt regulieren. So ließ man einige Versuchsballone steigen: Weltausstellung, Disneyland, internationale Handelszentren, Zentralbahnhof, Olympiade, „Wien an die Donau" mit neuen Uferbebauungen. Was von alledem wäre in diesem Raum der Ungleichzeitigkeit unterzubringen, lautete die Suggestivfrage an die Wettbewerbsteilnehmer. Die Entscheidung ist gefallen. Die Jury sprach sich einstimmig für den Bau der Staustufe aus, damit sind — zumindest auf der Planungsebene — alle Alternativen ausgeschlossen. In den anderen beiden Wettbewerbsteilen, die Ideen zur räumlichen Entwicklung des Donauraumes und zur Stromlandschaft sammeln sollten, gab man sich „pluralistischer" Willkür hin: Das spekulative Großprojekt „Zentralbahnhof am Handelskai" wurde von den Juroren des Teils „Stromlandschaft" abgelehnt, aber als wesentlichr Beitrag zur Entwicklung des Donauraumes in der anderen Sparte prämiert. Gewonnen haben einmal mehr jene Architektenbüros, die an den großen Planungen, wie der Donauinsel und des Gürtels, verläßlich gezeigt haben, daß sie aus dem Katalog der bunten Bilder beliebig anzubieten im Stande sind.
Auf politischer Ebene ist das Kraftwerksprojekt zunehmend umstritten: Der Wiener Bürgermeister kündigte bereits eine Volksbefragung zu diesem Thema an.

Raum und Verhalten

Der Plan wurde Raum. Donauinsel und Neue Donau, heute nahezu fertiggestellt, sind in wenigen Jahren zum meist frequentierten Frei(zeit)raum von Wien geworden. Der Zulauf an heißen Sommertagen ist so groß, daß sich die Insel alljährlich zu einem Strandbereich mit mehreren hunderttausend Besuchern verwandelt und der Bürgermeister lädt zum größten Fest Österreichs ein. Aus dem Plakat von 1986: „Heuer ist Ungarn auf der Donauinsel zu Gast: Kommen auch Sie zum österreichisch-ungarischen Mullatschag. Für Wien. SPÖ."
In keinem Stadtführer fehlen die Hinweise auf die Freizeitinstitutionen und auf die Erfolge dieser Politik: Erfolgsbilanzen der Baumpflanzungen, der Asphaltierung von Radwegkilometern und der Festbesucher werden auf der Insel geschrieben. Der Donaubereich ist das geworden, was sich die Wienerinnen und Wiener in ihrer Freizeit wünschen, sagen Planer und Politiker. Oder aber: der Raum schreibt das fest, was an Massenbedürfnissen industriell produziert wird. Jedenfalls lassen sich seit der Realisierung verschiedene Phänomene feststellen. Allgemein bedeutet der Ausbau von Insel, Neuer Donau und angrenzenden Uferbereichen die Urbanisierung eines bis dahin brachliegenden, untergenutzten Frei-Rau-

mes an der Schnittstelle zweier Stadtregionen. Damit geht die Zentralisierung einher: so wurde mit dem engeren Donaubereich überhaupt erst ein zusammenhängender, in sich strukturierter Gesamtraum konstituiert und zum Bewußtsein gebracht, zuvor war es ein unbestimmtes und unorganisiertes Gebiet gewesen.

Die zentrale Bedeutung des Donaubereichs als Erholungsgebiet macht die Notwendigkeit der Einbindung der Insel in ein leistungsfähiges Verkehrsnetz deutlich. Die so entstehenden Verkehrsknotenpunkte bringen weitere Verteilungsprobleme mit sich: wohin soll man die Besuchermassen dirigieren, wie können sie sich sekundär (zum Beispiel mit dem Fahrrad) verteilen? Subjektiv stellt sich dieses Problem aber auch dem Besucher, der das Erholungszentrum ohne geeignetes Verkehrsmittel betritt: ihm wird der Gesamtraum zur unüberwindlichen Distanz, sein Aktionsradius ist auf die Stützpunkte öffentlicher Verkehrsmittel und Versorgungseinrichtungen beschränkt; er erlebt sich als ausgeschlossen. Ein Phänomen, das im Gebiet der Inundation unbekannt gewesen ist, da es nie als zusammenhängendes Ganzes vorgestellt und wichtig war, sondern viele Welten nebeneinander eröffnete.

Der engere Donaubereich ist zweifach zoniert: der Länge nach aus der linearen Zuweisung von Funktionen, Nutzungsintensitäten und Einrichtungen und nach der Breite: Die Einteilung der Insel in Uferzone, Rad- und Fußwege, Lagerwiesen, Neue Donau, Wassertiefe und Strandtypus des Ufers entlang des linksufrigen Dammes. Mit der Zonierung versucht man die funktionelle Anpassung zu erleichtern und nimmt damit den transformatorischen Charakter weiter zurück: die Scheidung des Inundationsgebietes, das bald See, bald Land war, in eine hochwasserfreie Insel und in ein Entlastungsgerinne führt zu Ende, was die erste Regulierung begann.

Donauinselallee

Der Raum, in einzelne Schichten der Länge und Breite nach strukturiert, ist so weit eröffnet, daß alles ehemals Verborgene zum Exponat der Betrachtung werden muß: Nichts entzieht sich mehr dem Auge, alles ist für dieses gemacht. Eine große Inszenierung: Das Ambiente läßt Urlaub zum Plagiat seiner selbst werden; in der (zwangsläufig) zur Schau gestellten Zurückgezogenheit steckt ebenso das Konzept des Animators wie im Fitnessparcours, in den Badetribünen der Bodybuilder und Tangamädchen bei der Reichsbrücke ebenso wie im arrangierten Grillabend. Brückenwiderlager sind zu großen Gästebüchern gestaltet worden, Natur ist in Ökozellen anschaulich konserviert, daneben findet sich die vertraute Fußgängerzonenatmosphäre mit Straßencafé und Sportgeschäft. Die Sprache ist gleichermaßen international wie regionalistisch: U-Bahn-Design neben strohgedeckten Eingeborenenhütten, ein türkisch inspirierter Kiosk zwischen Pizzeria und Buschenschank, dahinter die Skyline der UNO-City. Ein Cinematoskop aus Abenteuerfilm und Sportreport, aus Heimatfilm und Videoclip.

Das Inundationsgebiet war gleichermaßen verwilderte Kunstlandschaft (aufgeschüttetes Terrain) wie Restnatur einer Stromlandschaft (Altwässer, Auwald). Die Donauinsel ist in weiten Abschnitten natürlich gestaltet, die Infrastruktureinrichtung zur „Resttechnik" verkleidet. Sie wird zuwachsen und oberflächliche Natur sein. In ihrem zentralen Abschnitt, dem anthropogenen Mittelteil, könnte der Alterungsprozeß wie für eine alte U-Bahn-Station verlaufen, wie für ein aufgelassenes Kino, eine abgewrackte Disco oder einen insolventen Vergnügungspark — dann erst wird es den Autor zu den Inselfesten ziehen.

Die Modellierung des Raumes ist auch eine des Verhaltens im Raum. Je mehr geplant ist, desto weniger kann sich das Spontane, das Provisorische in seinen Qualitäten formulieren. Anstelle von Aneignung tritt der Konsum. Nichts ist „gelassen", alles „genommen". Wie man aus den Erinnerungen aber auch von alten Fotos weiß, lebte das Inundationsgebiet als Erholungsraum ohne betonierte Infrastruktur, haftete den Hütten und Standln das Ephemere und Parasitäre in einem durchaus positiven Sinn an. Es war nicht die mehrfach ausgerüstete Hobbysportgruppe, die der Vorleistungen einer Donauinsel bedarf, sondern die Fluktuation eines sehr unterschiedlichen Publikums ohne festgeschriebene Normen und Zwänge (zum Beispiel Fitness oder besonderes Sportgerät).

Das Individuum besteht in diesem Raum nicht für sich, sondern als Auszug und Element einer Masse von Spielarten. Zusammengespielt an diesem besonderen Ort, bilden die Surfer, Rollschuhfahrer, Griller, Nacktbader usw. das Ornament einer Freizeitmasse.

Dschungel und Wildnis sind mit ihrem Dickicht nur schwer zu kontrollieren, die Ordnung ist keine öffentliche, die Strukturen sind viel zu flüchtig, um sie zu gesellschaftlich verbindlichen Mustern gerinnen lassen zu können. Die Öffnung, Zonierung und Zentralisierung eines mehrdeutigen Gebietes zu einer gepflegten und geordneten Freizeiteinrichtung steht so auch für die immer fortschreitende Einflußnahme öffentlicher Macht auf die verschiedenen Sphären des Alltags. Dieser Machtanspruch wird nicht wie im Absolutismus durch die Geometrisierung des Raumes sichtbar und gleichzeitig versachlicht, sondern informell und beliebig formuliert. Der zivilisatorische Prozeß bedingt eine immer umfassendere Abstimmung des individuellen Verhaltens auf gesellschaftliche Konventionen. Der einzelne ist gezwungen, „sein Verhalten immer differenzierter, gleichmäßiger und stabiler zu regulieren" (Norbert Elias), sich selbst zu beherrschen. Die Gestaltung zum engeren Donaubereich ist so gleichsam ein im Zeitraffer und kleinen Maßstab realisiertes Projekt der Zivilisation: der Weitsicht, der Verhaltensabstimmung auf räumliche und zeitliche Ferne, entspricht hier das Konzept des „Langraumes", in dem das Verhalten der Freizeit eingeübt und stabilisiert wird, Kontraste sich verringern, die Spielarten dafür immer mehr zunehmen.

Das Projekt Donauinsel/Neue Donau entstand aus der Notwendigkeit, die Legitimationsdefizite einer technischen Planung zu kompensieren; es wurde in seiner Inszenierung von Ferne und Abenteuer, von Gemütlichkeit und Heimat, von Natur und Nähe ein Ort der Vermittelbarkeit von „Massenbedürfnissen". Die Donauinsel ist möglicherweise unbedacht und unbemerkt von jenen, die sie planten, zum größten Bau der Postmoderne hierzulande geworden. Eine der Schlüsselschriften in der postmodernen Architekturdebatte von Robert Venturi betitelt sich „Learning from Las Vegas". Die Donauinsel spricht jedenfalls vom Neusiedlersee.

LUST AM WASSER

ÜBER DIE BEZIEHUNG DER WIENER ZU IHRER STROMLANDSCHAFT. QUELLEN UND THEORIEN ZUR GESCHICHTE AN DER DONAU

Ernst Gerhard Eder/Elisabeth Spanlang

Nirgends stößt sich das Auge an harten, scharfen Kanten, es gleitet über spiegelglatte, fallweise vom Wind gekräuselte Wasserflächen,

folgt den weichen, geschmeidigen Wellen. Das beständige Rauschen, leise Plätschern, ein unaufdringliches Geräusch. Fischgeruch vermischt mit dem Duft von Wasserpflanzen auf überspülten Steinen, das Parfum der reichlich verwendeten Sonnenschutzmittel, dann das sanfte Hineingleiten ins feuchte Element, das angenehm prickelnde Gefühl, die plötzliche Schwerelosigkeit ...
Wasser — in fast allen klassischen Philosophien eines der symbolbeladenen Urelemente des Kosmos — hat nichts von seiner Faszination auf den Menschen eingebüßt: es ist für das Leben unersetzbar. Daß Wasser auch ökonomisch nutzbar ist, wurde bald erkannt, große Wasserwege wie die Donau dienten schon früh zum Transport von Handelsgütern. Was stromabwärts aufgrund von Stromschnellen, Klippen und Strudeln ein mitunter lebensgefährliches Unternehmen war, bedeutete stromaufwärts ein umso mühseligeres, wurden doch die Lasten von Pferden und Menschen auf Straßen entlang des Flusses gegen die Strömung gezogen. Mitunter diente Wasser auch strategischen Zwecken, als Schutz gegen Feinde. Wassergräben um mittelalterliche Burgen, nur über Zugbrücken zu queren, erinnern daran.
Nicht von ungefähr entstanden daher Zentren sozialen Lebens entlang von großen Flüssen, die als „Nahrungsreservoir" und Handelswege dienten. Siedlungen in Gewässernähe waren aber durch die Jahrhunderte vielfältig gefährdet. Hochwasser bedeuteten unaufhaltsame Naturkatastrophen, vor denen einzig die Flucht als Rettung blieb — effizienter Hochwasserschutz ist eine Errungenschaft des vergangenen Jahrhunderts. Die Schwimmkenntnisse der Bevölkerung waren gering.
Wasser, erlebt als ungebändigte, ewig bedrohliche und gefahrbringende Macht, bot reichlich Stoff und Anreiz für die Bildung von Mythen. Der Wiener Raum mit seinen von Donauarmen durchflossenen Augebieten war wie geschaffen für die Enstehung und Überlieferung von Wassermythen, -sagen und -märchen. Im Strom regiert der Donaufürst, ein häßliches, abstoßendes Wesen mit Fischmaul, Glotzaugen, blauem Haar und Schwimmhäuten, sein gläsern-durchsichtiges Reich und seine Töchter, die Donauweibchen. Er will den Menschen nichts Gutes, reißt sie in die Tiefe, sucht den Strom immer wieder nach den Seelen Ertrunkener ab. Die Nixen hingegen sind Geschöpfe ganz anderer Art: anmutig schön, von zarter Gestalt und langem Blondhaar, in das sie Wasserlilien hineinflechten, den Menschen zugetan, obwohl es ihnen verboten ist. An Land nur daran erkennbar, daß bei Anbruch des Morgens der Saum ihres Gewandes und ihr Haar feucht werden. Ihr Liebreiz betört lediglich die Männerwelt, wohingegen die eifersüchtigen Menschenfrauen die Wasserschönheiten am liebsten auf dem Scheiterhaufen sähen. Die Beziehung des Mannes zur zeitweise fischschuppigen Schönen ist durchaus ambivalent. Das Objekt der Begierde wechselt die Gestalt und lebt in oder am Wasser. Stets stellt die Nixe eine potentielle Gefahr dar, durch die Verlockung,

ihr ins Wasser zu folgen, was unweigerlich das Leben kostet. Im Bild des verführerischen Geschöpfes, das halb Tier, halb Mensch, Teil einer ungebändigten, grausamen Natur ist, vereinen sich all jene Sehnsüchte, denen ab der aufgeklärt-absolutistischen Epoche per Gesetzestext begegnet wurde. Auf die mythische Todesdrohung folgte im rationalistischeren Zeitalter die Angst vor einem Verstoß gegen die Sittlichkeit.

Gewässernähe und die Möglichkeit eines Wasserkontakts in freier Natur beinhalten Chancen zu libidinösen Entgrenzungen. Dabei kann eher physisch oder eher kognitiv erlebbare Lust am Wasser spezifisches Ziel libidinösen Strebens sein. Soziale Kontrolle und herrschaftliche Disziplinierungspraktiken sind Hindernisse der Lustbefriedigung. Sie leisten der Entwicklung kultureller Verhaltensmuster und „Leistungen" Vorschub, die anstelle der in einer jeweiligen Situation naheliegenden, „wirklichen" Befriedigung oft nur Scheinbefriedigungen bieten oder Ersatzbildungen, Entschädigungs- und Kompensationsakte hervorrufen. Wahrnehmungen, Empfindungen und Erlebnisse am und im freifließenden Wasser regten neben der volkstümlichen Mythenbildung auch Werke von Dichtern, Malern, Bildhauern, Komponisten und Chronisten an. Bewußtsein und Alltagsleben der Bevölkerung wurden davon mitstrukturiert. Hervorragende Beispiele männlicher mythischer Vorstellungen von Aura und Fluidum des Wassers mit der psychischen Funktion der Ersatzbildung für „verbotene" libidinöse Wünsche finden sich in der künstlerischen Verarbeitung und Umsetzung dieser Themen. Besonders eindrucksvoll sind etwa mythisch-allegorische Plastiken wie „Die Donau" von Karl Kundmann (vor dem Parlament), „Die Donau" von Ludwig Schwanthaler (auf der Freyung), der „Donauweibchenbrunnen" von Hans Gasser (im Stadtpark), die Figuren des „Donnerbrunnens" von Raphael Donner (am Neuen Markt), die Figuren auf dem „Albrechts- oder Danubiusbrunnen" von Johann Meixner (unterhalb der Augustinerbastei) oder die Wassernixen des „Najadenbrunnens" im Schloßpark Schönbrunn.

Die gesellschaftliche Auseinandersetzung um die besonders seit dem Ausgang des 18. Jahrhunderts signifikanten Bedürfnisschübe nach der freien Natur ist teilweise identisch mit jener um den Eros an der Donau. Libidinöses Streben am freien Wasser der Donau hinterließ seine Spuren im Stadtbild, in Macht- und Herrschaftstrukturen, in Umgruppierungen und Neubildungen sozialer Gruppen, in Mentalitäten und Gewohnheiten, in der Alltagskultur der in Wien und seiner Umgebung lebenden Menschen.

Libidinöses Streben: Anmerkungen zu einem Begriff

Trotz Lebensgefahr und furchterregender Wassermythen, die später von sittlichen Bedenken abgelöst wurden, bedarf der Mensch

offensichtlich neben der physischen Notwendigkeit der Wasseraufnahme und den bestandssichernden, kultur- und entwicklungsfördernden Funktionen der Gewässer für menschliche Gemeinschaften auch in psychischer Hinsicht des Wasserkontaktes beziehungsweise der Gewässernähe.
Im Lauf des die menschliche Natur gängelnden, den menschlichen Lebens- und Bedürfnisentfaltungsraum gestaltenden und gleichzeitig beschränkenden, kontrollierenden und disziplinierenden Zivilisationsprozesses nahmen Motive, Erwartungen, Hoffnungen und Gewißheiten, die hinter diesem Verlangen nach Wasserkontakt und Gewässernähe standen, und daran knüpfende Aktivitäten und Verhaltensweisen vielfältigste Formen an. Zentrale Ursache scheint dabei immer eine psychomentale Verhaltensdisposition aufgrund libidinöser Entgrenzungssehnsucht zu sein.
Libidinös, von „Libido" abgeleitet, wird durchaus in der von Sigmund Freud intendierten umfassenden Weise begriffen. Als libidinös in ihrer Eigenschaft oder Libido in ihrer summarischen Gesamtheit werden gemeinhin genital-sexuelle Kräfte oder Triebenergien bezeichnet, über die für ein Individuum die Möglichkeit besteht, zur Triebbefriedigung beziehungsweise zum Lustgewinn aus körperlich-sinnlicher Stimulation zu gelangen. Die Libido als energetische Substanz oder Kraft des ebenfalls gerne bloß als Geschlechtstrieb verstandenen Eros umfaßt in Wirklichkeit aber ebenso wie dieser mehr, als wir im allgemeinen unter Sexualität verstehen. Die Begriffe Eros und Libido „... schließen jegliches Streben nach schöpferischer Synthese ein." [2] Eros ist der eigentliche, umfassende, die gesamte menschliche Kultur entfaltende Lebenstrieb, Libido seine Kraft und Energie; und der Drang nach sexueller Vereinigung und genitaler Befriedigung nur eine ihrer besonderen Ausdrucksformen. Das als Eros definierbare „Streben der Libido nach schöpferischer Synthese" bedeutet den Versuch, unvermitteltes Luststreben und dessen Hemmung, Verhinderung und Verwehrung zu synthetisieren. Dieses Synthetisieren findet auf individueller Ebene je nach sozioökonomischer und soziokultureller Schichtzugehörigkeit, auf sozialer Ebene je nach psychogenetischem, soziogenetischem und ökonomisch-technologischem Entwicklungsstand im Zivilisationsprozeß in spezifischen kulturellen Manifestationen materieller wie immaterieller Art seinen Ausdruck. Die kulturelle Entwicklung modelliert nach sozialanthropologischen Gesetzmäßigkeiten das Verhalten, wie jenes umgekehrt die kulturelle Entwicklung beeinflußt. Die Veränderungen der Entwicklungsdimensionen und Grundlagen des Verhaltens sind in historischen Zeitläufen nachvollziehbar und gelten als integrale Determinanten des Zivilisationsprozesses.
Aufgrund sozialer Kontrolle und Norm ist das libidinöse Streben der Menschen immer in gewisser Weise eingeschränkt, behindert, *begrenzt* und sucht daher nach *Entgrenzungs*möglichkeiten. Dabei treten kulturell überformte Ersatzhandlungen oder Ersatzgefühle

an die Stelle der nicht erfüllten Triebbefriedigung oder der verwehrten Lust. Je drastischer die Repression des Eros, desto stärker ist die libidinöse Entgrenzungssehnsucht und desto deutlicher erkennbar manifestieren sich Sublimierungen.
Beim libidinösen Streben nach Lust am Wasser kommt es in bemerkenswerter Weise zu Differenzierungen, Spielarten und Kombinationen sublimierenden Handelns und Verhaltens. Versuche, Lust am Wasser zu erleben, werden neben Fantasie und Eigeninitiative durch vorgefundene Befriedigungsmöglichkeiten einerseits, durch einschränkende oder reglementierende kulturelle Rahmenbedingungen andererseits gestaltet. Daraus ergeben sich auch Modellierung, Bestand und Wandel der spezifischen beschreib- und analysierbaren kulturellen Verhaltens-, Aktions- und Ausdrucksformen an den freien Gewässern der Wiener Stromlandschaft, denen eine spezifische Verhaltensdisposition aufgrund libidinöser Entgrenzungssehnsucht zugrunde liegt: die psychisch-physische Bereitschaft, innerhalb struktureller und personaler Möglichkeiten nach Lust am Wasser zu streben. Unter Berücksichtigung des Charakters der Wiener Stromlandschaft als libidinös besetztes Objekt bedeutet für uns „Lust am Wasser" lustvolles Erleben in, an, entlang und in der Nähe von Gewässern der Wiener Donau aufgrund akustischer, visueller und sensueller Eindrücke.
Im libidinösen Streben nach Wassernähe und Wasserkontakt und im Erlebenwollen der Aura des freien, freifließenden Wassers am Rande der Stadt, manifestiert sich die Dialektik der Natur des Menschen, die Dialektik des Menschen als Kultur- und gleichzeitig Naturwesen. In der Sublimierung sexueller Triebregungen und den Hoffnungen, Wünschen, Vorstellungen und Erwartungen, durch Naturkontakt und -erleben, durch spielerische und körpermotorische Betätigungen Lust zu erleben und Befriedigung zu erlangen, kommt einerseits der repressive Zwang der Sexualnormen, andererseits die beruhigende, kompensatorische und dabei wenigstens „ersatzbefriedigende" Wirkung von Natur, Spiel und Bewegung auf den Menschen zum Ausdruck . Neben lustvollen Hautkontakten mit Wasser, Luft, Wind, Sonnenwärme, Steinen, Erde und Sand, visuellem, akustischem und geruchsmäßigem Naturerleben, Freude und Spaß an spielerischer oder sportlicher Körpermotorik, sind es auch Hoffnungen auf erotische, meist visuell hervorgerufene, die genitale Sexualität erregende Spannungen, die das libidinöse Streben nach Lust am Wasser beinhaltet. Dadurch können tatsächlich genital-sexuelle Triebbefriedigung kompensierende (Augen-)Lustgefühle ausgelöst werden, die im Verein mit geselligen Situationen und sozialen Kontakten erotische Gefühle freisetzen können.
Sowohl Ausmaß der Bedürfnisse nach Lust am Wasser, als auch deren von Menschen jeweils gewählte beziehungsweise entwickelte Befriedigungsmodi müssen als Indikatoren für Quantität und Qualität der insgesamt herrschenden kulturellen Entfremdung und der

gesellschaftlichen Repression des Eros angesehen werden. Gleichzeitig bringen aber individuelles und kollektives reaktives Verhalten und Agieren (sub)kulturelle Leistungen und schöpferische Synthetisierungen hervor, die die Chance, künftig Entfremdung und Repression auf einer höheren Stufe der zivilisatorischen Entwicklung zu minimieren oder gar aufzuheben, in sich tragen. Wo libidinöses Streben nach Lust am Wasser durch Wert- und Normengefüge, Herrschaftsorganisationen, Machtverhältnisse, gesellschaftliche Gewaltinstitutionen und Ordnungskräfte behindert und bekämpft wird, kann man anhand der Ausprägung dieser spezifischen Verhaltensdispositionen aufgrund libidinöser Entgrenzungssehnsucht auf das System der allgemeinen Kontrolle, Disziplinierung, Repression und Oppression einer Gesellschaft schließen. Durch die Analyse von Literatur, Kunst, Musik, körperlichen Techniken, Verhaltens- und Ausdrucksweisen, die sich zwischen Repression, Sublimierung und Lust-, Trieb- und Bedürfnisbefriedigung entwickeln, werden gesellschaftliche Machtverhältnisse, Herrschaftstechniken, -mechanismen und -organisationen transparent. Mit historiographischen Darstellungen signifikanter Beispiele aus der Vielfältigkeit der Kultur des Eros an der Donau kann die empirische Basis für den zeitlichen Längsschnitt der sozialen, ideengeschichtlichen, sozialanthropologischen, ökonomischen, technologischen, kurz: kulturellen Bedingungsfaktoren sowie Auswirkungen libidinösen Strebens nach Lust am Wasser geliefert werden. Über die illustrative Deskription der kulturellen Manifestationen, Tendenzen, Bestrebungen und deren Veränderungen im historischen Zeitablauf werden auch Möglichkeiten und Grenzen gesellschaftlicher Herrschaft über menschliche Körper und restriktiver Einschränkungen libidinösen Strebens des Eros aufzeigbar. Hier können jedoch einige analytische Ansätze respektive Anregungen durch kursorische Präsentation geliefert werden. Umfangreicheren und detaillierteren Untersuchungen bliebe es vorbehalten, aus den Relationen zwischen den potentiellen Möglichkeiten ungehinderter Lustentfaltung und -befriedigung und deren Eindämmung, Ab- und Rückdrängung durch die zwanghafte Qualität des Historisch-Faktischen, Koeffizienten für kulturelle Entfremdung und den Menschen auferlegte äußere wie innerpsychische Zwanghaftigkeit zu ermitteln. Erst mit Entwicklung und Validitätsüberprüfung eines derartigen historisch-sozialwissenschaftlichen Analyseinstrumentariums wäre eine für alle Epochen absolut gültige und vergleichbare Ermittlung des wirklichen Maßes der Unterdrückung des Körperlichen und damit die Vergleichbarkeit der tatsächlichen Repressionslast der Menschen zu jeweils verschiedenen Zeitepochen möglich.

„Baaden verbotten"

In den zunehmend aufgeklärten Epochen europäischer Neuzeit

verloren Wasser- und Naturmythen in der Bevölkerung ihre uneingeschränkte Glaubwürdigkeit. Sie waren in Veränderung begriffen oder in Vergessenheit geraten. Gleichfalls wandelten sich die aus den Beziehungen der Menschen zum Wasser bisher resultierenden Verheißungen und Ängste. Die in Wassermännern und Nixen personifizierte Angst vor der tödlich-verschlingenden Kraft des Wassers überlebte sich allmählich. An die Stelle mythisch fixierter Furcht rückte alsbald die Angst vor Sitten- und Gesetzesübertretungen. Schon im 17. Jahrhundert setzten im Raum Wien rigorose Badeverbote ein. In einem Gesetzestext aus dem Jahr 1633 wurde den Richtern in den Vorstädten von der Niederösterreichischen Regierung der Auftrag erteilt, das „unverschämte Baden" in der Donau abzustellen.

„Bey ir khombe für dasz bey dieser zwar hiezigen Zeit, sowohl im unteren Alsz obern werth, aine Zeit hero viel Junge Leith, so sich Irem fuerwiz nach desz abkhielens vnnd Padens in der Thonau, woll auch in bezechter weisz gebrauchen, darueber vielleicht aus Iren dabey veruebten mutwillen vnnd vnverschambtheit, durch den gerechten Zorn Gottes ertrunkhen, auch als ann Seel vnnd Leib verderben. Da aber die Regierung zumal bey diesen Contagionszeiten (= Zeit der Seuchengefahr, Anmerkung der Verfasser), nicht wolle, dasz der Allmächtige Gott durch dergleichen Leichtfertigkeiten beleidiget, sondern vielmehr durch embsiges Gebet, auch Zucht und Ehrbarkeit wiederum zu Goettlicher Gnaden vnnd Barmherzigkeit bewogen werden solle, die Regierung ernstlich ... ihren nachgesagten Richtern in denen Vorstädten ... dergleichen kaltes fraeuentliches Paaden vnnd vornembende Ungebuehr gewiszlich einzustellen ... vnnd die Übertreter, oder Ungehorsambe sollen ihrer Verordnung gemaesz vnnd anderen zum Exempel ernstlich bestrafen vnnd mehreres Unheil verhueten, wir sie wohl zu tun erweisen. Actum Wien den 23. Juli 1633"* [3]

In der Folge wurden unzählige Erlässe, Dekrete und Verordnungen teils vom Bürgermeister, vom Magistrat, von der Niederösterreichischen Regierung wie vom jeweiligen Herrscher selbst erlassen. Sie argumentierten entweder mit den Qualifikationen „sündhaft", „ärgerlich", „sittenwidrig" oder „gefährlich", „lebensbedrohend" und führten abschreckende Beispiele von Badeunfällen mit oft tödlichem Ausgang ins Treffen. So klagte der Wiener Bürgermeister Johann Lorenz Trunck von Guttenberg am 20. August 1714 in einem „Befaehl":

„Obwohlen das oeffentliche Baaden in der Donau und Wien ... zur Verhuettung aller Aergernussen und vernebende Exzesz zu unterlassen zum oefftern anbefohlen worden, wie man mueszsellig sehen muesz, thuet man solches Baaden ohne Scheuch aller orthen treiben."[4]

Sein Nachfolger, Doktor Josef Hartmann, erhielt Schützenhilfe von der Niederösterreichischen Regierung, die in einem „Rueff" nachdrücklich die Einstellung des Badens „anbefahl".

„Baaden verbotten"
Auf einer hohen Lands-Fuerstlichen Regierung ergangene gnaedige Verordnung, wird hiermit allen und jeden kund und zu wissen gethan, welcher gestalten, ob schon das aergerliche und gefaehrliche Baden in der Donau und Wien oefters gemessen verboten worden, dessen ohneracht hierwider sehr straeflich dergestalt gehandelt werde, dasz inner drey Tagen sechs derley badende Personen in der Donau ertrunken seyn. ... Zu diesem Ende, und zu Abwendung dieser Aergernisz, und aller Gefaerhrlichkeit, eine Hohe Lands-Fuerstliche Obrigkeit alles Ernst will anbefohlen haben, dasz niemand bey der nunmehro instehenden Sommers=Zeit, und anwachsender Hitze, oeffentlich in der Donau oder Wien nackend und aergerlich bade, auch dessen sich so gewiszlich enthalte, als im widrigen, und auf dessen betreten, denen auf solche Weise und Art

Zeitgenössische Illustration (Zürich 1796)

badenden Persohnen ihre Kleider hinweggenommen und nach Beschaffenheit der Sachen, die Ubertreter sothanen Gebots mit hoher Straffe ohnausbleiblich belegt werden sollen." [5]
Elf Jahre später drohte bei Mißachtung des Badeverbots bereits das Zuchthaus. Die am 7. Juli 1728 erlassene Verordnung der Niederösterreichischen Regierung dokumentiert sowohl die fortlaufenden Gesetzesübertretungen, als auch das steigende herrschaftliche Interesse an der Einschränkung und Reglementierung libidinöser Entgrenzungen und des Strebens nach Lust am Wasser.
„Es gebe die mehrmalige Erfahrenheit: was gestalten, ohnerachtet sovieler gemessener Befehle dannoch verschiedene Leute beederley Geschlechts in der Donau, und besonders zwar in der Spittalau, bey dem Althanischen Garten, wie auch denen unter Weißgaerbern, und derley Orten, dann in der Wien, fast täglich bis gegen zehn Uhr Nachts mit groeßter Aergerniß und Lebens-Gefahr zu baden sich unterstehen . . .
Wann nun aber hochbedachte Nieder = Österreichische Regierung diesen aergerlich- und suendhaften, auch Lebens = gefaehrlichen Mißbrauch des Baadens keinerdings gestatten, sondern mit allem Ernst abgestellt wissen will. (. . .)
Als im widrigen der Ubertreter . . . in das Zucht = Haus uebergebracht, und all darinnen eine Zeit lang abgestaffet werden solle." [6]
Zusammenfassend läßt sich feststellen: Die ab 1633 einsetzenden herrschaftlichen Verbote, in Donauarmen, Donaukanal und Wienfluß zu baden, sind ein deutliches Signal dafür, daß fortschreitende absolutistische Machtbildung zunehmend gewillt — und später auch imstande war — profane Bedürfnisse zu reglementieren, wenn diese der Sittlichkeit und Sicherheit zuwiderliefen. Gleichzeitig war für untere Schichten das Baden in freien Gewässern aber seit eh und je Selbstverständlichkeit gewesen, die man sich nicht so einfach verbieten lassen wollte. Wenn sich weiterhin in den Sommermonaten etwa Futterknechte beim Pferdeschwemmen im Wienfluß, Donaukanal oder in einem der anderen Donauarmen auszogen und selbst in den Fluß warfen, oder wenn Bäckergesellen während des Auslieferns des Gebäckes, übermütige städtische Jugendliche sogar in der Nacht badeten, dann wohl nicht nur, um gegen die neuen Verordnungen zu protestieren, sondern weil Lust und Spaß und das Bedürfnis nach erregenden Erlebnissen stärker waren als die Angst vor Strafen.
Die relative Unwirksamkeit der Badeverbote erklärt man sich zum Teil auch daraus, daß sie in der Bevölkerung den Ruf der sogenannten „Wiener Gesetze" hatten, die im Volk kaum Autorität besaßen. Allmählich gelang es, die Badenden in die herrschaftsfreieren Regionen an die Peripherie der Stadt, weit außerhalb der Stadtmauern und Linienwälle zu drängen. Später reichte der Arm der Herrschenden — es gab bereits Polizeipatrouillen — auch in diese Peripherien und die kategorischen Verbote der Niederösterreichischen Regierung von 1781 wurden exekutierbar.

„Es ist angezeigt worden, daß das Baden in der Donau oder anderen flüssenden Wässern, wie auch das Fußwaschen auf den Holzflößen neuerlich überhand nehme, und sich dieses Unfuges so, als ob gar kein Verbot bestünde, mit aller Freyheit angemasset werde. (. . .) Derjenige, welcher sich, dieß hiemit bekannt gemachte Verbot zu übertretten, erfrechen möchte, wird von der Polizey = allenfalls von der Grundwache (welche hiernach bereits angewiesen ist, und zugleich über dergleichen badende Leute immer aufmerksam zu seyn den Befehl hat) ohne alle Nachsicht, oder Betrachtung seines Amts, Dienst oder Standes, gleich auf der Stelle gefänglich angehalten, öffentlich in das Polizeystockhaus geführet, und dasselbt durch drei mal vierundzwanzig Stunde angehalten; im mehrmaligen Betrettungsfalle aber, oder bey einem sonst mit unterwaltend bedenklichen Umstande, auch auf eine noch strengere Art vorgenommen werde."[7]

Die Verhängung herrschaftlicher Donaubadeverbote sollte bis zum Ersten Weltkrieg nicht abreißen. Ihre polizeiliche Überwachung wurde jede Saison mit unglaublicher bürokratischer Beharrlichkeit und wechselndem Erfolg durchgeführt.

Donauflußbäder

Bereits im Mittelalter gab es in Wien Badestuben, die von allen Schichten der Bevölkerung eifrig frequentiert wurden, da der regelmäßige Badestubenbesuch ein integraler Bestandteil des damaligen Stadtlebens war. Hier konnte man sich waschen, gesund und schlank schwitzen, vom Bader schröpfen und einen Kräuterumschlag gegen allerlei Beschwerden auflegen lassen, oder man konnte zusammen mit anderen ein Bad nehmen, das keineswegs der Körperreinigung allein diente. Da in den Badehäusern für Speis, Trank und Unterhaltung gesorgt wurde, stand einem ausgedehnten Aufenthalt im immer wieder von Badeknechten mit heißem Wasser angefüllten Holzzuber nichts im Wege. Von Geschlechtertrennung oder Badebekleidung war noch lange keine Rede. Von sinnlich-lustvollen Wasser-, Dampf- und Wärmeerlebnissen (nur eine schmale Oberschicht konnte sich winters den Luxus geheizter Räume leisten) über wollüstige genital-sexuelle Freuden bis zur handfesten Prostitution war in den Badehäusern alles umstandslos zu haben.

Ende des 18. Jahrhunderts — die meisten Badestuben waren längst als Ort der Unzucht, wegen mangelnder Sauberkeit und Krankheitsübertragung gefürchtet und geschlossen worden — begannen sich Teile der nunmehr vom reformerischen Geist der Aufklärung beseelten, gebildeten Wiener Bevölkerung für das Baden in den umliegenden Gewässern der Donau zu interessieren. Die Menschen wollten schwimmen lernen. Damit wurde eine in unteren Schichten selbstverständliche Volkstradition, die mit Beginn der Neuzeit diskreditiert worden war, für die Interessen des absolutistischen Staates neu adaptiert und auch für die elegante Gesellschaft salonfähig gemacht. Namhafte Mitglieder des bürgerlichen Wiens, wie etwa die führenden Ärzte Pascal J. Ferro (Erster Stadt-Physikus) und Johann Peter Frank (Direktor des neuerrichteten Ersten Allgemeinen Krankenhauses), beide natürlich Freimaurer, plädierten für Baden und Schwimmen in den freien Gewässern.

Zur Zeit Josephs II. wurde dem neuerwachten Gewässer- und Freiluftbadebedürfnis durch die Aufstellung eines öffentlichen, gemeinnützigen Flußbades Rechnung getragen. Doktor Ferro durfte im Donauarm Fahnenstangenwasser am Rande des Augartens sein selbstfinanziertes Kaltbad eröffnen, das angeblich auch der Kaiser selbst, der ja während der Sommermonate in unmittelbarer Nähe zu wohnen pflegte, hin und wieder unauffällig besuchte. Trotz heftiger Polemiken und Anfeindungen seiner Leibärzte war dessen Sympathie für das Badeprojekt unverkennbar. Um den im Park Spazierenden das Flußbaden schmackhaft zu machen, wurde auf seinen Befehl „...zu einem bequemeren Besuch des Bades die hintere Tür des Augartens gegen die Brigittenau ständig offengehalten."[8] Es war zweifellos der Versuch einer Synthese von (wenn auch sublimiertem) Streben nach Lust am Wasser und den sich dagegenstellenden herrschaftlichen Bestrebungen, unter Einsatz des bereits machtvollen und schlagkräftigen Polizeiapparates, das Baden, manchmal sogar den Aufenthalt an freien Gewässern zu unterbinden. Friedrich Nicolai beschrieb Ferros Flußbadeschiff als Wiener Merkwürdigkeit in seinen Reiseerinnerungen:

„*Hinter dem Augarten sind die 1780 von Herrn Doktor Ferro angelegten Bäder in der Donau eine sehr nützliche Anstalt. Es sind*

Die erste schwimmende Fluß- oder Kaltbadeanstalt auf der Donau bei Wien (1780)

zwischen zwei großen Kähnen, die vor Anker liegen, etwa acht verschlossene Zellen, von Brettern gebaut. In denselben findet sich ein Kanapee, Spiegel, Anziehtisch, leinerner Schlafrock und so weiter. Man steigt in das Bad auf Stufen hinunter. Es besteht aus einem breiten Boden, auf welchem man steht oder sitzt, und das nach der Höhe der Donau höher und tiefer gemacht werden kann. An den Seiten ist alles rund herum vergittert, so daß die Donau hindurchrauscht. Die Zellen sind so angelegt, daß das Wasser aus einem Bade nicht auf das andere schießen kann. Ein Bad kostet vierzig Kreuzer." [9]

In der satirischen Zeitschrift „Briefe eines Eipeldauers" findet sich folgende Erlebnisschilderung eines Zeitgenossen über die Benützung des Donaubades in lokalem Kolorit:

„Da bin ich die Täg gar aufn Tabor hinauskommen, und dort hab ich Schiff und Hüttln gsehn, und da habn's mir gsagt, daß das 's kalte Bad ist und da hab ich halt das Ding auch probirn wolln, und da habn mir anfangs d' Zahn gkläppert vor Kältn, aber glei drauf is mir warm wordn, und wie ich ausser gstiegn bin, so bin ich wie neu geborn gwesen. So ein Bad muß ja gsunder seyn, als d' warmen Bäder, wo man 's Mark aus'n Beinern ausser schwitzt, und so matt drauf wird, wie ein abgstandener Fisch." [10]

Als Ferros Badeunternehmen mit wirtschaftlichen Schwierigkeiten zu kämpfen hatte — es war der überwiegenden Mehrheit der am Flußbaden Interessierten zu teuer — und eingestellt werden mußte, das staatliche Interesse an Gesundheits- und Hygienepolitik sowie das Bedürfnis der Bevölkerung nach Lust am Wasser aber weiterhin stiegen, wurden unentgentliche Flußbadeanstalten errichtet.

„Um nun aber dem Volke eine gefahrlose und anständige Gelegenheit zu verschaffen, zur nothwendigen Reinigung und Pflege der Gesundheit, zu baden, hat man, nächst der Taborbrücke, zwey grosse Bäder, eines für das männliche, das andere für das weibliche Geschlecht, aus dem Fonde erbauen lassen, den der Edelmuth der hießgen Großhändler und Niederlags = Verwandten, bey Gelegenheit des allgemeinen Aufgebothes, für gemeinnützige Unternehmungen widmete.

Seine Majestät haben auch diese Anstalt allergnädigst zu genehmigen, und die Bezahlung der dabey nothwendigen Aufsicht aus dem Kammerale anzuweisen geruhet.

Von diesen Bädern ist Jedermann der unentgeltliche Gebrauch gestattet, und man verstehet sich, daß hierbey strenger Anstand beobachtet, Geschrey, Gedränge, und leichtsinniges Benehmen vermieden, und sich der zur Handhabung der Ordnung aufgestellten Aufsicht in allem werde willig gefüget werden. Wien den 6. August." [11]

Diese kostenlosen Flußbadeanstalten lagen an derselben Stelle wie das Ferrosche, nämlich hinter dem Augarten, waren allerdings um einiges weniger komfortabel und führten die Bezeichnung „Armenbäder". Der Arzt Dr. Wertheim berichtet 1810 darüber:

"Sie ruhen eigentlich auf einem aus runden dicken Balken zusammengesetzten Floß, der durch starke eiserne Ketten und Pfähle an dem Ufer befestiget ist, so daß er nie weichen, aber doch mit dem Wasser auf und nieder gehen kann, je nachdem es steigt oder fällt. Jede der beyden Hütten aus welchen das Gebäude bestehet, enthält nur zwei Zimmer, an deren Seiten Bänke zum Sitzen und zur Aufbewahrung der Kleidungsstücke sich befinden. In dem Boden eines jeden Zimmers sind zwei Oeffnungen in Gestalt eines Vierecks eingeschnitten, in denen die sogenannten Kasten oder Körbe, welche zwanzig bis fünfundzwanzig Menschen fassen können, angebracht sind, deren Grund dicht, fest und nur mit Absicht hie und da durchlöchert ist, die Seitenwände aber ein hölzernes Gitter formieren, durch welches das Wasser beständig ein und ausrinnen kann. Eine Treppe, die etwa sechs bis sieben Stuffen zählt, führt in den Korb hinab, der nach Umständen seichter oder tiefer ins Wasser gelassen werden kann. Drey dieser Zimmer nun und somit sechs Körbe sind für das männliche Geschlecht, und eines mit zween Körben für das weibliche bestimmt. Über jedes Häuschen ist noch insbesondere ein Aufseher angestellt, in dessen Händen sich auch einige Wäsche zum Abtrocknen befindet, deren man sich ebenfalls unentgeldlich bedienen kann." [12]

Biedermeierliche Badesittlichkeit

Der sittliche Umgang mit dem nackten Körper zeigt sich besonders deutlich in der jeweiligen Badekultur. Die Kaltwasser- und Freiluftbadekultur des deutschen Sprachraums hat ihre Wurzeln im 18. Jahrhundert. Durch das Interesse des Staates an körperlicher Ertüchtigung und größerer Widerstands- und Leistungsfähigkeit seiner Staatsbürger waren in der Folgezeit militärische, schulische und medizinisch-volksgesundheitliche Institutionen maßgeblich an der rapiden Aufwärtsentwicklung des Freiluftbadens und -schwimmens so wie des Wassersportes beteiligt.

Als die Idee des Badens im Freien und die neuen Hygienestandards, die häufigeres Waschen und Baden nahelegten, aufkamen und sich rascher Verbreitung erfreuten, waren die eifrige Bedachtnahme auf die strenge Isolierung der Geschlechter und die totale Tabuisierung der Nacktheit Strategien staatlich-gesellschaftlicher Unterdrückungs- und Beherrschungsapparaturen mit einer neuen Qualität, um den Menschen denkbare Möglichkeiten zu sexuell-lustvollen Entgrenzungen zu nehmen. Die sittliche Forderung nach umfassend bedeckender Bekleidung und Geschlechtertrennung beim Baden (anfangs überhaupt nach Ausgrenzung der Frauen vom Schwimm- und Freiluftbadebetrieb) *"... erscheint als neuer Code für den neuen Zustand der gegenseitigen Erschwerung des Zugangs zum Leib des anderen Geschlechts, der vorübergehen relativ erreichbar war. Das bisher Erreichte wird unzugänglich gemacht, da es Möglichkeiten neuer Freiheiten in sich barg."* [13]

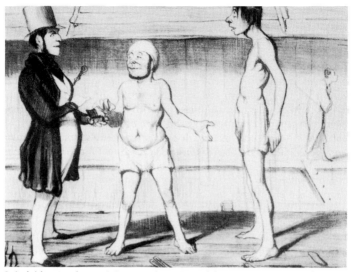

Spindeldürr und untrainiert ... aber mit Badehose: Vorgestelltwerden in einer Freiluft- und Schwimmanstalt des Vormärz (Zeichnung von Honoré Daumier)

Die Angst vor der „gesellschaftlichen Gefahr", welche sich aus den Möglichkeiten neuer Freiheiten beim kollektiven Freiluftbaden ergeben könnte (weil dabei Chancen zu sexuellen Entgrenzungen unter Nichtbeachtung und Negation umfassender Bereiche der verbindlichen, herrschaftsstabilisierenden, symbolischen Sinnwelt gegeben waren), erwies sich rasch als unbegründet. Bereits im 19. Jahrhundert waren die Bedürfnisse der Bevölkerung, im Freien zu baden, soweit reglementierbar und kontrollierbar — man denke an den starken vormärzischen Polizeiapparat —, daß es viele Badelustige nicht wagten, außerhalb der öffentlichen Kaltwasserbäder und Schwimmanstalten beziehungsweise der behördlich zugelassenen Badeplätze zu baden. Öffentlichen Flußbadestellen standen unter der Aufsicht von Bademeistern oder Polizeiwachleuten, die in erster Linie auf die Einhaltung der Sittlichkeit zu achten hatten und erst in zweiter Linie darauf, daß keinem beim Baden gesundheitlicher oder lebensgefährdender Schaden widerfahre.

„ Um den Bewohnern Wiens und seiner Vorstädte den Vortheil eines unentgeldlichen Badens bey der eintretenden wärmeren Jahreszeit zu verschaffen, ist die unter der Schwimmschule am Prater-Damme befindliche durch Pfähle, bezeichnete und mit Seilen versicherte offene Badeanstalt (...) zum öffentlichen Gebrauche hergestellt worden (...) Außerhalb dieser bezeichneten Stelle ist das Baden nirgends in der Donau, und auch an diesem Orte nur dem männlichen Geschlechte gestattet. Jeder Badende hat sich einer Badehose zu bedienen, und es wird hiermit das Baden ohne Badehose aus Rücksichten für die Sittlichkeit und für den öffentlichen

Anstand strengstens untersagt. In dieser Beziehung bleibt es zwar Jedermann frey gestellt, sich eigener Badehosen zu bedienen. Jenen aber, welche diese nicht mitbringen, biethet die an dem Freybade bestehende Wäsch-Leihanstalt die willkommene Gelegenheit dar, sich mit der nöthigen Badewäsche um den von dem Inhaber dieser Badeanstalt ohnehin in jedem Jahre bekannt gemachten Entgeld zu versehen. Diejenigen Personen, welche keine eigenen Badehosen mitbringen, und den entgeldlichen Gebrauch einer solchen Hose nicht zu bestreiten vermögen, werden von dem Inhaber der erwähnten Wäsch-Leihanstalt innerhalb des für diesen Zweck zum Aus- und Anziehen eigens eingeplankten Raumes mit einer Badehose gegen ordnungsmäßige Zurückstellung unentgeldlich versehen werden." [14]

Wo laut strenger Vorschrift im Männerbad Badehosenzwang herrschte und der Betreiber der Anstalt angewiesen war, bei Bedarf Badehosen sogar unentgeltlich zu verleihen, läßt sich vermuten, daß es nach wie vor Badende gab, die auf die züchtige Bedeckung gerne verzichteten. In der Tat machte das Biedermeier mit seiner relativen Unbefangenheit gegenüber Körperlichem, mit seinem spielerischen Verständnis von „strengen" Sexualnormen und entsprechend „anständigen" Geschlechterrollenverhalten Sittlichkeitsverstöße im Rahmen des libidinösen Strebens nach Lust am Wasser möglich, die später undenkbar gewesen wären. Und das trotz Franziszeischem Sittenkodex, herrschender Zensurpraxis und fortgeschrittener staatlicher Penetration. Vom 1. Juni 1833 datiert ein Einreichungsprotokoll der Polizey-Direction für Niederösterreich, in dem diese zur Amtshandlung aufgefordert wird:

„Militärschwimmschule Schaeffern: Wiener Elisabeth, Unternehmerin der weiblichen Schwimm-Anstalt zeigt an, daß die Töchter des Direktor Schaeffer, des Großhändler Gira, die Töchter der Lederfabrikantins Witwe Grünsteidl und noch zwei andere Mädchen in Gesellschaft von Männern in der Militärschwimmschule schwimmen." [15]

Die Anzeige Elisabeth Wieners, Betreiberin der sich gleichfalls wie die Militärschwimmschule im Kaiserwasser befindlichen Damenschwimmschule, zeugt bereits von den sich anscheinend allmählich durchsetzenden neuen Sittenstandards der strengen Geschlechtertrennung an der Donau. Für Frau Wiener mag deren Einhaltung und Internalisierung geschäftsfördernd gewesen sein, hatte sie doch tagtäglich darauf zu achten, daß ihre Damenschwimmschule nicht in Verruf geriet, da ihre Konzession mit der Auflage erteilt worden war, ausschließlich Frauen den Zutritt zu gestatten und auf die genaue Einhaltung der Badeordnung zu achten. Diese lautete im Jahr der Eröffnung (1831):

„Bei der von der hohen Landesstelle bewilligten Schwimmschule für das weibliche Geschlecht wird für jene , die von der Anstalt Gebrauch machen wollen, folgenden Ordnung zu beobachten vorgeschrieben:

Erstens die Schwimmschule darf durchaus unter keinem Vorwande von Männern besucht werden. — Von diesem Verbot sind ausgenommen: a) der jeweilige dirigierende kaiserlich-königliche Polizei-Bezirks-Director in der Leopoldstadt. b) der Wundarzt, welcher in jenen Stunden, wo geschwommen werden darf, unausgesetzt gegenwärtig sein muß. c) die zum Schwimmunterricht benöthigten Schwimmeister. (...)

Sechstens. Das Schwimmen wird nur in einer Kleidung gestattet, wodurch der Körper vom Hals bis auf den halben Schenkel gänzlich bedeckt ist.

Siebendtes. Den Freischwimmerinnen wird das unvermuthete Tauchen der Mitschwimmer und allen ähnlichen, derlei Neckereien als zum Beispiel das Stossen im Wasser, Anspritzen, Herumlaufen und Lärmen in dieser Anstalt et cetera untersagt.

Achtens. Alle gewagten Sprünge und Künste, die sich zwar kühne Männer erlauben dürfen, aber weder mit dem Zwecke der für das weibliche Geschlecht gegründeten Schwimmschule, noch mit dem Kräften desselben in Einklang stehen und wodurch auch Anstand und gute Sitten verletzt würden, werden durchaus verbothen. (...)

Dreizehntes. Ist ohnehin zu erwarten, daß in einer ausschließend für das weibliche Geschlecht bestimmten Anstalt sowohl von den Schwimmenden als auch die Schwimmschule blos Besuchenden alles vermieden werden wird, wodurch der Anstand und die Sittlichkeit auch nur im mindesten verletzt werden könnte.

Von der Direction der Schwimmschule für das weibliche Geschlecht." [16]

Etwas weniger streng ging es in der Militärschwimmschule zu,

Ein Blick ins Innere der Damenschwimmschule im Kaiserwasser (1833)

deren Einrichtung vor allem militärischen, aber auch hygienischen Überlegungen entsprang. Bei der 1809 gegen Napoleon I. geschlagenen Schlacht bei Aspern hatte sich die Unerfahrenheit österreichischer Soldaten im Schwimmen als eklatanter Nachteil erwiesen. Zuviele waren in den zahlreichen Donauarmen in der Lobau ertrunken. Daher stand auf Betreiben des kaiserlich-königlichen Oberst Graf Wilhelm von Bentheim-Steinfurt der Wiener Garnison schon vier Jahre später eine kaiserlich-königliche Militärschwimmschule im Donauarm Kaiserwasser zur Verfügung. Sie glich äußerlich einer im Fluß schwimmenden Badeanstalt, hatte aber ein großes offenes Schwimmbassin im Inneren, worin „*... während der Sommermonate die Militärpersonen sich regelmäßig üben müssen. Mit derselben ist zugleich eine Schwimmschule für Männer aller Stände verbunden. (...) Diejenigen, welche das Schwimmen schon verstehen, können sich hier mit dieser Leibesübung täglich erlustigen. ... Bloße Neugierige können der Übung im Schwimmen zusehen. (...) An Sonn- und Feiertagen ist auch den Frauenzimmern gegen eine Gebühr von vierundzwanzig Kronen der Eintritt gestattet.*" [17]
Daß Frauen erlaubt war, Männern beim Schwimmen zuzusehen, erregte manche Zeitgenossen. Ein gewisser A. J. Gross-Hoffinger äußerte angesichts dieses Umstands den Verdacht, daß es sich bei der Militärschwimmschule in Wirklichkeit um ein Badebordell mit adeliger Kundschaft handle, was er dramatisch veranschaulichte. Er gibt ein fiktives Gespräch zwischen Damen und einem der Schwimmer wieder, das von moralisierenden Beobachtern kommentiert wird:
„*Erster Fremder (eintretend zu seinem Gefährten): Damen — Damen — nee s' ist nicht möglich, Damen in einer Schwimmschule! Zweiter Fremder: Mir nichts Neues — übrigens geschieht es nur alle Sonntage — am Tage der Braten. Hofrätin: Julie sieh einmal dorthin, der Schwimmer mit dem schwarzen Bart und dem Muttermal auf dem Rücken — ist das nicht der Graf S.? (...) Graf S. (springt in der Schwimmhose aus dem Wasser, klettert die Treppe herauf, schüttelt sich ab, und päsentiert sich den Damen): Sehe ich recht — Herr Hofrat, Frau Hofrätin — nein diese Überraschung. Darf ich so frei sein, Ihre Hand zu küssen — ich habe zwar keine Handschuhe an, wie Sie sehen, aber Sie werden entschuldigen (küßt ihr die Hand und stellt sich konversierend zu den Damen, indem er die graziöse Stellung eines Adonius annimmt). Erster Fremder (zu dem Gefährten): Ha, ha, Sie Schalk, wir sind also in einem Bordellbadehause. Zweiter Fremder: Pst — still — was fällt Ihnen ein, es sind Damen aus der besten Gesellschaft.*" [18]
Der Verdacht auf lockere Sitten in der Militärschwimmschule und in anderen Badeanstalten, hielt sich hartnäckig. Besonders das hin und wieder in kleinen Zirkeln gemeinsame Donaubaden der Geschlechter sollte unbedingt verhindert werden. Ab 7. Mai 1850, die sozialrevolutionäre Situation von 1848 war längst vergessen, neoabsolutistisches Gesellschaftsklima machte sich breit, wurde laut

einer magistratischen Kundmachung der Zutritt zu öffentlichen unentgeltlichen Flußbädern nur mehr Männern gestattet und wieder einmal gefordert, den „... Anforderungen der Sittlichkeit nachzukommen und sich einer Schwimmhose zu bedienen." [19] Jenen, die vom heutigen Standpunkt der sexuellen Liberalität in den Strafnormen des Strafgesetzes von 1852 und damit auch in denen der vorhergehenden Franciscana das klassische Beispiel einer verzopften, der menschlichen Natur zuwiderlaufenden Anschauung sehen, ist mit Friedrich Hartl beizupflichten:

„Allerdings darf nicht übersehen werden, daß die engherzige Handhabung der betreffenden Strafnormen erst 1850 ihren Anfang genommen hat, daß die Qualifikation eines unsittlichen Verhaltens als Verbrechen schrittweise ausgebreitet wurde, um gerade in der doppelmoralgen Zeit der Schnitzlerschen Episoden ihren Höhepunkt zu erreichen. Die Zeit des Vormärz zeigte sich in diesen Belangen sehr liberal. Es mag dahingestellt sein, ob es in der Absicht der Behörden lag, die Wienerische Anarchie im Sinne von Bauernfeld durch Förderung der Lebenslust mit Alkohol und sexuellen Ausschweifungen zu unterstützen, um sonst im Staate Ruhe zu haben." [20]

Beim verstärkten Kampf des Bürgertums um die Einhaltung bestehender Sittengesetze in der zweiten Hälfte des 19. Jahrhunderts tat sich die Wiener Polizei besonders hervor. Eindämmung und Kontrolle der Prostitution in Wien und Umgebung und die damit zusammenhängende Überwachung der Bade- und Flußbadeanstalten in den Auen der Stromlandschaft wurde zu einem zentralen Anliegen. Ein „k. k. Polizeiärztlicher Functionär" stellte 1877 befriedigt fest, daß es den Hütern des Gesetzes immer besser gelinge, den bislang üblichen, viel zu lockeren Sitten einen Riegel vorzuschieben.

„Die Benutzung der Badeanstalten für die Zwecke der Prostitution ist trotz der polizeilichen Überwachung dieser Anstalten eine zuweilen vorkommende Erscheinung in Wien. (...) Meist wird von einer oder mehreren in der Anstalt bediensteten Badedirnen, ohne Wissen des Badeinhabers, in den Cabinen mit den zum Baden kommenden Männern Prostitution getrieben. Seltener kommt es in Wien vor, daß Männer prostituierte Frauenzimmer mit sich in die Badeanstalt nehmen, solche dort für ihre Frauen ausgeben. Da in Wien die Polizei ein ganz besonderes Augenmerk auf die Bade-Anstalten richtet, dass dasselbst nicht vorkömmt, was gegen die Sitten verstösst, so finden solche Ausschreitungen gegen die Sittlichkeit äusserst selten statt." [21]

Menschenströme — Stromlandschaft

Auch im sozialanthropologischen Phänomenkomplex des teilweise uneingestandenen und unbewußten libidinösen Strebens nach Lust

am Wasser läßt sich die Interdependenz von psycho- und soziogenetischer Entwicklung aufzeigen. Die Fähigkeit und Funktion der Libido in ihrer Eigenschaft als Wunschproduktion des Unbewußten ist es, soziale, ökonomische und damit auch bisweilen deterritorialisierende Entwicklungen einzuleiten, indem sich ihre Ströme auf
„... *die noch nicht vergesellschaftete Materie, die ‚Natur‘, ergießen, um ... dem Fließen der Wünsche gemäß zu produzieren, zu bevölkern, zu verändern.*" [22]
„*Eine umfassende Deterritorialisierung brachte der Kapitalismus mit sich; in seinem Entwicklungsprozeß hat er jede ältere Ordnung ... veralten lassen, aufgelöst, umfunktioniert; neue Welten erschlossen, neue Gebiete erreichbar gemacht, den menschlichen Körpern, den Gedanken, den Gefühlen der Menschen neue Möglichkeiten zum Ausschwärmen, sogar zur Flucht aus dem Bestehenden eröffnet. Den feudalistischen, dann den bürgerlichen Kapitalisten und ihrem Staat stellte sich die Aufgabe — wie allen Herrschenden, die Herrschende bleiben wollen —, die neuen Möglichkeiten zu behindern, ihr Dasein zu verwischen, sie zu fesseln oder ihre Ströme umzuleiten, sie in ihrem Intersse zu ‚codieren‘, die ihnen selber nützlich, den Beherrschten immerhin die Illusion von neuer Freiheit ließen.*" [23]
Seit der Eröffnung des Praters (1766) und des Augartens (1775) bevölkerte sich Wiens Stromlandschaft. Bäder, Straßen, Wege, Wirtshäuser, Vergnügungsetablissements, Schwimmschulen, Brükken, Industrieanlagen und Eisenbahntrassen wurden gebaut. Nicht zuletzt wurde mit dem Anlegen eines Freibadeplatzes am Ufer des Kaiserwassers samt bescheidener Infrastruktur in die Natur verändernd eingegriffen. An schönen Tagen ergossen sich „schwarze Ströme von Menschen"[24] deterritorialisierend und umfunktionierend in die Räume der alten Ordnung, aber es ergab sich weder Chaos noch Anarchie. Libidinöse Entgrenzungssehnsucht wurde dem Herrschaftsinteresse gemäß codiert, und dem kapitalistischen Staat nach Möglichkeit dienstbar gemacht: Flußbaden zur Erreichung neuer Gesundheits-, Schönheits- und Hygienestandards; Schwimmen, Rudern und Reiten etwa zur Körperertüchtigung (nicht zuletzt im Hinblick auf eine schlagkräftige Armee), Wasser-Lustfahrten, Spazierengehen und -fahren als kontemplative Freizeitgestaltung.
Und die Aulandschaft, mit ihren zahllosen, sich Jahr für Jahr wandelnden Flußläufen und Altwässern, bot viele Möglichkeiten, libidinöser Entgrenzungssehnsucht nachzugeben und der Lust am Wasser zu frönen. Man badete und schwamm nicht nur mit Genuß — trotz unzähliger Verbote immer wieder außerhalb der offiziellen Badeanstalten und -plätze — man fand sich sogar zu Schwimmgesellschaften zusammen, deren Mitglieder gemeinsame Schwimmtouren unternahmen, die mitunter bis Preßburg führten.[25] Auf ihren Ausflügen wurden Schwimmgesellschaften von einfachen Zillen begleitet, in denen Kleidung und Proviant mitgeführt wurde.

Was ursprünglich zur Versorgung und für Notfälle gedacht war, bekam bald zusätzliche Funktionen: Bootfahren kam in Mode und wurde zum Statussymbol. Ganze Bürgerfamilien samt Dienstboten erfreuten sich an schönen Sonntagen an diesem neuen Freizeitvergnügen. Schön herausgeputzt, in Frack und Zylinder, beschattet von seidenen Sonnenschirmchen, ließen sie sich mit Vorliebe in den Prater rudern.

„Seit dem Jahr 1821 besteht in Wien auch eine eigene Wasser-Lustfahrt, (...) das sogenannte Lusthaus im Prater. Die sehr zierlich gebauten Fahrzeuge dazu liegen außerhalb der Ferdinandsbrücke, zunächst an den Kaffeehäusern; die Fahrt beginnt mit dem eintretenden Frühlinge, und wird zu verschiedenen Stunden des Tages um die sehr mäßige Taxe, pr. zwanzig Kronen Conventionsmünze für die Person wiederholt." [26]

Elegantes Freizeitvergnügen für wohlhabende Schichten: „Wasser-Lustfahrt" zum Lusthaus im Prater (1821)

Wem die gemütlichen *Wasser-Lustfahrten* zu langweilig waren, konnte, so er sich das leisten konnte (was wahrscheinlich bei achtzig Prozent der Wiener nicht der Fall war), sich im Segeln ertüchtigen. Ein Offizier der Wiener Garnison wagte 1830, die Donau führte gerade Hochwasser, den ersten Versuch — ein Ereignis, das ganz Wien auf die Beine und nach Nußdorf, dem Ort des Geschehens, brachte. [27]

Als die Boote immer besser ausgestattet und daher immer teurer wurden, schlossen sich weniger Begüterte zusammen, um trotz der hohen Kosten weiterhin ihrer Freude am Wasser, an Spiel und Geschicklichkeit teilhaftig zu werden. 1862 war das Gründungsjahr des Ruderklubs Donauhort, dessen „Fuhrpark" damals genau aus einer Zille bestand. Der Klub existiert heute noch.

Neben Baden, Schwimmen und Rudern, gehörten Ausflüge ins Grüne und besonders das Spazierengehen zur Praxis bürgerlicher Freizeitgestaltung. Letzteres hatte sich aus den Bemühungen um Standesangleichung an den Adel entwickelt, für den Spaziergänge und -ritte in weitläufigen herrlichen Parks einen beliebten Zeitvertreib darstellten. [28] In Zusammenhang mit den Lobpreisungen der Bade- und Schwimmanstalten in den Donauarmen, wurde der günstige Einfluß des Spazierens zum Bad und des Erlebens von Wasser und Aulandschaft auf Körper und Gemüt beständig hervorgehoben.

Damenschwimmanstalt im Kaiserwasser (1831)

„*Für Fußgänger ist am Ende des kaiserlich-königlichen Augartens ein sehr angenehmer Weg bis zur Badeanstalt angelegt. Derselbe führt durch die baumbepflanzte Aue, ist mit Pappelbäumen und Strauchwerk besäumt, und mit Ruhebänken versehen. Über die schilfbewachsenen Donauweiher sind luftige Stege gebaut, von welchem Standpunkte die Umgebung das Ansehen eines englischen Parks gewinnt . . .*" [29]

Bedeckungswahn und die Revolution an der Alten Donau

Im letzten Viertel des vorigen Jahrhunderts spitzte sich die Sittlichkeitshysterie dermaßen zu, daß das, was kurz nach der Jahrhundertwende durch libidinöses Streben nach Lust am Wasser an der wiennahen Donau und ihren Altarmen zustande kam, nicht genug als „revolutionär" beschrieben werden kann. Bis dahin äußerte sich libidinöse Entgrenzungssehnsucht unter anderem in wassermythischer Symbolik der Frauenmode. Damen trugen damals „*. . . helle Schleppen; lange, kurze, breite, schmale. Knisternd-farbenprächtig bewegen sie sich über Teppiche, Parkett und Marmor wie etwas Tierhaft-Lebendiges. Schleppen, die lautlos gleiten wie die Schlan-*

gen; Schleppen, die sich majestätisch entfalten wie Pfauenräder, rauschend-prunkend rollen oder unverschämt paradieren. Schleppen, die leise flüstern oder lüstern versprechen. (...) Alle diese Frauen mit Schleppen erscheinen wie jene verführerischen Gestalten aus der deutschen Märchenwelt, die den Elementen angehören, doch so gerne eine Seele haben wollen. Ja, sie sind wie aus dem Wasser heraufgestiegene Nixen, und Seide und Marabu verdecken ihre Schuppenschwänze. Unter dem Artifiziellen ihrer Erscheinung, unter dem engen Schnürleib ihrer schmalen Taillen — die sie oft mit schwerem Leberleiden bezahlen — sind sie die elementaren Naturwesen, die Himmel und Hölle in sich haben. Nichts vermochte diese rätselhafte, die Männerwelt verwirrende Zwitterhaftigkeit mehr zu unterstreichen als die Schleppe. Es war ihre Aufgabe im Reich der Erotik. — Die puritanische Zugeknöpftheit der Toilette hinderte nicht, sondern unterstützte das Spiel mit dem Feuer, aber auch die Sinnlichkeit. Im Biedermeier hatte man die Schultern mit einer harmlosen Natürlichkeit unbedeckt gezeigt. Das war jetzt unmöglich. Auch der Ausschnitt des großen Dekolletés war im Vergleich bescheiden."[30]
Bedeckungswahn bei gleichzeitig schwüler Erotik waren die beiden Seiten ein und derselben Medaille: eines gesellschaftlichen Klimas äußerster Sexualrepression, in dem die Menschen nach Ventilen, Surrogaten und Auswegen suchten und das von sensiblen Beobachtern zunehmend kritisiert wurde:
„Um ein Strumpfband und ein Stück seidenbestrumpften Beines wurden kleine Dramen improvisiert. Das Bein war eine vollkommen verbotene Einrichtung. ‚Eine Dame habe keine Beine zu haben', soll der Kaiser Franz Joseph gesagt haben ... Die unglücklichen Damen hatten daher auch beim Sport keine Beine, sie ritten, wanderten — die Touristik kam schon schüchtern auf — und liefen Schlittschuh mit bodenlangen Röcken. Erst später, als das Radfahren modern wurde, glitten die Röcke bis zu den Knöcheln hinauf; aber das war schon in den umstürzlerischen neunziger Jahren. Waren die Kleider zugeknöpft bis zum Kinn, so waren sie andrerseits durchaus nicht verhüllend, sondern ihre Aufgabe bestand im Gegenteil. Nur die Taille hatte schmal und schmäler zu sein, das übrige sollte sich üppig zeigen — selbstverständlich immer mit dichtem Stoff bedeckt."[31]
Die sich allmählich durchsetzende Sportbewegung trug tatsächlich viel zur Lockerung der gegenüber Frauen doppelmoralischen Bedeckungssitten bei. Trotzdem stand für die Mehrheit der Wiener die „Freizügigkeit" der Bekleidung, die beim Freiluftbaden üblich wurde, bis nach dem Ersten Weltkrieg im krassen Gegensatz zu verinnerlichten Anstandsgefühlen — damit blieben die Donauauen und -gewässer „verbotene", „sündhafte" und verführerische Zonen.
„Der Wassersport war erst im Aufblühen und der Ruderklubs und Bootshäuser auf der alten Donau, wo man bald darauf einen so herrlichen Tummelplatz entdecken sollte (gemeint ist das Gänse-

häufel; Anmerkung der Verfasser), waren noch wenige. Was unbegreiflich ist, denn die Wiener — und besonders die Liebespaare — kannten die ... von der fremden Luft der großen ungarischen Ebene angehauchte Welt der Donauarme sehr wohl. Aber die Ruderklubs schossen hier erst in Blüte, als in den neunziger Jahren eine neue Zeit sich ankündigte und Florian Berndl sich im Sand der alten Donau in der Sonne braten ließ; wofür er von den Zeitgenossen, die immer nur den Schatten aufzusuchen gewohnt waren, als weibliches Geschlecht zierliche Sonnenschirme zückten und auch als männliches mit dem greulichen grauen „Schattenspender" herumspazierten, natürlich als Narr verschrien wurde und sogar mit der Polizei zu tun bekam." [32]

Anhand einer Fülle von fotografischem und schriftlichem Material empirisch nachprüfbar, war es aber gerade jener lebensreformerische und zivilisationsüberdrüssige Krankenpfleger Berndl, der der Wiener Freiluft-, Wild- und Nacktbadebewegung entscheidende Impulse versetzen konnte. Als er die schwer kontrollierbare, stark verwachsene und ehemals weit entlegene Donauinsel Gänsehäufel pachtete, folgten ihm bald viele Städter, zumeist aus dem guten Bürgertum [33].

„Die junge Generation, der die prüden Anschauungen der Alten über das Freibaden im allgemeinen und die Körperverdeckung im besonderen mehr als zuwider war, war von der Möglichkeit begeistert, auf der Insel von Berndl nicht in den herkömmlichen Badekostümen erscheinen zu müssen, in die man von Hals bis zu den Fußknöcheln eingewickelt war." [34]

Als Beispiel für weitverbreitete Meinungen und Einstellungen zur „sittenlosen" Lebensreformkolonie sei aus einem Brief eines „alten Wieners der guten Gesellschaft" zitiert, in dem dieser sich über den „Lasterpfuhl an der Alten Donau" entrüstete:

„Ein alter Sünder mit einem Apostelbart (gemeint ist Berndl; Anmerkung der Verfasser) ist der Anführer dieser Gesellschaft, die von seinen falschen Lehren verführt, den unsinnigsten und aberwitzigsten Vorstellungen anhängt. So glauben diese Leute, daß die Bestrahlung ihrer Gliedmaßen durch das Sonnenlicht förderlich sei. Auch wälzen sie sich im heißen Sand — weiter drinnen im Dickicht sollen sie das sogar ganz nackt, wie Gott sie erschaffen hat, betrei-

Berndl und Anhänger am Ur-Gänsehäufel aus der Sicht des Karikaturisten (Zeichnung von Theodor Zasche)

ben, erzählte mir einer von den ständigen Gänsehäufel-Besuchern. Doch glaube ich, daß er mich damit aufziehen wollte. Soweit kann sich doch wohl kein ehrbarer Christenmensch vergessen!" [35]
Eduard Pötzl und Peter Altenberg hatten sich aus eigener Anschauung ein Bild vom „Lasterpfuhl" gemacht und waren zu gegenteiliger Einschätzung gekommen: Die Nacktheit lebensreformerischer Praxis wirke völlig enterotisierend. Trotz oder gerade wegen der spärlicheren beziehungsweise ganz fehlenden Bekleidung herrsche eine wahrhaft puritanische Sexualmoral. Pötzl illustriert dies folgendermaßen:

„Am Strande und zwischen den Bäumen treiben sich die Insulaner umher, ... zumeist Gruppen von Männern, dazwischen aber auch da und dort eine Insulanerin im Sittlichkeitskleide (gemeint ist damit beim Mann eine kurze Schwimmhose, bei der Frau ein knielanges weites Hemd, was bis dahin als völlig ‚unanständig' galt und dementsprechende Entrüstung hervorrief; Anmerkung der Verfasser) ... Ich möchte nicht unerwähnt lassen, daß das Publikum der Insel ... und sein Verkehr untereinander, auch dort, wo beide Geschlechter im Sittlichkeitskleide zusammenkommen, durchaus frei von jeder Frivolität ist. Im Gegenteil, man hat den Eindruck, daß alle Besucher von einem gewissen Ernst erfüllt sind bei der Durchführung ihrer Kur, und daß sie sich für Spässe keine Zeit nehmen. Oft scheint es, als hätten die jungen und alten Herren, unter denen plötzlich eine Frau im Hemde auftaucht, das Wort gegeben, diese Erscheinung gar nicht zu beachten. Ich habe auch nicht bemerken können, daß jemand dem unmittelbar neben der Männerabteilung gelegenen Frauenbade besondere Aufmerksamkeit gewidmet hätte. (In diesen nach Geschlechtern getrennten, abgezäunten Arealen wurde FKK betrieben; Anmerkung der Verfasser.) Auf dieser glücklichen Insel fällt eben die Nacktheit niemand mehr auf..." [36]

Die prüden Einstellungen und Verhaltensweisen der Freiluftmenschen waren Peter Altenberg suspekt. Ihrer Lust am Wasser mißtraute er gründlich. Zwar wurden auch von ihm Wasser, Luft, Licht, Sonne und Sand als körperliche und seelisch-sittliche „Reinigungsmittel" anerkannt, doch wollte er den Versuch der vollständigen Sublimierung genital-sexueller Triebe in Lust am Wasser nicht als Fortschritt psychisch-physischen Ausgleichs gelten lassen. Seiner Skepsis verlieh er in einer kurzen satirischen Szene, die er ausgerechnet in einem „Wiener Puff" spielen läßt, boshaften Ausdruck. [37]

Zivilisationsflüchtlinge

Großstädtische Zwanghaftigkeit und Naturentfremdung, Wohnungsnot und Disziplinierungsdruck rationalisierter Industriearbeit verstärkte libidinöse Entgrenzungssehnsucht. Bei vielen Wienern äußerte sich diese in einer psychomentalen Verhaltensdisposition, die sie je nach Gelegenheit, Gruppenzugehörigkeit und Bildungsniveau nach Lust am Wasser streben ließ. Als Ausdruck höchster kompensatorischer Lust am Wasser ließ der Autor und Freiluftbadefreund Zeno von Siengalewicz voll Pathos seinen Romanhelden die Alte Donau der Jahrhundertwende erleben. Sein tragischer Held, dessen Schicksal sich später in den Donaufluten erfüllen sollten, trifft gerade auf der Kronprinz-Rudolf-Brücke die schwerwiegende und folgenreiche Entscheidung.

„‚Jetzt soll ich fort von hier‘, dachte er. ‚In die Fabrik, an die Arbeit; zwischen schmutzigen Mauern, unter einer Gasflamme arbeiten bis zur Erschöpfung, wo so herrlich die Sonne scheint, wo sich mein Herz so sehnsuchtsvoll zum blauen Himmel hebt? (...) O Gott! ... ist es denn Recht, daß Menschen dem Menschen befehlen? Ist es denn Recht, daß sie mir verbieten in deiner herrlichen Natur zu wandeln, wenn deine Sonne auf unserem Erdteil wohltätig weilt? (...) O Donau! ... Donau ... Du bist und bleibst mein gutes Vaterland!‘ (...) seine Blicke schweiften über den weiten Strom und weilten längere Zeit auf den nackten Körpern der am linken Ufer der Donau Badenden, wie sie vom Wasser auf den Sand und vom Sande wieder ins Wasser liefen. Er ging ... weiter, ... und jubelte dem Überschwemmungsgebiete, den Auwäldern und den Schilffeldern entgegen. (...) Vor ihm lag der ruhige See der alten Donau. Er glitt sich mit beiden Händen über seine nackte Brust, beugte sich über den Wasserspiegel, betrachtete sich einige Augenblicke darauf, dann stieß er sich kräftig von der Erde ab. Die Wellen schlugen kräftig über ihm zusammen, Luftbläschen brausten auf, und in den lachenden Wellen spielten kleine, silberhelle Fische (...) die Sonnenstrahlen umschmiegten ihn in zärtlicher, keuscher Berührung, die ihn mit Lust und Liebe erfüllte; die reinsten Freuden verscheuchten all sein Leid und ungehemmt atmeten seine Lungen."* [38]

In seinen Jugenderinnerungen skizzierte Otto Friedlaender jenes in bestimmten Kreisen herrschende Klima, das das Publikum Berndls („ein Gewimmel von Menschen in ‚Sittlichkeitskleidern‘"[39]) hervorbrachte.

„... diese neue Zeit mit ihren neuen Gedanken dringt unaufhaltsam vor und gewinnt auch im Wiener Raum, und so ein neuer Gedanke ist die Sonne. Die Leute suchen sie nicht nur am Gänsehäufel in Wien auf, sondern sie fangen allen Ernstes an, im Sommer nach dem Süden zu gehen. Ärzte haben das für schwache Kinder in Mode gebracht, und dann sind die gesunden mit den Eltern nachgekommen ..."[40] „Es gibt ... schon sogenannte Naturmenschen, die an der Alten Donau stundenlang in der Sonne liegen und sich rot und braun brennen lassen. Der Lueger interessiert sich dafür und will da unten ein Strandbad anlegen lassen ... Die vernünftigen Leute sagen, daß sie im Sommer in den Schatten und nicht in die Sonne gehen. Viele Ärzte geben ihnen recht ..."[41]

Berndl, der sich später in seinem Bisamberger Exil als „Urheber der Sonnenkultur in Österreich" anerkannt wissen wollte, mußte immer mehr Anfeindungen gegen seine Gänsehäufler Kolonie in Kauf nehmen, was 1905 in der Annulierung seines Pachtvertrages mit dem Grundeigentümer Gemeinde Wien gipfelte.

„... *Sittlichkeitsschnüfflern war zu Ohren gekommen, daß angeblich auf der Insel von Berndl, wohl abseits vom Getriebe der Badegäste und zwischen Weidegebüsch versteckt, Freunde der Nacktkultur im Adamskostüm Luft- und Sonnenbädernahmen. Nun hatten die Neider eine Handhabe, um die lebensfrohen Menschenkinder samt dem Herrn der Insel aus dem Paradies zu verjagen."* [42]

Nachdem die Berndl-Kolonie kriminalisiert und verboten worden war, ließ „... *der Lueger das Strandbad anlegen, und er hat Glück damit: die Wiener gehen hinunter und das Geld ist nicht verloren. Besonders gern gehen die Leute aus dem zweiten Bezirk hinunter, und im zweiten Bezirk wohnen sehr viele Juden. Daher gibt es auch am Gänsehäufel viele Juden. Die Wiener haben viel darüber zu lachen, daß ihr antisemitischer Lueger den Juden ein Bad gebaut hat."* [43]

Pläne und Anträge zur Errichtung eines kommunalen Gänsehäufel-Strandbades hatten bereits seit längerem existiert. Nachdem die Naturheil-, Wild- und Nacktbadegemeinde nicht zuletzt durch ihren Zulauf der Regierung Lueger suspekt geworden war, hatte es nur noch kurze Zeit gebraucht bis die Wiener Freiluftbadebewegung ihr erstes Bad an der Alten Donau bekam. Das an einem Altarm der Donau gelegene Gänsehäufel bot günstigere Bedingungen (wärmeres Wasser, flache Sand- und Kieselstrände) als die bisher legalen Freiluftbäder und -badeplätze. Zwar hatte herrschaftliche Praxis und Machtentfaltung dem kollektiven und gesetzwidrigen Streben nach Lust am Wasser zunächst erfolgreich den Garaus gemacht, doch konnte die daraufhin entstehende öffentliche und bald sehr populäre Badeanstalt das allgemeine Interesse der Wiener an den freien Gewässern ihrer Donaulandschaft heben und die Beziehung Stadt —Mensch — natürliches Gewässer verbessern. Ein weiterer Pionier war Herbert Wilhelm Gensbaur, der in seinen Erinnerungen die „Entdeckung" der Lobauer Hirscheninsel als Nacktbadeparadies schildert:

„... *ich war damals ein junger Mensch, ein Mensch, aber ich wußte es nicht. Die Zeit und ihre verlogenen Erziehungsmethoden waren schuld daran. Eines Tages, im heißen Sommer, als das natürliche Bedürfnis nach Abkühlung in mir geltend wurde, wanderte ich ziellos dem Strom zu. Es wurde bald einsamer, stiller um mich herum, mich zog es stetig stromabwärts und schließlich erwachte ich aus meinen Gedankengängen und sah, daß ich mich in ganz verlassenen Uferlandschaften befand. — Es wurde immer heißer, windstiller, und einem merkwürdigen Drange nachgebend, zog ich alle meine Kleider aus und kühlte mich in einem Seitenarm des Stromes. (...) ich wanderte, wie wohl Adam einst im Paradies, in meinem neuent-*

„Bärenrutsche" am Gänsehäufel (1910)

deckten Paradies, ohne Hemmung, ohne jedes Bedenken, als müßte das so sein und wußte gar nicht, daß ich nackt war! Das war es wohl, wie mir nachträglich zum Bewußtsein kam: den Körper unbefangen zu tragen, der ja nichts zu verbergen hatte, der endlich Feseln gesprengt hatte, die uns als notwendig angelehrt wurden. (...) Und dann? — Ich kam öfter, aber als Wissender, mit ruhiger Überlegung betrat ich mein Reich, zuerst allein, dann Gleichgesinnte mit mir und schließlich waren wir eine Gruppe junger Menschen, Sonnenmenschen, Pioniere einer Bewegung, wovon wir damals aber noch nichts wußten und ahnten. Zelte entstanden, primitiv, ein Robinsonleben dauerte manchen Sommer hindurch, wir wurden natursichtig und schätzten alle diese Werte höher ein als alles andere. Es war ein Kult der Reinheit des Körpers und — des Geistes! Wir sprachen vom altgriechischen Ideal, wir sprachen auch von dummen Bubenwünschen, von einem immerwährenden Indianerleben im Dschungel..."[44]

Um 1900 herum dürfte es in Wien soweit gewesen sein, daß einige couragierte Exzentriker die Postulate der Lebensreform- und Körperkulturbewegung ernst zu nehmen begannen und ihren Körper zumindest beim Wasser-, Luft-, Licht-, Sonnen-, Sand- oder Schlammbaden zu seinem „vollen Recht" verhelfen wollten, indem sie jegliche von der herrschenden Sexualmoral dabei geforderte Bekleidung ablehnten: Die österreichische Freikörperkultur-Bewegung war „geboren".

Damit begann für die gesamte Monarchie die „... *Organisation*

der Freikörperkultur-Bewegung in ihrer einfachsten Form des Zusammenschlusses von Personen, die regelmäßig denselben Badeplatz benützen, ... schon in der Zeit vor dem Ersten Weltkrieg. Bereits zu dieser Zeit waren die Lobau ... und die Ufer der Donau die beliebtesten Treffpunkte der ‚Lichtfreunde'". [45]
Deutliche Hinweise auf die sich wandelnde Moral einerseits, auf — wenn auch nicht unbedingt intendierte, so zumindest indirekte — Werbung für die Freikörperkultur andererseits, geben erfolgreiche Veröffentlichungen von „ästhetischen Aktphotos" eines Friedrich Salomon Krauss oder Eduard Büchler.

„Daß nur wenige Österreicher und erst am Vorabend des Ersten Weltkrieges und versteckt in den Dickichten des Gänsehäufels oder bei Treffen von Liebenfels' Geheimloge ‚Orden des neuen Tempels' über Nacktkultur diskutierten oder vielleicht mitunter wirklich die Hüllen fallen ließen, bestätigte die Rolle der Österreicher als selbsternannte Hintersassen Europas. Der Katholizismus der Gegenreformation, der Metternichsche Polizeistaat und der Neoabsolutismus hatten ihre Wirkung getan."[46]

Braungebrannt und sportlich

„Die Badebekleidung, die (im Städtischen Strandbad Gänsehäufel; Anmerkung der Verfasser) knapp vor dem Ausbruch des Ersten Weltkrieges vorgeschrieben war, verhüllte in ihrer altväterlichen Biederkeit mehr, als sie zeigte. Auch das starke Geschlecht mußte, zumindest in der Familienabteilung, ein ganzteiliges Trikot tragen, das von den Schultern bis zu den Knien reichte, — nur in der Herrenzone setzte sich von ganz Fortschrittlichen forciert, die Badehose durch. Die Weiblichkeit trug Röcke über dem Trikot mit unzähligen ‚Falberln' und ‚Rüschen'. Das Wasser der Alten Donau, von dem nur ein halbes Prozent zum Baden benützt wurde, und die Sonne hatten es gar nicht so leicht, an die Haut heranzukommen. Aber Sonnenbräune galt ja allgemein als wenig fein..." [47]

Seit es das Schönheitsideal der vornehmen Blässe hinnehmen mußte, von jenem der sportlichen Bräune verdrängt zu werden, sind auch oder besonders am Wasser die Hüllen gefallen. Nicht nur die Aussicht auf Gesundung des Körpers durch Einflüsse von Wasser, Sonne und sportlicher Betätigung fand großen Anklang unter der Bevölkerung, sondern auch die Möglichkeit, dadurch rasch den neuen Schönheitspostulaten zu entsprechen. Als schön gelten nach der Jahrhundertwende sportlich-braune Körper und jugendliches Aussehen. Diese neuen Ideale erlangten in derart kurzer Zeit Massenbasis, daß sich Ernst Fischer, Redakteur der „Arbeiter-Zeitung" und prominenter Sprecher der Linken, bereits in den dreißiger Jahren entrüstete:

„Der Typus des ewig Jugendlichen ist nachgerade zur Landplage geworden. Jeder will heute dauernd jung sein, übertrieben jung,

beinahe jeder verwechselt Äußerlichkeiten des Jungseins mit innerer Schwungkraft und Wandlungsfähigkeit." [48]
Gerade für die Mehrheit der Wiener, Angehörige schlecht verdienender Arbeiterfamilien, war die sportliche Bräune durch den „freien" Bezug von Licht, Luft und Wasser leichter und unmittelbarer erreichbar als das von der Sozialdemokratie für sie angestrebte bürgerliche Kulturniveau. Den Einfallsreichtum der Industrie unterschätzend, meinte die sozialistische Lebensreform- und Parteipropaganda, Modetorheiten und Kosmetika könnten mit natürlicher Bräune nicht konkurrieren.

„Wir haben ein Recht auf Schönheit, ein Recht auf die Schönheit der Natur und der Kulturgüter, aber auch ein Recht auf eigene Schönheit. (...) Die Menschen haben erkannt, daß Sport nicht nur Unterhaltung, sondern auch Quelle der Gesundheit, Kraft und Schönheit ist. Allerdings ist das Schönheitsideal, das der Sport vermittelt, weit verschieden von dem Schönheitsbegriff gewisser Klassen..., es ist das Schönheitsideal der alten Griechen, die vor allem einen ausgebildeten Körper als schön bezeichneten. Dazu kommt, daß der Sport zum Aufenthalt im Freien zwingt und daß Luft und Sonne eine Hautfarbe verleihen, die durch die beste Schminke nicht erzielt werden kann. Der einfachste Weg also, sich Jugendlichkeit zu bewahren und Schönheit zu erhalten und zu erwerben ist: viel Sport zu betreiben." [49]

Für weniger Sportliche und sicher die meisten „Verehrer der braunen Haut", die wohl nicht wirklich soviel Sport betrieben, um allein

Bademoden der 20er Jahre an der Alten Donau aus der Sicht des Karikaturisten (Zeichnung von Theodor Zasche)

davon genug Sonnenstrahlung abzubekommen, bestand nun im Freiluftbaden und -leben an Donau und Altwässern die Gelegenheit, ihre Freizeit in kontinuierlich knapper werdender Badebekleidung zu verbringen.

Waren die für heutiges Normempfinden obskuren Badekostüme der Jahrhundertwende, die allenfalls die Enden der Gliedmaßen dem Beschauer unbedeckt darboten, für die Zeitgenossen oft noch ärgerlicher Verstoß gegen die Sittlichkeit, galten auch die etwas freieren Badetrikots der Zwischenkriegszeit den „seriösen" Bürgern noch lange als frivol, ja pornographisch. Die Rasanz mit der sich seit Beginn des zwanzigsten Jahrhunderts die Scham- und Peinlichkeitsschwelle bezüglich körperlicher Nacktheit verschob, korrespondierte mit der der epochalen sozialen Umbrüche, die nicht nur durch zwei Weltkriege, sondern auch durch permanent aufeinanderfolgende technologische und industrielle Entwicklungsschübe nach sich gezogen wurden.

„Bereits vor der Jahrhundertwende wurde in den nach Geschlechtern getrennten Licht-Luftbädern keine Bekleidung mehr getragen, jedoch ging der Prozeß, indem sich das allgemeine Badewesen konventionalisierte, wegen des forcierten Widerstandes vor allem klerikaler Kreise sehr langsam vor sich. (...) Erst nach dem Ersten Weltkrieg veralltäglichte sich das Phänomen der Überfüllung sämtlicher Badeplätze: die braune Haut war Mode geworden." [50]

Dem durch die Integrationstendenz der herrschenden Kultur zur „neuen Mode" stilisierten Schönheitsideal lebensreformerischer Subkultur (übrigens ein Schicksal vieler Subkulturen) konnte man sich nur durch Sport, Körperkultur, Baden im Freien, Licht- und Luftbäder annähern. (Selbstbräunende Körpercremen, Solarien und Bräunungsstudios kamen erst nach dem Zweiten Weltkrieg auf.) Mit diesen Aktivitäten war es möglich, sowohl die nun auch vom (Körper-) Kultur- und Lebensreformkonzept der Arbeiterbewegung getragene Forderung nach Pflege, Gesunderhaltung und Training des Körpers zu erfüllen, als auch gleichzeitig die jetzt attraktiv gewordenen Schönheitsattribute zu erwerben. Durch die generelle Limitierung der Wochenarbeitszeit auf achtundvierzig Stunden (1918) stand den vielen Lohnabhängigen nun auch eine längere Reproduktionszeit zur Verfügung, in der mehr Zeit für Bedürfnisbefriedigung erübrigt werden konnte. Das Zusammenwirken von soziokulturellen und sozioökonomischen Veränderungen stimulierte in der Zwischenkriegszeit eine Bewegung, die in Wien zum Freiluftbade-Boom an der Donau führte.

„... und statt der überschaulichen Zahl wagemutiger Sektierer, die um die Jahrhundertwende ins Freibad (von Florian Berndl; Anmerkung der Verfasser) an der Alten Donau eilt, drängt sich in den zwanziger Jahren ein Millionenpublikum in den Wiener Freibädern, im Überschwemmungsgebiet und im Kritzendorfer Strandbad." [51]

Freiluftbadeboom, Herrschaftspraxis und Arbeitslosentugend

Neben städtischen und privaten Bädern waren wilde, naturbelassene Donauufer, Alt- und Nebenarme von Kuchelau bis Lobau Ziel libidinösen Strebens nach Lust am Wasser geworden. Besonders Baden und Schwimmen im Strom selbst waren jetzt gefragt. Auch hierbei hatten die Vereine der Sport- und Lebensreformbewegung Vorreiterfunktion [52]. Von der Straßenbahnendstelle Kaisermühlen war auch die Stützellacke im Inundationsgebiet leicht erreichbar. Zwischen dieser und der freien Donau hatten gleich sieben Sport, Körperkultur und Lebensreform betreibende Vereine ihr Gelände: „Naturheilverein Lobau", „Ostmark", „Danubia", „Deutscher Turnverein Leopoldstadt", „Turnverein Margareten", „Isther" und der „Amateur-Schwimmklub". Für Mitglieder bestand eine Möglichkeit, sich sowohl in der sonnengewärmten Stützellacke zu vergnügen und zu ‚verjüngen', als auch den Körper in der eiskalten Donau abzuhärten und zu ‚stählen'. Viele Wiener, die nicht schwimmen konnten oder denen das fließende Wasser zu kalt war, erlebten Lust am Wasser beim Wildbaden, das erst seit dem Ersten Weltkrieg polizeilich geduldet wurde.
„Ein heißer Sonntagmorgen lockt uns an die große Donau. Im Überschwemmungsgebiet geht es lebhaft zu. Hunderte Menschen sitzen oder liegen im Grase und lassen sich von der warmen Sonne bescheinen." [53], berichtete eine Lehrerarbeitsgemeinschaft in ihrem Heimatbuch von Floridsdorf. Auch am rechten Donauufer, an den Eisenlagern von Mickerts und Columenta vorbei, auf der Höhe der Lobau, gab es ein Stückchen Donaulände, das im Sommer von Hunderten Badegästen aufgesucht wurde. *„Die neue Welt, die hier am Ufer der Donau entstanden ist, hat neue Menschen geschaffen und die befreiten Körper leben den Sommer selig unter dem blauen Himmel und lassen Gelsen Gelsen sein."* [54]
Gleichfalls keiner öffentlichen Bäder, sondern nur der Donau, bedurften die legendären *Lobau-Indianer* [55]. Nach der Unterdrückung der alten Volksbadekultur an freien Gewässern im Laufe der letzten Jahrhunderte waren sie es, von denen Impuls und Verbreitung der Sitte, wieder ohne Bekleidung zu baden, ausging, was noch beträchtliches öffentliches Ärgernis hervorrief. Zeitgenössische Zeitungen und Polizeiberichte geizten nicht mit ausführlicher Berichterstattung über derart ‚skandalöse', aber doch delikate Vorkommnisse an Lobauer Altwässern und an der Donau unterhalb und oberhalb Wiens.
Ständestaatliche Herrschaftsinteressen wollten, den Februar-Bürgerkrieg noch als gehörigen Schreck im Nacken, besonderes Augenmerk auf die Einhaltung von Ruhe, Ordnung und Sittlichkeit legen, indem sie die Polizei auf die ‚korrekte' Bedeckung des Körpers achten ließen und unnötige Nacktheit kategorisch verboten, obwohl deren Liberalisierung durch die gesellschaftliche Entwicklung bereits irreversibel fortgeschritten war. 1934 mußte mit poli-

zeilicher Anzeige rechnen, wer sich öffentlich „in mangelhaft bekleidetem Zustand" zeigte, was nach der Auffassung der Bundespolizeidirektion Wien unter bestimmmten Umständen als Erregung öffentlichen Ärgernisses zu taxieren und zu bestrafen war. Ein an alle Wachstuben, Bezirkskommissariate, Bahnhofsinspektionen, Polizeistrafabteilungen, Vorstände der Polizeidirektionsabteilungen, Amtsrevisoren, Zentralinspektoren und Stadthauptämter am 17. Mai 1934 ergangener Dienstzettel lautet:

„Mit Rücksicht auf das Herannahen der heißen Jahreszeit, in welcher sich erfahrungsgemäß immer mehr die Unsitte des Herumgehens, Herumliegens und Badens in mangelhaft bekleidetem Zustand oder sogar völlig unbekleidet längs der öffentlichen Verkehrswege ausgebreitet hat, dass dadurch der öffentliche Anstand verletzt wird, werden die Bestimmungen ... betreffend Verletzung des öffentlichen Anstandes in Erinnerung gebracht und die Herren Stadthauptmänner eingeladen, ihre in Betracht kommenden Organe anzuweisen, derartigen Auswüchsen der Freiluftbewegung energisch, nötigen Falles durch Erstattung von Anzeigen zur Einleitung der Strafamtshandlung ... entgegenzutreten, falls nicht etwa der Tatbestand des § 516 StG. (Erregung öffentlichen Ärgernisses, Anmerkung der Verfasser) vorliegt." [56]

Tatsächlich ging die Exekutive sogar gegen Personen männlichen Geschlechtes vor, die sich auf Praterwiesen erdreistet hatten , das Hemd auszuziehen. Der Zeitgenosse F. K. erinnert sich:

„Es woar zum Beispü ... (denkt nach) Es wurden Razzien veranstaltet auf der Praterwiesn gegen die Männer, die dort mit nacktem Oberkörper in der Sunn glegen san oder Ball gspüt habn, net. — Na weil des sittenlos woar. Des woar nicht erlaubt. Im Bad durfte man scho in da Badhosn sein, mit nacktem Oberkörper, net, obwohls auch noch die anderen Anzüge gebn hat, wia mas heut no kennt aus da Witzspaltn, mit gstrafte Leiberl und so, ... aber heraust im Prater wars nicht in Ordnung." [57]

Durch den gewaltigen Aufschwung, den das Freiluftbaden in Wiens Stromlandschaft seit Kriegsende genommen hatte, war das polizeiliche Verbot des Wildbadens auch in weniger peripheren Gebieten nicht mehr aufrechtzuerhalten gewesen und wurde derogiert. Je nach gesellschaftspolitischem Klima versuchten die Behörden das unberechenbare, die sittliche Ordnung gefährdende, die staatliche Autorität in Frage stellende Streben nach Lust am Wasser einzuschränken, wobei es unweigerlich zu Verbots-, Rechts- und Strafvollzugsunsicherheiten kommen mußte. Die Badelustigen bekümmerte dies mehrheitlich nicht.

„An schönen Sonntagen geht die Zahl derer, die in die Lobau und in die anderen Ufergebiete wandern, in die Zehntausende. Um sie alle zu belehren, wo das Baden streng verboten und wo es ‚stillschweigend geduldet' ist, müßte man hunderte, wenn nicht tausende Wachebeamte aufbieten. (...) Zehntausende sind an der Frage interessiert, wo es gestattet ist ‚wild' zu baden. Es ist unmög-

lich, auf diese Frage klipp und klar eine Antwort zu geben. Ja es hat den Anschein als ob selbst bei den Amtsstellen, die diese Frage entscheiden könnten, verschiedene Auffassungen vorhanden seien. Genaugenommen ist das Wildbaden überall verboten. In manchen Gebieten achtet man seit neuerstem auf strenge Einhaltung des Verbotes. (...) gestern berichteten wir ..., daß das Aufstellen von Zelten ausnahmslos verboten sei ..., daß aber von amtlicher Seite erklärt wurde, zum Weekend sei das ‚Zelten' erlaubt ..., (werde) das Verbot des Badens im Inundationsgebiet nicht allzu streng gehandhabt..., daß man auch in der Lobau nicht allzu strenge vorgeht. (...) Der Ausweg des ‚stillschweigenden Duldens' hat sich wie die Ereignisse in den letzten Tagen zeigen, als nicht zweckmäßig erwiesen, weil dadurch dem einen gestattet wurde, was hundert Meter weiter dem anderen untersagt war." [58]

Auch Polizeieinsätze, Verbote und Verhaftungen konnten den Eros an der Donau nicht mehr verhindern. Eine wachsende Zahl von Menschen versuchte, aus der Not ihrer Arbeitlosigkeit eine Tugend eines sommerlangen Bade- und Freiluftlebens zu machen. War die Limitierung der offiziellen Arbeitszeit auf 48 Wochenstunden im Jahr 1918 [89] strukturelle Voraussetzung für das Aufkommen der enormen Freiluft- und Wildbadebewegung gewesen, kam spätestens Ende der zwanziger Jahre die Massenarbeitslosigkeit als Folge der Krise des kapitalistischen Wirtschaftssystem hinzu. Besonders „*... arbeitslose Jugendliche, die ihren Familien nicht auf der Tasche liegen wollten, verbrachten zum Teil den Sommer in den Donauauen und in der Lobau",* [59] stellt Hans Safrian aufgrund einer Interviewserie zur Lebensweise der Wiener Arbeitslosen um 1930 fest. Einige Passagen seien hier wiederholt:

„*Herr Ges.: Do wor ma die ganze Saison unten. (...) wie des Wetter günstig wor. Wir ham dort, wenns oft so Bauern waren ... früher wor jo ein ungeheures Feld von der Donau, von der Lobau bis nach Aspern hinein. Do ham ma denen weiß ich wos g'holfen (...) Frau May.: Im Sommer wenn's schön war, sam'ma badn gangen (...) de Orbeitslosenunterstützung wor net sehr hoch ... a Strandbad ham'ma uns net leisten kennen, wir san zur Stürzl-Lacken, in die Lobau, zur Alten Donau. ... Herr Kod.: Es hat Leut' geb'n, die also den ganzen Sommer von Früh bis Abend am Wasser g'legn san, am Donaukanal oder im Kongreßbad oder in der Lobau - in der Lobau wor i oft wochenlang! Daß i nur einmal in der Wochn z'hausg'fahrn bin — schaun, ob no alle leb'n ..."* [60]

Auch ein weiterer Arbeitslosenexperte, Wolfgang Russ, bestätigt dies mit seinen Forschungen:

„*Jüngere Männer beispielsweise traten bei Arbeitslosigkeit meist die Flucht aus der Familie an: ‚I bin da Früh fortgegangen mit einem Stück Brot und den ganzen Tag ned heimkommen ... Alle Tag war i am Donaubett."'* [61]

Der psychische Schwebezustand zwischen Lust am Wasser aufgrund schier unbegrenzter ‚Freizeit' ohne disziplinierende oder reglementierende Erwerbssituation einerseits, bedrohend, bedrückend und diskriminierend empfundener Arbeitslosigkeit und gesellschaftlicher Ausgrenzung andererseits konnte jäh in sich zusammenbrechen. Nämlich dann, wenn die Arbeitslosigkeit zur Langzeitarbeitslosigkeit geworden war. In diesem Fall wollte auch die Donau nicht mehr genug entschädigen.

„Damals, wenn einer gekommen wär, wie wir so herumgelegen sind in der Lobau, unter der Woche, und er hätt gesagt i hab Arbeit für hundert Mann, die wären aufgesprungen und hingestürmt. (...) wir hätten gern alle Arbeit haben wollen (...) Auf jeder Seite hats gefehlt, das Gewand ... damit ist man ja gegangen, jahrelang hat man immer dasselbe angehabt."[61]

Lobau-Indianer

Die ab Mitte der zwanziger Jahre sehr zahlreich gegründeten Wiener FKK-Vereine versuchten in der warmen Jahreszeit ihre Aktivitäten in stadtnahen, aber dennoch durch relative Unzugänglichkeit von der Allgemeinheit abgeschlossenen Gebieten durchzuführen. Dazu waren sie auch durch die Statuten verpflichtet. Für die Freikörperkulturbewegungen waren noch keine öffentlichen Areale bereitgestellt — im Freien nackt sein durfte man offiziell nur als Mitglied eines Vereins auf eingezäuntem gepachtetem oder gekauftem Vereinsgelände. Die Wiener Lobau, noch nicht verbaute Augebiete an der linken Seite der unteren Donau, besonders aber das Überschwemmungsgebiet zwischen Lobau und Donaustrom und die Donauauen oberhalb Wiens waren dafür prädestiniert, sowohl Areal für Vereine, als auch Unterschlupfmöglichkeit für illegale, unorganisierte FKK-ler abzugeben.

„Ein großer Teil der Wiener Nacktkulturklubs hat seine Tätigkeit in die Lobau und in den unteren Teil der Alten Donau, sowie in die Leopoldau verlegt. Dort wird in abgesperrten Räumen Luft, Licht, Sonne genossen. (...) man zählt derzeit insgesamt acht solcher Vereinigungen mit mehreren hundert Mitgliedern. Auch einige sogenannte ‚Arbeitsgemeinschaften für gesunde Volksbildung' existieren in Wien, die eine Art Verbindung zwischen Turnverein und Nacktkulturgemeinde darstellen."[63]

Neben den Wiener Nacktkulturklubs, deren Mitglieder sich Vereinsorganisationen, Turnsäle, Bademieten, ja sogar eigene Grundparzellen zur Ausübung ihrer Aktivitäten leisten konnten, gab es junge Menschen, die Freikörperkultur ohne finanzielle Belastungen, Vereinsbindungen und reglementiertes Vereinsleben spontan, gefühlsbetont, selbstorganisiert, kreativ und ohne elitäre Ideologie und Programmatik in losen Gruppen oder alleine betreiben wollten. An der Spitze der unorganisierten FKK standen vorwiegend jugendliche Arbeiter, deren progressive Sitten- und Sexualnormen eher Produkt ihrer — durch beengte Wohnverhältnisse bedingt — halböffentlichen Familienstruktur waren, als die praktische Umsetzung der sexualpädagogischen Plädoyers sozialistischer Lebensreformbewegung für neue Körperlichkeit und Geschlechterbeziehung. Die zeitgenössische Literatur ist voller Klagen, daß das Geschlechtsleben von Arbeitern, Bettgehern, Kostgängern, Verwandten oder auch von anderen Personen ihren Kindern infolge des knappen Wohnraumes nicht verborgen bleiben konnte. Die Sexualität des Arbeiters bekam so gewissermaßen halböffentliche Züge. Nacktheit war eine alltägliche Erfahrung. Über die Auflösung sexueller Normen ist in vielen Arbeitermemoiren sowie in Aufzeichnungen von sozialpolitisch engagierten Wiener Bezirksschulräten, Politikern und Ärzten berichtet worden. Stärker als bei aufgeklärter Bürgerschicht und Boheme verdichteten sich bei der Arbeiterschaft Ursachen und Bedingungen der Vorenthaltung von Trieb- und Bedürfnisbefriedigung durch sozioökonomische Deprivierung, Frustration, Streß, Disziplinierung und Entfremdung beim Erwerbszwang sowie soziale Kontrolle während des Reproduktionsprozesses. Befreiung von Zwängen des Alltags erwarteten sich daher viele von ihnen vom Aufenthalt in der Lobau.

„Die Lobau ist heute voll von Menschen und wimmelt von Badenden. Will man die Fähre von Kaiserebersdorf benützen, dann ist es ein endstrumm Weg da hinaus, muß man über die Reichsbrücke, büßt man alle Sünden ab..." [64]

Es schien ihnen gar nichts anderes übrig zu bleiben, als im Zuge libidinösen Strebens nach Lust am Wasser vorerst einmal ‚alle Sünden abzubüßen', denn das wenige Geld, das ihnen zur Verfügung stand, reichte kaum für die Bezahlung der öffentlichen Verkehrsmittel.

„Die Lobau ist das Bad der Wiener Jugend. In Kritzendorf und Klosterneuburg zahlt man noch, hier darf man baden und am Strand liegen, auch wenn in der Geldbörse gar nichts mehr zu finden ist. Am Samstag gleich nach Arbeitsschluß packt man den Rucksack und bereitet sich auf eine lange Straßenbahnfahrt vor... über die Reichsbrücke nach Aspern, dann windet sich eine Menschenmenge durch Gebüsch und Feldwege in die Lobau." [65]

Anreize für die oft wenig verdienenden oder arbeitslosen, meist jungen Menschen, die oft zeitraubenden und mühevollen Lobau-Anfahrten und Anmärsche in Kauf zu nehmen, waren nicht nur kostenlose Badefreuden. Von ihren Zeitgenossen und auch von ihnen selbst teilweise als der „atavistischen menschlichen Natur" entspringend mißverstandene Bedürfnisse nach Naturkontakt, Abenteuer, Wildromantik, Dschungelatmosphäre, Indianerleben, Selbstorganisation, Selbsthilfe und Gruppensolidarität erwiesen sich als ebenso ausschlaggebend. Signifikant für die Sehnsucht nach Befreiung von allen reglementierenden Sitten- und Moralnormen war das Nacktleben an der Donau.

„Wahrhaft ein Stück Paradies in der nächsten Umgebung der Großstadt — das ist diese Lobau; die tausenden Rücksichten, die uns der Asphalt auferlegt, da draußen darf die Jugend sie abstreifen. Paradiesische Nacktheit — das ist weder Schweinerei noch eine Gefühlsduselei. Es ist einfach ein ganz großes und starkes Körpergefühl, das nach Ausdruck und Geltung ringt." [66]
Aus ein paar Dutzend Anhängern der FKK nach dem Ersten Weltkrieg entwickelte sich bereits 1928 eine Massenbewegung [67], die sich Anfang der dreißiger Jahre konsolidierte:
„Und zu tausenden schimmern die braunen, nackten Leiber der Wiener und Wienerinnen durch die Zweige, die Gräser. Heute ist die Lobau das große Luft- und Sonnenreservoir des werktätigen Wiener Volkes geworden." [68]
Während die von Deutschland angeregten, auch in Österreich entstandenen ersten Organisationen der FKK *„... Vereins-, ja zuweilen Familiencharakter trugen, lehnten die ‚Lobaubrüder' eine vereinsmäßige Bindung ab. Sie waren lose Freundesgruppen, die aber auch weiterhin ihre Widerstands- und Lebensfähigkeit ebenso bewiesen wie die Vereinsorganisationen. Um diese Gruppen scharten sich Hunderte, ja Tausende von Wildbadern, die allerdings in der Dollfuß-Schuschnigg-Ära (1932—38) den vielfältigsten Schikanen bis zu Überfällen mit berittener Polizei (Sommer 1934) ausgesetzt waren. Die Sonnenfreunde ließen sich aber weder verdrängen noch kleinkriegen. Sie behaupteten ihren Platz in der Lobau. Die Sentimentalität des ‚drunt in der Lobau' war dem Behauptungswillen der Sonnenmenschen gewichen."* [69]

Erotische Genüsse

Die frühe FKK trat immer wieder mit Demonstrationen und Versicherungen der äußersten Keuschheit innerhalb ihrer Reihen an die Öffentlichkeit. Strenge Aufnahmemodalitäten und gegenseitige Überwachung der Vereinsmitglieder sollten die Möglichkeiten zur Augenlust, die ja niemals auszuschließen war, minimieren. Gerade darauf hofften insgeheim viele frühe Aktivisten, wenn sie sich einer informellen Gruppe an der Donau anschlossen oder einem Verein beitraten. Die Mitgliedschaft in einer FKK-Gruppe war für viele mit der — wenn auch unbewußten — Hoffnung auf voyeuristische Befriedigung verbunden. Natürlich waren es auch lebensreformerische und sportliche Ambitionen, Spiel, Spaß und Natursehnsucht, eben das gesamte Verhaltensspektrum libidinösen Strebens nach Lust am Wasser, die Kontakt zur Bewegung herstellten. Der aus Baden bei Wien gebürtige, lebenslange FKK-Aktivist und FKK-Funktionär R. E. erinnert sich an Erlebnisse aus seiner Studentenzeit:
„Wir schreiben das Jahr 1925 oder 26. In dem Jahr sind in Wien die

französischen Zeitschriften verbreitet worden, die nackte Mädchen gezeigt haben. Kurz und gut, es war eine Vorbereitung auf das nackte Leben der Jugend, nicht, und das hat — ich kann jetzt nur von mir sprechen, aber wahrscheinlich war das bei allen anderen auch so — das hat gefallen. — Ich hab damals die Möglichkeit gehabt, regelmäßig ins Kaffeehaus zu gehen und hab mir immer diese Zeitschriften angschaut. Es waren Zeitschriften mit Text und Bildern, die Namen weiß ich nicht mehr. Ich hab darüber nachgedacht. Sie sind in jedem Kaffeehaus in Wien aufgelegen. (...) damals, 1926, und dadurch, daß da alle dort beisammen waren, in der Lobau, hat es damit angefangen, daß man sich im Sommer, wenn's heiß war, ausgezogen und zwar ganz ausgezogen hat. In diesen Mulden hat man sich versteckt, die dort waren. Und als die berittene Polizei, die's ja noch gegeben hat, gekommen ist... Die ist dort darübergaloppiert und hat die Nackten herausgekitzelt und abgeführt, direkt. Nicht wahr. Ob sie Strafe gekriegt haben, weiß ich jetzt nicht mehr. Jedenfalls war es so, daß auf der ganzen Lobauwiese, dort wo man mit den Pferden herein konnte... waren einige Späher, die haben dann einen gewissen Pfiff losgelassen, wenn die Polizei gekommen ist, und dann haben sich alle schnell zugedeckt. (Lacht.) Das waren meine ersten Eindrücke von der Nacktheit." [70]

Die praktizierenden FKK-Gruppen waren besonderer Anziehungspunkt für jene, deren libidinöses Streben nach Lust am Wasser vorwiegend Bedürfnissen nach genital-erotischen Erlebnissen entsprach. Der Mittelschüler F. K., Sohn eines Straßenbahnfahrers, hatte noch keine FKK-Zeitschriften zu Gesicht bekommen, als ihn Mundpropaganda, Neugierde und Abenteuerlust mit den frühen Nacktbadern an der Wiener Donau bekannt und in der Folge zu einem FKK-Aktivisten machten.

"... die Leut habn ja praktisch net nur die Wochenend durt verbracht, wenns arbeitslos warn, sondern den ganzen Sommer in so Zelten oder Hütten. Das bekannteste damals war die Hirscheninsel, des is in der Lobau a Insel zwischen Donauarmen. Des woar die Zeit noch vorm Zweiten Weltkrieg, als ich noch so a Jugendlicher war. I woa amoi dort. Zusammen mit älteren Freunden. Wie soll i sagn? Es war schwer hineinzukommen. Woast ja net Vereinsmitglied, und hast müssen fast — wie g'sagt — Mitglied einer Sekte sein. Da is ma ja net ohne weiters aufgnommen worn. Auf kan Fall als junger Mensch allein. Als Mann. Des war schon immer ganz verdächtig, wann a junger Mann allein hinkommt. Der woar von vornherein da Vojör... Woarn wahrscheinlich auch viele, die mehr oder weniger... (Denkt nach) Naja, wann i ganz ehrlich bin auch ... a bißl war a dabei, bei meinen Motiven, net. Des war auch, um die Neugierde zu stillen, die eben sonst verwehrt wird, net. Bis auf des, daß ma als Kinder Doktor gspielt habn mit den Mädchen hat sich ja da nix tan. Des andere war eben auch im Finstern und hat sich unter dem Titel Sünde abgspielt. Selbst wenn man net religiös

war und net religiös erzogen worn is. Aber es war doch das Empfinden, des is also etwas, ja ... Es hat auch Probleme geben in der eigenen Psychologie, der ganzen meiner Generation ..." [71]
F. K. antwortet auf die Frage, ob ihm Freikörperkultur-Aktionismus merkbare Hilfe für die Bewältigung sexueller Probleme war: *„No ja, net Hilfe, das möcht' i net so sagn. Es war afoch ... es war schön und abenteuerlich. Sog ma so. Und i woa ana der wenigen offenbar, die es ehrlich zugebn habn, sich selber und im engsten Freundeskreis, daß ma des echt auch an erotischen Genuß bereitet hat. Aber des hat damals kaum ana zuagebn. Des hätt ma in einem Verein nie sagn dürfn. Die Vereinsmitglieder, die woan alle da Manung, es is also mehr oder weniger eine heilige Handlung, wenn man sich da nackert bewegt, weil man damit reiner is, net. Die Reinheit war immer da."* [72]
‚Reinheit' herrschte als oberstes Prinzip, Nacktheitsphilosophie war Ersatzreligion, die die ‚niederen Triebe' der Sexualität als sündhaft verdammte. Hohe Selbstdisziplin und die Tendenz, sich gegen Fremde und Fremdgruppen (etwa Wildbadefreudige, die nicht FKK betrieben) abzuschließen, geben Aufschluß über Empfindungs- und Erlebnisweisen der frühen FKK an Wiens Donau. Ihre Anhänger erlebten materielle Lebensbedingungen, soziale Realität und die Umgangsformen gesellschaftlichen Zusammenlebens (Nacktheitstabu!) in höchstem Maß als repressiv und waren sich der Verlogenheit des Moralgetues bewußt, was sie zu subkulturellen Verhaltensweisen bewegte. Durch Nacktleben und Nacktbaden an der Donau sollten Körper, Geist und Seele von als ‚schmutzig' gedachter Sexualität beziehungsweise genital-erotischer Sinnlichkeit, aber auch von den ‚verunreinigenden' Einflüssen, die durch Doppelmoral und Heuchelei der Gesellschaft gegeben waren, gereinigt werden. Gleichzeitig ging es darum, sich auch von den ‚verunreinigenden' Einflüssen der gesellschaftlichen Doppelmoral ‚reinzuwaschen'.

Sittlich reinigende Kraft der freien Gewässer

Von herrschaftlicher Seite mußte, um einerseits ‚keusche' und ‚sittlich reine' Lust am Wasser zu ermöglichen und andererseits die „... Lustproduktion freier gleicher Körper miteinander zu verhindern, ... der schönste freie Stoff der Erde selbst, das freifließende Wasser, freigegeben werden." [73] Verschiedene Grade körperlicher Nacktheit und der Aufenthalt in schwer kontrollierbaren, herrschaftsperipheren Regionen zum Baden, Bootfahren, Spazierengehen und Festefeiern hätten zunächst Chancen zu sexuellen Entgrenzungen geboten. Im 19. und 20. Jahrhundert wurde es zunächst für kleinbürgerliche, später auch für proletarische Schichten, die eine Beteiligung an der politischen und ökonomischen Macht forderten, unbedingt notwendig, ihre moralische Überlegen-

heit über bislang im Staat dominierende Gesellschaftskreise unter Beweis zu stellen. Die Erhabenheit über ‚sittliche Gefahren' diente zur Legitimation dieser Partizipationsforderungen.
Die gesellschaftliche Sexualrepression und die Bereitschaft zur Demonstration ‚sittlicher Überlegenheit' aufstiegswilliger Schichten führte zur totalen Enterotisierung und Entsexualisierung der im 18. Jahrhundert vom niederen Adel und vom klassischen Besitz- und Bildungsbürgertum getragenen neuen lebensreformerischen Freiluft- und Kaltwasserbadekultur. Die verlogene Asexualität der autoritären und daher sexualrepressiven Gesellschaft ließ nur eine Bade- und Körperkultur der sittlich höchststehenden Menschen zu, in der die Vorstellung zirkulierte, daß gerade sie, die Freikörperkultur betreiben, wie „... Felsen in der Brandung der sittlich schmutzigen und entarteten Welt stehen müßten".[74]
Strenge und für die heutige Empfindungs- und Sittenstandards obskure Badeordnungen der am Donaukanal, Wiener Neustädter Kanal und an den Donauarmen angesiedelten Schwimmschulen, Flußbäder und Freibadestellen des 19. Jahrhunderts geben davon ebenso Zeugnis wie die höchsten, eigenständige Sexualdisziplinierung abverlangenden subkulturellen Gruppennormen der ersten FKK-Anhänger.
Bereits im ersten wirklich populären Wiener Freiluftbadezentrum der Donaulandschaft, dem Gänsehäufel, sah Peter Altenberg einen „Wallfahrtsort für sündige Leiber" mit seelisch-sittlichem Reinigungseffekt:
„In der Praterstraße ist noch das Gift der Großstadt und eine Viertelstunde später kannst du dich reinbaden von allen Schädlichkeiten! Aus dem Gewirre von kühlen Weiden blickt die Natur dich liebevoll an, ohne dich zu zwingen! Wie eine heilige Insel ist es der physiologischen Wahrhaftigkeiten, ein moderner Jungbrunnen aus dem alten Märchen! Die malträtierte, halberstickte Haut trinkt nun hier mit ihren Milliarden Poren Licht und Luft in sich hinein, sucht alle Sünden emsig auszugleichen, während die Seele, angeregt durch Gottes Frieden, mittut und die Sorge wegschafft, die Hemmungen erzeugt und Trägheiten! (...) Mögen die Menschen mit Achtung diese Insel behandeln, eigentlich sogar bereits mit Andacht! Möge nicht der Übermut ... dieses Paradies der Ursprünglichkeit stören, das die Stadt Wien mit seinen müden Kindern erschlossen hat. (...) So möge die Natur Frieden bringen und Ordnung! Diese Donauinsel ‚Gänsehäufel' sei ein respektierter Ort, ein Wallfahrtsort für sündige Leiber. Und wer sündigte nicht hienieden?!"[75]
Die sittliche Reinigungswirkung, die sich für Altenberg bereits durch Hingabe, Respekt und Andacht sowie durch den Naturkontakt einstellte, glaubten die zwischenkriegszeitlichen Vertreter der FKK durch persönliches Eingreifen noch gehörig erhöhen zu müssen. Der 1903 geborene FKK-Aktivist G. K. erzählt über das Verhalten in der FKK-Gruppe und beschreibt die Ambivalenz zwischen

starker sexueller Neugier und voyeuristischen Begierden einerseits und dem rigiden Sexualitätstabu: „*Wann si do wos bei an griat hot, no dann is a glei ins Wossa gschmissn wurn. Doß a sie wieda obkühlt. Na do hots nix gebm.*"[76] Und G. K. auf die Frage, wie dieser Normenverstoß erkannt und wie die ‚Exekution' der Sanktionsmaßnahmen organisiert wurde:
„*De Fraun habm meistns glei gschrian: ‚Schauts der durt, der, der!' Dann san sofurt a poa Männa aufgspungan und ham eam packt und ins Wossa mit eam. Na der hot si nimma blickn lossn diafn.*"[77]
Im Gegensatz zur landläufigen Meinung wurden gerade durch die Zeitschriften der frühen Wiener FKK sexualfeindliche Einstellungen und die zum Ausdruck kommenden Scham- und Peinlichkeitsstandards sowie die damit verbundenen Reaktionsweisen ideologisch vorbereitet und flankiert:
„*In der Tat, der Lichtgedanke ist vielfach motiviert, nicht nur die Förderung der Gesundheit und Freude an Licht, Luft, Sonne und Wasser gibt ihm sein Daseinsrecht, sondern auch das hüllenlose Beisammensein mit dem anderen Geschlecht in naiver Fröhlichkeit, los von allem Druck brünstiger Phantasien oder gar Absichten.*"[78]
„*Wird heute noch der Körper nur dann weitgehender entblößt, wenn es im Dienste des Geschlechtslebens erforderlich ist, so wird der nackte Körper in der Freikörperkulturbewegung von einem rein sexuellen Instrument (!) zu einem ästhetischen Phänomen erhoben.*"[79]

Um diese Reinigung ging es auch den FKK-Aktivisten der Wiener Nationalsozialisten, die oberhalb der Stadt in der Kuchelau an der Donau angesiedelt war. Wenn im „Reichsgau Groß-Wien", dem „völkischen und rassischen Außenposten"[80] die Stählung reiner, arischer Körper zur Erhaltung der Rasse propagiert wurde, so schwang neben chauvinistischem Hochmut die Furcht vor artfremden Rassen-, Volks- und Sittenschädlingen mit. 1938 stand der Eingliederung österreichischer FKK-Vereine in den „Deutschen Bund für Leibeszucht" nichts im Wege, wenn sie alle jüdischen und rassenfremden Mitglieder ausgeschlossen hatten. Andernfalls wurden sie aufgelöst.
Wildes Baden und unorganisierte Freikörperkultur am Strom ohne destabilisierende politische Intentionen wurden vom NS-Regime geduldet. Sie konnten mit der paranoiden NS-Vorstellung von der überlebensnotwendigen Stärkung des deutschen Volkskörpers hervorragend in Einklang gebracht werden. Auch zur Säuberung von artfremden, überfeinerten und degenerierten Verhaltensweisen wurde die Freiluft-, Wild- und Nacktbadebewegung an der Wiener Donau mißbraucht.
Der NS-Staat verstand es hierzulande, sich libidinöses Streben nach Lust am Wasser dienstbar zu machen. ‚Falsche' moralische oder religiöse Bedenken wurden mit Leichtigkeit hinweggefegt, galt es doch, sich gerade durch asexuelle Nacktheit am und im freien

Gewässer auch sittlich ‚zu reinigen' und zu einer echt ‚deutschen Moral' aufzusteigen.

„... wenn Spießer und Mucker sich über gesunde sonnengebräunte Haut aufregen, (dann) deswegen, weil sie sie nicht haben ... Es ist ein Unterschied zwischen Moral und Moralin wie Doktor Goebbels so treffend sagte. Die eleganten Herrschaften, die sich über den nackten sonnengebräunten Körper abfällig äußern, haben früher an den so beliebten Halbnackt- und Ganznacktkabaretts ihre helle Freude gehabt. (...) Diese Leutchen sollen wegsehen und den Verkehr mit solchen in ihren Augen verrückten Naturaposteln meiden, ebenso wie diese kein Gewicht darauf legen, ihr naturwidriges Leben nachzuleben."[81]

„Die Verfolgungen auf der Hirscheninsel hörten plötzlich auf, und die ‚Nacktkultur' in der ‚Ostmark' wurde erlaubt. Der Sommer 1939 ist eine meiner schönsten Erinnerungen. So viele Besucher hatte die Hirscheninsel noch nie gesehen, wenn auch einige Besucher aus dem ‚Altreich' das bundesbrüderliche Zusammensein etwas trübten. Aber die Zahl der ‚Nackerten' ging von da an stetig zurück. Immer mehr der braungebrannten Körper verschwanden in den feldgrauen Uniformen und zogen in eine tödliche Weite. Später fielen Bomben auf die Hirscheninsel und veränderten ihr schönes Gesicht, der Krieg zog durch die Landschaft und drückte ihr seinen Stempel auf."[82]

Sexuelle Entgrenzungen

Libidinöses Streben nach Lust am Wasser beinhaltet sowohl triebhafte als auch kulturbedingte Bedürfnisse nach geschlechtlichen Lusterlebnissen oder -befriedigungen. In den Donauauen der großstädtischen Peripherie war es von Verhaltens-, Umgangs- und Sittennormen und nicht zuletzt von Herrschaftsformen, -strategien und -techniken (sowie deren Machtmittel) der jeweiligen Zeit geprägt. Professionelle Prostitution und erotisch-sexuelle Beziehungen ohne vordergründiges Geschäftsverhältnis erweisen sich dabei als nicht immer scharf trennbar.

Am biedermeierlichen „Sankt Brigitten-Kirchtag" in der von Donauarmen, Bächen und Rinnsalen durchquerten Brigittenau dürfte es nicht allzu sittenstreng hergegangen sein:

„Am Morgen des Festes selbst ziehen Scharen an Scharen ... nach der Au ... Kaum ist der Mittag vorüber, so sieht man das Publicum auf allen Straßen Wiens in Bewegung; zu Wagen, zu Pferde, zu Fuß drängt sich alles vorwärts nach der Lustau, sehr bald in einem dicken Staubnebel eingehüllt; dichtes Gedränge ist auf den Brücken über die Donau zu schauen, die Schiffe der Überfuhr sind beinahe mit Menschen überladen ... mühsam drängen sich die Scharen ... und bald zerstreuen sie sich in die weiten Ebenen ... die Sczenen der Lust schauen ... und selbst dicht an der ehrwürdigen Stätte der

Capelle über den Pestgräbern bewegt sich das Volk im munteren Reigen ..." [83]

Daß bei diesem Massenfest [84] die geschlechtliche Komponente des Eros an der Donau nicht zu kurz gekommen sein dürfte, läßt sich aus den Kommentaren der Wiener Weltreisenden Ida Pfeiffer erahnen, die *"... ein Volksfest im Orient einem Volksfest in unseren noch so hoch gebildeten Staaten vorziehen"* wollte, denn dorthin würde sie *"... jedes Mädchen führen, was (sie) aber in Wien zum sogenannten Brigitten-Kirchtag wohl unterlassen würde."* [85]

Die moralischen Bedenken sittenstrenger Bürger bezogen sich nicht nur auf das oben erwähnte Fest, sondern schlossen seine Umgebung ein. Der Verdacht, daß dort eine Dienstleistung besonderer Art verkauft wurde, war nicht unbegründet. Für männliche Sittlichkeitsapostel kam zu der daraus resultierenden sittlichen Gefährdung für die Gesellschaft eine ernstzunehmende vornehmlich physische Bedrohung und Gefährdung für die ‚verführten' Geschlechtsgenossen:

"So wurden häufig in den fünfziger Jahren (des 19. Jahrhunderts; Anmerkung der Verfasser) in den Auen, die an den Prater angrenzen, und überhaupt in dem waldigen Theil der Umgebung Wiens Männer von jungen, oft kaum sechzehnjährigen Mädchen angelockt, in das Dickicht hineingezogen ... Der Betreffende eilte ihr nach, aber in der Tiefe des Waldes harrten seiner zwei bis drei von den Strolchen, die ihn dann seiner Habseligkeiten beraubten." [86]

Prostitution und gegen die Sexualnormen verstoßende geschlechtliche Entgrenzungen in Wiens Donaulandschaft dürften trotz drastisch zunehmender ‚Sittenstrenge' und herrschaftlicher Kontroll- und Überwachungsmöglichkeiten sowie Disziplinierungstechniken à la longue nicht so einfach per Gesetz und Vollzugsorgane abzustellen gewesen sein. Im Gegenteil, ihre Tradition wurde sprichwörtlich, ihr subversiver Charakter gepflegt; er reicht bis in unsere Tage. Kurz nach dem Ersten Weltkrieg konnte man unter anderem differenziertere und kritischere Beobachtungen der tabuisierten Bereiche des Eros an der Donau vernehmen.

"Und weil ich sehe, wie unsere Jugend, besonders an den Umfangsgegenden der Großstadt, direkt methodisch zur Prostitution getrieben wird, und zwar teils aus Unwissenheit und Dummheit, teils durch schlechte Gesellschaft ..., deshalb wollte ich, daß die Kinder eine gewisse Warnung und Aufklärung erhalten, statt sofort wie im Prater, ... und in vielen anderen mir bekannten Gegenden sofort aus der trübsten Quelle zu kosten und zu genießen. Noch immer sehen die Schulmädchen ... wie die Praterdirnen ... auf den Strich gehen und von ‚Krenns' nach Hause geführt werden, noch immer sehen die Buben, wie ihre älteren Kollegen mit solchen Weibern nach Hause gehen, und noch immer gibt es ... altbekannte Gegenden hinter den Bäumen, auf Wiesen, in nicht versperrten Praterhütten, wo die Liebe tätig ist, und wo offen oder zumindestens heim-

lich Buben und Mädchen zuschauen und ... dann in gemischtgeschlechtlicher Gesellschaft Nachahmungsversuche machen." [87]
Akut wurde das Problem der Nichtauslebbarkeit geschlechtlicher Sexualität in der Zwischenkriegszeit. Es trieb viele junge Menschen in die Auwälder und Dickichte der Stromlandschaft. Die Realisierung sozialistischer Lebensreform, welche Kameradschaftsehen und neue Sexualität propagierte, scheiterte bei den meisten Menschen an finanziellen und materiellen Möglichkeiten sowie am Verständnis von Elternhaus und sozialem Milieu. Sexualaufklärung und die von fortschrittlichen Kreisen der Jugend empfohlene Sexualität vor der Ehe brachte manche dazu, ihrem zunächst unspezifischen libidinösen Streben nach Lust am Wasser die konkrete Zielsetzung genital-sexueller Betätigungen oder Lusterfüllungen zu geben. Die neuen Werte wurden bewußt als Provokation herrschender Sexualmoral gebraucht, und vielen Jugendlichen mögen sie wohl als geeignetes Mittel der Rebellion gegen die disziplinierende Welt der Erwachsenen willkommen gewesen sein.

„Unzählige junge Menschen wissen zwar seit frühester Kindheit viel mehr von sexuellen Dingen als Generationen vor ihnen, sie haben nächtelang die ‚sexuelle Frage' durchdiskutiert, sie haben jahrelang in einem Zustand halber Annäherung, lockender Möglichkeiten gelebt — aber sie sind sexuell nie befriedigt, erotisch nie erzogen worden. (...) Wo aber soll das geschehen? In der Wohnung der Eltern? Viel zu eng ist die Wohnung, viel zu streng sind die Eltern. (...) Es bleiben also die Wälder, die Wiesen, die Liebe wird zum Saisonerlebnis, im Winter gibt es für hunderttausende junge Menschen kaum eine Möglichkeit der sexuellen Vereinigung. (...) Der Einfluß dieser äußeren Umstände wird oft unterschätzt; nicht nur die Wald- und Wieseneroitk, auch die Sexualschlamperei der Boheme ist vielfach die Konsequenz der Wohnungsnot. Die Lebensform der Boheme wurde von den meisten jungen Leuten, die sich ihrer bedienen, durchaus nicht freiwillig gewählt." [88]
Die Wohnsituation trieb viele Menschen aus ihren engen, finsteren, dumpfen und hoffnungslos überbelegten Wohnungen. Nach billigen Alternativen im Freien Ausschau haltend, wurde jede Gelegenheit, Spiel, Spaß und Lust am Wasser zu erleben, ergriffen.

„In de Dreißigerjahr — bitte — da ham ma kans (gemeint ist Geld; Anmerkung der Verfasser) g'habt. (...) Aber sonst ham mir a Hetz g'habt ... mit de Katzen ... mit de Madln ... de warn vielleicht net so anzogen, wie jetzt ... aber sonst ... hat sich was abg'spielt ... im Freien ... a Hotel hat ma si damals net leisten können ... Da waren im Inundationsgebiet, Überschwemmungsgebiet, so Standeln ... san mir g'sessen mit de Madln ... Ribiselwein abi'g'stessen ... dann hab' i g'sagt gemma schwimmen, meine Damen? San ma abi zum Wasser, ham si umzogen ... i hab's a bissl einkocht ... Gebüsch is eh überall. De Donauauen sind ja wunderschön ... Nexten Tag hab i Gelsentippel g'habt ... frage nicht. (...) So a Hetz wia damals ham ma nie mehr g'habt! In Prater ... an der

Donau ... mit de Madeln ... beim Wasser ... I bin ja nie einigangen ... i hab net schwimmen können." [90]
Noch standen den herrschaftlichen Ordungsmechanismen für genaue Überwachung des überraschenden Andranges zu freien Gewässern zu wenig funktionalisierbare Areale und Kontrolltechniken zur Verfügung. Aber abgesehen von singulären genital-sexuellen Betätigungen im Kontext mit den Verhaltensweisen der Freiluftbadebewegung blieb die Mehrheit selbstdiszipliniert keusch. „Sexuelle Saisonerlebnisse" und „Wald- und Wiesenerotik" [91] mancher Verliebter blieben dezent versteckt und zeitlich begrenzt. Die nichtinstitutionalisierte Sexualität sollte nach Möglichkeit Geheimnis des Dickichtes der Auwälder bleiben und war bei aufkommendem Herbstwetter ohnehin zu Ende.
Die Mehrheit der Wiener Freiluftbadenden beschränkte sich spätestens im Ständestaat auf Lust am Wasser im öffentlichen Bad oder an einer offiziellen Badestelle unter sozialer und in zunehmendem Maße auch effizienter polizeilicher Kontrolle. Das Wasser war für sie gottlob „*... auch eben der Stoff, der eine ausreichende Entschädigungsqualität in sich birgt. Sich ‚wie neugeboren' fühlen, nachdem man in ihn eingetaucht ist, läßt die Menschen so schnell kein anderer Stoff. Er bekommt die Funktion, den wirklichen ‚Neugeburten', die über wirkliche Orgasmen führen, eine attraktive Konkurrenz zu machen.*" [92]
Der Eros an der Donau war damit allerdings für geraume Zeit um seine unvermittelte, nicht sublimierte genital-sexuelle Komponente ärmer geworden.

Anständige Nacktheit

Nach dem Zweiten Weltkrieg erlebte die Wiener FKK auf dem Gelände der Hirscheninsel ihren größten Zulauf. In siebenundzwanzig verschiedenen Vereinen und Gruppen waren 1950 etwa tausendvierhundert Personen organisiert. [93] Noch größer war die Zahl der vereinsungebundenen Aktivisten, so daß nach polizeilichen Schätzungen zwischen 1950 und 1954 an schönen Wochenenden bis zu 20.000 Menschen das Gebiet an der unteren Donau bevölkerten. [94] Die Gründe für dieses rapide Anwachsen der Bewegung sind vielfältig. Die Erfahrung eines verheerenden Krieges erzeugte einen ungeheuren Nachholbedarf an Lebensfreude, zugleich aber setzte Zivilisationskritik und -flucht aufgrund der erlebten Verwüstungen ein. Aus dem Kriegsentsetzen und der Unzufriedenheit mit den tristen Nachkriegsjahren entstand ein neues Interesse an lebensreformerischen und subkulturellen Aktivitäten. Im Bedürfnis nach einem ungebundenen Leben manifestierte sich die Sehnsucht nach der verlorenen Unschuld und einer neuen besseren Welt, wobei gleichzeitig von den realen Ursachen dieser Wünsche abstrahiert wurde:

„Was sind wir wirklich? Wir, die wir uns einen Platz an der Sonne erkämpfen, wir, die wir nur hinauswollen aus den beengten Wohnungen, aus dem Gestank und Rauch der Großstadt, aus den Ketten von tausend kleinen, aber umso lästigeren Verpflichtungen, die das sogenannte zivilisierte Leben mit sich bringt, ja fordert? Sind wir wirklichkeitsfremd, wenn wir die Gewalt, die wirtschaftliche Not, die Furcht vor einem neuen Krieg und allen sonstigen Sensationen, die heute in der Luft schweben, reichlich satt haben?" [95]
Allenthalben machten sich in der Ära des Wiederaufbaus restaurative Tendenzen breit. „Adrette Menschen, die Weltwirtschaftskrise und Krieg glücklich hinter sich gebracht hatten, wollten in schmukken Wohnungen leben und in geordneten Familienverhältnissen reinliche Kinder großziehen"[96], endlich ein wenig Wohlstand genießen und dabei alles, was diesen harmonischen Lebensentwurf in Frage stellen könnte, rigoros ausgrenzen. Dem umfassenden Sauberkeitsbedürfnis trug eine hektische Kampagne gegen „Schmutz und Schund" Rechnung, die in einem neuen Pornographiegesetz ihren Höhepunkt erreichte. Im Kampf um die Hebung der Sittlichkeit tat sich die Wiener Polizei schon 1949 besonders hervor. Unter der Schlagzeile „Aktphotos erhalten Badeanzüge. Polizei will dadurch die ‚Sittlichkeit' heben" berichtete der Wiener Kurier in seiner Ausgabe vom 28. Oktober 1949:

„Mehrere Wiener Polizeikommissariate haben, wie in den letzten Tagen bemerkt wurde, in eigener Regie den Kampf ‚zum Schutze der Sittlichkeit und Volksgesundheit' begonnen. Ihre Maßnahmen gipfeln in einer Anweisung an die Besitzer von Photohandlungen, Aktphotos durch das Aufmalen eines Badeanzugesw zu ‚korrigieren'. Die gesetzliche Grundlage für diese Aktion, deren Auswirkungen unter der Bevölkerung größte Belustigung hervorgerufen haben, liegt in einer Verordnung aus dem Jahre 1934."

Als die aus der Zeit des Austrofaschismus stammende „Notverordnung zum Schutze der Sittlichkeit und Volksgesundheit" durch das 1950 im Nationalrat beschlossene „Bundesgesetz über die Bekämpfung unzüchtiger Veröffentlichungen und dem Schutze der Jugend gegen sittliche Gefährdung" ersetzt wurde, mußte das für die FKK-Bewegung Anlaß werden, ihr libidinöses Streben nach Lust am Wasser bei völliger Nacktheit beider Geschlechter wieder einmal besonders demonstrativ von Erotik und genital-sexuellen Gelüsten oder gar Handlungen zu distanzieren. Der Eros an der Donau blieb damit weiterhin um eine wesentliche Komponente beschnitten. Entgegen weitverbreiteten Gerüchten galt ein, wenn auch nur intuitives Zulassen von derlei Gefühlen als in höchstem Maße unanständig und wurde von den Aktivisten mit Selbstdisziplinierung und gegenseitiger Kontrolle gründlich und leidenschaftlich verhindert. *„In diesem Land wird Sexualität verdrängt, wie die eigene Geschichte (...) ‚Anstand' wird zum Schlüsselwort einer österreichischen Generation, die nichts dafür kann, die nirgends dabei war, die nie etwas bemerkt hat ... Wären wir anständig geblieben, wäre das*

alles nie passiert, sind wir jetzt und bleiben wir in Zukunft anständig, wird uns die Welt wieder achten." ⁹⁷
Obwohl sich die FKK dem Zeitgeist der fünfziger Jahre anpaßte, blieb sie nach wie vor im gesellschaftlichen Abseits. Ihre Anhänger verschwiegen Außenstehenden, wo und wie sie ihre Badetage verbrachten, ihre Lust am Wasser erlebten. Ein Lobauer erinnert sich:
„Am Wochenende samma oft auf die Hirscheninsel... Na, jo, im Büro hot ma besser nix gsagt davon. Da hats immer a boa gebm, die bled gschaut hobm. Und nochher steht ma dann do ois Sittenstrolch, Spechtla, na jo, Sie wissen eh, wie die Leit glei redn." ⁹⁸

Stromlust. An der Donau unterhalb Wiens zu Beginn der 60er Jahre (Aus: „Der Sonnenmensch Helios", 1963)

Die ‚gleich redeten', badeten und sonnten ebenfalls in großer Zahl. Und das nicht nur in öffentlichen Bädern, sondern auch, wie zeitgenössische Chronisten nicht gerade wohlwollend vermerkten, wild an den freien Gewässern der Stromlandschaft.

„... *aus dem Hunger nach naturhafter Lebensweise* ... *hat sich ihre Zahl so vermehrt, daß heute (1958; Anmerkung der Verfasser) die elf Luft- und Sonnenbäder der Gemeinde Wien und die vierzig weit kleineren privaten an schönen Sommersonntagen stets überfüllt sind (...) Obwohl so viele Badestellen reichlich Gelegenheit zum Baden bieten, ziehen es viele Wiener vor, im Strom und an den Altwässern wild zu baden und das Überschwemmungsgebiet ist an heißen Sonntagen von Menschen übersät.*"[99]
Nicht nur die FKK-Anhänger zogen es vor, gemäß ihrer libidinösen Entgrenzungssehnsucht, Freude und Spaß an Sonne, Wasser und Bewegung in freier, ungegängelter Natur statt in extra dafür zugerichteten, abgezäunten Reservaten zu haben. Ihr libidinöses Streben nach Lust am Wasser war nicht eben ‚züchtig', aber auch nicht ‚unzüchtig', nicht immer ganz ‚anständig', aber selten ‚sittenwidrig': Männer in allmählich knapper und enger werdenden Badehosen, Frauen in Einteilern oder in Bikinis, die zwischen Brust und Bauch noch wenig Haut freiließen, oder einfach ganz leger in der Kombinäsch, einem zum Freizeitdress umfunktionierten Dessous.
Unterschied sich vorerst das Verhalten an den freien Gewässern der Wiener Donau durch kaum mehr als das Tragen oder Nichttragen von Badebekleidung, schuf der langsam sich einstellende Wohlstand rasch Differenzierungen. Jene, die es sich leisten konnten, kamen mit dem eigenen Auto ans kühle Gewässer, während andere auf Fahrräder und öffentliche Verkehrsmittel angewiesen blieben. Durch den Siegeszug der Plastikindustrie änderte sich das Bild vollends: Die einen zelteten noch, die anderen campierten bereits, und das immer bunter, immer größer, bis hin zur Luxusplastikvilla samt angezipftem Vorraum. Die skurrilen, aber oft originellen Schilf- und Bretterhütten der FKK-Hirscheninsulaner verschwanden allmählich. Daneben bedurfte es einer Unzahl von Schwimmreifen, Luftmatratzen, Flossen, aufblasbaren Kanus und Kinderplantschbecken — der Phantasie der Erzeuger und Verbraucher waren keine Grenzen gesetzt. Lust am Wasser war Lust am Wasser mit Plastik dazwischen. Der Eros an der Donau, zwar noch ohne Bekenntnis zur Sexualität, hatte sein Spektrum erweitert, modifiziert und nach sozioökonomischen Kriterien differenziert.

Lust an der Rinne

Und heute? Das alte Überschwemmungsgebiet gibt es nicht mehr. Zu Beginn der sechziger Jahre wurde seine wildromantische Aulandschaft just auf der Höhe der Hirscheninsel von Baggern des Strombauamtes zerstört; nach offiziellen Angaben, „*um einen sicheren Ablauf des Hochwassers zu gewährleisten*", und schließlich wegen nichts Geringerem als zur „*Rettung der Stadt vor der Überschwemmungsgefahr*"[100] Das restliche Inundationsgebiet fiel in den siebziger Jahren dem Bau der Donauinsel zum Opfer. Wo

bis dahin im verwilderten, hüfthohen Gras, selbst in der Nähe der großen Brücken, nackt an der Donau gebadet wurde, wo sich ältere Damen nach wie vor in der Kombinäsch sonnten, wo schwarz gefischt und in den Gebüschen und Bombentrichtern vielleicht auch geliebt wurde, wo bei herbstlichem Wind ältere Herren mit oder ohne Enkerl selbstgebastelte Drachen steigen ließen, wo man entlang der Donau spazierend unverhofft in Treibsand geriet oder durch von der letzten Überflutung mit Schlamm oder gar noch Wasser gefüllte Gräben mußte, wo wilde, ausgelassene Kinder zwischen Schilf und Sumpf Indianer spielten, wo Jugendliche Treibholz sammelten, zündelten und Feuer machten, wo Obdachlose sich im Sommer wohler fühlten als im Meldemannstraßenasyl, dort wo anarchische, illegale, abenteuerliche Lust am Wasser noch einen Platz hatte, herrscht heute Sauberkeit, Zeitgeist und Ordnung. Aus dem verwachsenen, unwegsamen, unberechenbaren und daher schwer zu kontrollierenden Gelände wurde ein *„sauberes, überschaubares, geordnetes, geplantes, gestaltetes Gebiet."* [101]
Zwischen Donau und Neuer Donau, der künstlich hergestellten Überflutungsrinne zur Entlastung des Hauptstromes bei Hochwasser, erhebt sich nun die Donauinsel. Als Abfallprodukt der Idee des absoluten Hochwasserschutzes präsentierte sie sich als eine mit Lineal und Reißbrett geplante und dementsprechend verwirklichte Sand- und Schotteraufschüttung mit künstlich am Leben erhaltenen Gräsern, Sträuchern und Bäumen. Mit einem Netz kilometerlanger Asphaltwege überzogen, die Uferböschungen durch Betonrasengitter oder Vollbeton stabilisiert, bietet sie das Bild einer monströsen Pseudonatur, wo nichts dem Zufall überlassen blieb. Gemäß Sicherheits- und Hygienebedürfnissen von Bevölkerung, Wirtschafts- und Geschäftswelt, Prestigedenken der Rathausgewaltigen (Jahrhundert-Bauwerk) und den Interessen der österreichischen Baulobby an einem Riesenprojekt wurde in Natur — oder was davon seit der letzten Donauregulierung übriggeblieben war — verwertend eingegriffen.
In Jubelbroschüren der Wiener Stadtregierung zum absoluten Menschheitssegen hinaufstilisiert *(„Wiens ‚Freizeitmulti' läßt keine Wünsche offen"* [102]), augenblinzelnd nicht nur wegen der Länge der Ufer mit dem Strand des Wörthersees verglichen, gar als einen Urlaub auf den Seychellen oder Malediven in den Schatten stellend beschrieben *(„Badefreuden a la Donauinsel machen jedes noch so große Fernweh nach der Südsee vergessen."* [103]), erfreut sich die Insel bei der Bevölkerung tasächlich großer Beliebtheit. Die Ursachen für den regen Zuspruch sind vielfältig: Baden auf der Donauinsel ist kostenlos, sie ist sowohl mit dem Auto als auch mit öffentlichen Verkehrsmitteln bequem zu erreichen, die Rathausverwaltung wird nicht müde, für sie die Werbetrommel zu rühren; nach mehrmaligem Besuch stellten sich beim Widerspenstigen Gewohnheitseffekte ein, auch die Lust am denaturierten Gewässer hat für den extrem naturentfremdeten Großstädter gewisse Entschädigungs-

qualität, alternative stadtnahe Erholungsräume fehlen, stark disziplinierende und reglementierende Lebenserfahrungen haben Menschen dahin gebracht, nahezu kritiklos auch in ihrer Freizeit und Alltagskultur professionell vorstrukturierte lust- und spaßmachende Beschäftigungs- und Betätigungsangebote anzunehmen. Die Neue Donau ist ein *„stadtstrukturelles (sozialpsychologisches) Entlastungsgerinne"* mit *„viel Spielraum"* für viel restindividuelle Lust am Wasser. Aber trotz *„überall sichtbarem Massencharakter"* hat man es — laut Dieter Schrage — noch nicht mit *„Massenkultur"* zu tun, denn es herrscht ein *„Schwebezustand zwischen Freiraum und organisiertem Angebot, zwischen Entfaltung und Verwaltung."* [104]
So kommt es, daß sich an heißen Tagen massenhaft Stadtflüchtlinge in den Uferzonen der Neuen Donau drängen und es anscheinend recht gelassen hinnehmen, daß neben, über, vor und hinter ihnen der Verkehr von den das Gebiet flankierenden und durchtrennenden Hochleistungsstraßen und -brücken dröhnt und daß mit mit lauten Dieselmotoren betriebenen Pumpen ständig die mühsam hochgebrachte Vegetation bewässert wird. Da sich die Wasserqualität der Donau in den letzten zwanzig Jahren katastrophal verschlechtert hat, denkt niemand mehr an ein Baden oder Schwimmen im Strom. Der eigentliche Badebetrieb konzentriert sich auf die Rinne.
Im flachen, sonnengewärmten Wasser tummeln sich denn auch ganze Familien samt Hunden. Gelegentlich stauen sich Badelustige an ins Wasser hinabführenden Betonstufen, da scharfkantige, instabile, überwachsene und dementsprechend rutschige Ufersteine ein gefahrloses Ins-Wasser-Gehen unmöglich machen. Wer es endlich geschafft hat, findet sich in einer trüben Brühe wieder, in der verendete Fische, mit aufgetriebenen, silbrig glänzenden Bäuchen treiben. Während des Sommerhochwassers wird manchmal Badeverbot verhängt — wegen Infektions- und Seuchengefahr.
Ringsum disziplinierte Lust organisierter Freizeit am Wasser: Surfen, Bootfahren, Segeln, Tauchen, Angeln, Skate-Board-, Rollschuh- und Radfahren mit dazugehörigem Service, Verleih und Verkauf. Darüber hinaus Vergnügungsjahrmärkte, Inselfeste, Feuerwerke, Rockkonzerte, romantische Grillparties — alles zu seiner Zeit, zu gegebenem Anlaß, in der angemessenen Freizeit —, Urlaubs- oder Ferienstimmung und -uniform. Gemäß der zentralistischen Planungskonzeption der Stadtbürokratie ist jeweils *„ein bestimmtes soziales Verhalten angebracht und abweichendes wird unter Sanktion gestellt"* [105], sodaß selbstbestimmte Aktivitäten erschwert, an den Rand und von der Insel verdrängt werden.
Bezüglich Nacktbaden herrscht auf der Donauinsel demonstrative Liberalität. Als Reaktion auf internationale Tourismustrends wurden den FKK-Freunden ausgedehnte Flächen zur Verfügung gestellt, die keineswegs mehr durch Zäune, Planken et cetera abgegrenzt sind. Im Gegenteil — ein weißer Strich auf der das Ufer begleitenden Asphaltpiste und die schlichten Buchstaben F-K-K

genügen, um anzuzeigen: Hier badet man nackt! Durch die beiläufige und unauffällige Markierung nicht wirklich ernst gemeinter Grenzen ergibt sich in den Randbereichen zwischen textilem und textilfreiem Baden eine zwanglose Durchmischung des Publikums. Nackte baden zwischen Halb- und Kaum-Bekleideten, mitten durch reges Treiben von Radfahrern, Spaziergängern, Fußballern, Eis- und Gurkenverkäufern und motorisierter Polizei. ‚Anything goes' ist die Devise, solange es Spaß macht und nicht gegen die Sittennormen verstößt.

Vorder- und Hinteransicht verbessern

Egal ob ganz nackt, oben ohne oder ‚züchtig', das erklärte Ziel ist seit den zwanziger Jahren noch immer dasselbe: jugendlich-sportliche Bräune. Der Fetisch sonnengebräunter Körper, zwar nicht mehr Symbol für den gesunden, lebensreformierten „Neuen Menschen", sondern Markenzeichen des überindividualisierten Erfolgs- und Karrieremenschen US-amerikanischer Prägung, verhilft der Kosmetikindustrie zu gewaltigen Umsätzen und gibt Dermatologen Anlaß zu Besorgnis: Hautkrebs.
Braun sein ist in, verbessert das Image, erhöht das Sozialprestige und die zwischenmenschliche Attraktivität. Die erotischen Signale der genital-sexuellen Komponente des Eros haben sich nicht zuletzt in Zusammenhang mit Schönheitsidealen, Bademoden und Bedeckungssitten geändert. Seit es Bademode gibt, ist deren auffälligstes Merkmal das der fortgesetzten Schrumpfung, welche gerade in den letzten siebzig Jahren eine bemerkenswerte Dynamik erreicht hat.

Plastik-Lust der 50er Jahre (Aus: Jagschitz/Mulley, 1985)

Im Zentrum des Interesses dieser Branche steht mit ungebrochener Beharrlichkeit der Körper der Frau. Mit einem Minimum an Stoff wird am lebenden Objekt drapiert und herausgestellt, worauf das männliche Auge besonders gern ruht. Weiblicher Schaulust am Wasser wird hingegen nur bedingt Rechnung getragen. Die Herrenbadehose ist zwar ebenfalls knapper geworden, die Fantasie der Designer scheint aber über Bermuda-Shorts auf der einen, dreieckige Tangas auf der anderen Seite nicht hinauszukommen. Um so erfindungsreicher ist sie bei den Damen: Befand sich ab den fünfziger Jahren die weibliche Brust im Brennpunkt aller Schaugelüste, so rückt nun der verlängerte Rücken ins Zentrum. Schmale Höschen zeigen mehr, als sie verhüllen, über den Hüftknochen hinaufgeschobene Stoffstreifen machen Männerträume von endlos langen Beinen wahr. Die fortgesetzte Entblößung des Körpers, gepaart mit immer differenzierteren und anspruchsvolleren Schönheitsidealen, verlangt allerdings nach mehr Selbstdisziplin. War man in der Zeit zwischen den Kriegen versucht, sich dem Idealbild durch Sport, Baden und Aufenthalt im Freien anzunähern, zeigt man heute Körper lieber erst nach dem gelungenen Umbau, nach erfolgreichen Manipulationen durch diverse Schönheitsprozeduren.
Neben der Tendenz, raffiniert zu bedecken, gibt es auch jene des Zeigens besonders erotisierender Körperteile. Um genital-sexuelle Fantasien vorwiegend des männlichen Betrachters anzuregen, ihm erotische Augenlust zu verschaffen, ist es seit den letzten Jahren in fast allen Bädern der Stadt und natürlich an der Donau gestattet, was seit Mitte der sechziger Jahre in Teilen Europas herumgeistert: Busenfreiheit. In einer Zeit, in der nackte Busen sonder Zahl an jedem Zeitungskiosk zur alltäglichen Erfahrung gehören, konnte ein Nachziehen der Badesitten und -ordnungen nicht länger ausbleiben. Von Amts wegen ist nun bestimmt, daß nackte weibliche Brüste in einem öffentlichen Bad oder auf öffentlichen Badegelände nicht mehr als sittenwidrig anzusehen sind. Mit dieser Neuformulierung der Sittlichkeitsstandards wurde weniger ein Beitrag zur Emanzipation des weiblichen Körpers vom allgemeinen Schönheitsdiktat als vielmehr einem weiteren Ausverkauf der Sexualität der Frau Vorschub geleistet. Auch von einem Schritt in Richtung Minderung des Konkurrenzverhältnisses innerhalb der Frauenwelt kann keine Rede sein. Busen zeigen allenfalls junge Damen, die es sich leisten können, wohingegen sich alle anderen schamhaft in ihren Oberteilen verkriechen.
Ließ sich bis in die sechziger Jahre nachweisen, daß die Geschichte des Eros an der Donau zu guten Teilen mit Bedürfnisschüben nach naturnäheren Lebens- und Verhaltensweisen identisch ist, so zeigt sich die Entwicklung der Oben-ohne-Mode als weder primär an einer Naturannäherung interessiert noch dafür überhaupt geeignet. Im Gegensatz zur völligen Nacktheit im Sinne der FKK schätzt der Düsseldorfer Universitätsprofessor für amerikanische Ethnologie Helmut Krumbach die durch aufreizende Entblößung gekennzeich-

nete Bademode nicht als zivilisatorischen Fortschritt in Richtung naturnäherer Lebensweise ein. Er zeigt auf, daß Affinitäten zwischen unserer Oben-ohne-Mode und Bekleidungssitten rezenter Naturvölker eher zufällig bestehen, da sie völlig unterschiedlichen Verhaltungsgrundlagen entstammen. Dadurch deckt er die Oben-ohne-Mode als einen „*... Modetrend auf, der in vielen städtischen Schwimmbecken, an den Stränden und in Freizeitzentren zu beobachten ist...*" und folgert daraus, daß „*die teilweise Entkleidung, ... die besonders von der jüngeren Generation praktiziert wird, nicht einer natürlichen Einstellung zum Körper dient, sondern vorrangig auf modischen oder erotischen Verhaltensgrundlagen basiert.*"[106]

Sexualität an der Donau

Die neuen FKK-Areale mit ihrem räumlich wie sozial ‚offenen' Charakter bedürfen keinerlei Initiations- und Aufnahmeriten. Immer weniger Menschen teilen die von der frühen FKK gehegte Befürchtung, die geforderten Normen der selbständigen Sexualdisziplinierung nicht einhalten zu können. Immer weniger haben Konflikte mit ihrer sozialen Umwelt zu erwarten, so sie mit dem offenherzigen Bekenntnis zum Nacktbaden nicht hinter dem Berg halten. Manche Jugendliche gehen noch einige Schritte weiter. Neben dem progressistischen Gehabe, das die „alte Spießer-Moral" brüskiert und fordert, daß überall dort, wo es gerade beliebt, FKK praktiziert werden soll, äußern sie ihr Interesse an erotischen, genital-sexuellen Lustmomenten. So begründen heute junge Wiener ihr libidinöses Streben nach textilfreier Lust am Wasser:
„*Erstens macht FKK viel mehr Spaß, und außerdem hat Nacktbaden eine lange Tradition als Gegenkultur. Angefangen hat das ja schon in den zwanziger Jahren, aber damals war das noch ein echter Skandal. Heute gewöhnt man sich schon langsam daran. Hoffentlich darf man bald überall nackt baden, was ist denn schon dabei?*" Marie, 17 Jahre.
„*Mir ist Nacktbaden einfach lieber, weil es natürlicher ist. Wozu braucht man solche Fetzen? Die Stimmung ist dadurch gemütlicher und nicht so steril. Ich finde, es gehört in allen Bädern erlaubt, daß man seinen Körper zeigen darf!*" Peter, 16 Jahre.
„*Mich stören die Bandeln von den Bikinis, außerdem fühle ich mich im Wasser ohne Bekleidung viel freier. Das ist ein viel schöneres Gefühl! Ich finde auch alle Leute klaß, die sich trauen, weil es noch immer ein Tabu ist und viele dagegen wettern. Ich bin überhaupt dafür, daß man überall nackt baden darf. Für extreme Spießer und Antinudisten könnte man ja eigene Plätze schaffen. Es soll jedem überlassen bleiben, ob er nackt baden will oder nicht.*" Babsi, 16 Jahre.
„*Es ist total locker, ich finde nackt baden naturverbunden und*

fühle mich dabei frei. Ich finds auch mies, daß viele etwas Pornographisches damit verbinden, es ist einfach schön und natürlich. Außerdem sollen die Spießer ja nur etwas zum Aufregen und etwas zum ‚Durch-den-Zaun-Schauen' haben. In der Badewanne bin ich ja auch ohne Bikini und brauche mich vor niemandem zu genieren." *Regina, 20 Jahre.* [107]

In der sensuellen und mentalen Beziehung der Menschen zum eigenen und fremden Körper ist im 20. Jahrhundert ein Wandel eingetreten, der mit dem Zivilisationsprozeß als Ganzes korrespondiert. Die geänderten Sozialisationserfahrungen sind zwar primär familiär bedingt, sollten aber auch als Lernmomente im Kontext mit der gesellschaftlichen Tendenz der Enttabuisierung der Nacktheit und dem Aufschwung des internationalen Freiluftbade- und FKK-Tourismus gesehen werden.

FKK entbehrt nicht der Erotik, sofern der in der menschlichen Triebnatur grundgelegte Konnex Nacktheit—Sinnlichkeit nicht geleugnet wird. Gerade die vielen Gelegenheits-Nacktbader bringen jenes erotische Moment ein, das den gelockerten Verhaltens- und Gefühlsstandards entspricht. Unter vielen Nackten der Donauinsel ist Sexualität zwar nicht mehr ausdrücklich verpönt, aber kaum eingestanden. So verdrehen sich zwar viele Männer-Köpfe, wenn im seichten Wasser eine sich ‚ahnungslos' gerierende weibliche Schönheit auf hohen, wasserunempfindlichen Plastik-Stöckelschuhen balancierend dahinstakst, aber das Eingeständnis sexuellen Interesses bleibt aus. Verunsichernd würde es sich auf das unmittelbare Wohlbefinden und auf die Gewißheit des eigenen richtigen und moralischen Empfindens auswirken. Lust am Wasser als niedrige Begierde? Nacktheit an der Donau als erotische Augenlust, als aphrodisisches Erlebnis? Noch ist der Vorwurf unsittlicher Ent-

Sonne macht sinnlich. Vorsichtiges Experimentieren mit Sexualität an der Lobauer Dechantlacke zur Mitte der 80er Jahre (Aus: Keller 1985)

grenzungen beim beidgeschlechtlichen Nacktleben nicht verklungen. Sicherheitshalber zieht man sich auf den ‚Geist' der alten FKK zurück: Bei gemeinsamer Nacktheit hat es keine ‚niedrigen' sexuellen Affekte zu geben. Bislang experimentierten erst kleine Zirkel innerhalb der Wiener FKK (etwa an der Lobauer Dechantlacke, weniger jedoch auf der Donauinsel selbst) mit einem bewußten Bekenntnis zur Sexualität und Erotik. Die mit diffuser Angst verbundenen Gefühle von Scham und Peinlichkeit gegenüber öffentlich geschlechtlichen Erregungen oder Beischlafszenen bleiben bei der Mehrheit derer, die sich an der gegenwärtigen Wiener Freiluftbadekultur beteiligen, bestehen. Gelegentlicher vorsichtiger Enttabuisierung der Sinnlichkeit folgt keine ungehemmte Regellosigkeit, es kommt zu keinen anarchischen Orgien, die das herrschende System der sozialen Normen sprengen: Sexualäußerungen und erotische Handlungen verlaufen auch am weitläufigen, für etwaige Sittenwächter unmöglich kontrollierbaren Badestrand der Donauinsel eher zurückhaltend, nach verinnerlichten Regeln und Konventionen, nach bestimmten Riten und entsprechend zwischenmenschlichen Beziehungen, deren Ausformung nach geltenden Normen Sexualität zuläßt. Der Eros an der Donau konnte sein gesellschaftlich toleriertes Spektrum zwar erweitern, Sexualität wird vorsichtig zugelassen, hat aber eine andere Qualität als etwa auf einem vormärzischen Volksfest in Wiens Donauauen. Geschlechtliche Empfindungen und Verhaltensweisen äußern sich nicht mehr so spontan, hemmungslos, gierig, unbedarft oder naiv-fröhlich, sondern mit neuer internalisierter Norm, die insgesamt höhere Selbstdisziplin fordert und damit der Psychostruktur entsprechende Prägung verleiht.

Wenn auch ein neues Bekenntnis zur Sexualität oder wenigstens deren vorsichtige Enttabuisierung innerhalb der Freiluft- und Wildbadebewegung nicht imstande sein werden, die gesellschaftlichen Sittennormen aufzulösen, wird Lust am Wasser doch bereichert, wird vielfältiger und verhilft einer nicht unwesentlichen Komponente des Eros zu ihrem Recht.

Anmerkungen

1 Bächtold-Stäubli Hanns, Handwörterbuch des deutschen Aberglaubens, Herausgeg. v. Verband deutscher Vereine für Volkskunde, Bd. IX (Berlin 1939/41), S. 187
2 Zimbardo P. G./Ruch F. L., Lehrbuch der Psychologie. Eine Einführung für Studenten der Psychologie, Medizin und Pädagogik. 3. Aufl. (Berlin-Heidelberg-New York 1978), S. 301
3 Hauptarchiv Akte 11/1633, Archiv der Stadt Wien
4 Alte Registratur 80/1715, Archiv der Stadt Wien
5 Codicis Austriaci. Sammlung oesterreichischer Gesetze und Ordnungen. Supplementum Pars III, (Leipzig 1748), 18. Juni 1717, S. 871 f.

6 ebda., Supplement Pars II (Wien 1752), 7. Juli 1728, S. 497
7 Oeffentliche Bekanntmachung. In: Wienerisches Diarium, Nr. 59, 25. Heumonat 1781
8 Martin Alfred, Deutsches Badewesen in vergangenen Tagen (Jena 1906), S. 47
9 Nicolai Friedrich, Beschreibung einer Reise durch Deutschland und die Schweiz im Jahre 1781, Bd. III (Berlin-Stettin 1783—1796), S. 16 f.
10 Briefe eines Eipeldauers an seinen Herrn Vetter in Krakan über d' Wienerstadt. Aufgefangen und mit Noten herausgeg. v. einem Wiener. 21. Heft, 3. Brief (Wien 1795), S. 21
11 Bekanntmachung. In: Wiener Zeitung Nr. 74, 14. September 1799
12 Wertheim D. Z., Versuch einer medicinischen Topographie von Wien (Wien 1810), S. 27
13 Theweleit Klaus, Männerphantasien. 1. Frauen, Fluten, Körper, Geschichte (Hamburg 1980), S. 336
14 Circulare der k. k. Landesregierung im Herzogthume Oesterreich unter der Enns, 21. Aprill 1831, Archiv für Niederösterreich. K. k. Polizei-Ober-Directions-Akten, Karton Nr. 17 (1—72 000)
15 Einreichungsprotokoll der Polizei Direction Nr. 29 605, Fascikel 17, G-Index von 1833 „Polizeisachen", Archiv für Niederösterreich
16 Archiv für Niederösterreich. K. k. Polizei-Ober-Directions-Akten. Karton Nr. 17 (1—72 000)
17 Pezzl Johann, Neueste Beschreibung von Wien (Wien 1822), S. 181
18 Gross-Hoffinger A. J., Wien wie es ist. 2. Heft. Spaziergang durch die Vorstädte (Wien 1847), S. 30
19 Schrank Josef, Die Prostitution in Wien in historischer, administrativer und hygienischer Beziehung, Bd. 1 (Wien 1886), S. 311
21 Hartl Friedrich, Das Wiener Kriminalgericht. Strafrechtspflege vom Zeitalter der Aufklärung bis zur österreichischen Revolution (Wien-Köln-Graz 1973), S. 349 f.
21 Schrank, wie Fußn. 19, S. 369
22 Theweleit, wie Fußn. 13, S. 162
23 ebda. S. 280
24 Stifter Adalbert, Der Prater. In: Stifters Werke in 2 Bänden. Bd. 2 (Salzburg/Stuttgart o. J.), S. 980
25 List Guido, Zur Geschichte des Wassersports auf der Donau. In: Alt-Wien. Monatsschrift für Wiener Art und Sprache. Jg. 3, Nr. 10, October 1894 (Wien), S. 132
26 Pezzl Johann, Beschreibung von Wien. 7. Ausgabe, verbessert und vermehrt von Franz Ziska (Wien 1826), S. 644 f.
27 List, wie Fußn. 25, S. 132
28 Tanzer Gerhard, Spazierengehen — Zum ungewöhnlichen Aufschwung einer gewöhnlichen Freizeitreform im Wien des ausgehenden 18. Jahrhunderts. In: Beiträge zur historischen Sozialkunde. Jg. 12, Nr. 2, April—Juni 1982, S. 70
29 Allgemeine Theaterzeitung und Originalblatt für Kunst, Literatur, Mode und geselliges Leben. Herausgeg. v. Adolf Bäuerle. Jg. 26, Nr. 140, 13. Juli 1833, S. 564
30 Leitich Ann Tizia, Verklungenes Wien. Vom Biedermeier zur Jahrhundertwende (Wien 1942), S. 85
31 ebda.
32 ebda., S. 202
33 Pötzl Eduard, Ein Wiener Seebad. In: Pötzl Eduard, Wiener Tage

(Wien o. J.), S. 79
34 Adamec Otto, Florian Berndl. In: Keller Fritz (Hrsg.), Lobau — Die Nackerten von Wien (Wien 1985), S. 116
35 Der Lasterpfuhl an der alten Donau. In: Samstag (Samstagzeitung für Wien und Graz), 23. Mai 1959, S. 17
36 Pötzl, wie Fußn. 33, S. 80
37 Altenberg Peter, In einem Wiener Puff; s. S. 179
38 Siengalewicz, Zeno von, Donaufluten. Roman (Dresden 1903), S. 7—16
39 Pötzl, wir Fußn. 33, S. 76
40 Friedlaender Otto, Letzter Glanz der Märchenstadt (Wien 1985), S. 194
41 ebda., S. 185
42 Adamec, wie Fußn. 34, S. 118
43 Friedlaender, wie Fußn. 40, S. 185
44 Gensbaur Herbert Wilhelm, Die Entdeckung der Lobau. In: Licht und Sonne, Nr. 8, 1949, S. 2
45 Schnitzinger Anton, Entwicklung der Freikörperkulturbewegung in Österreich. In: Licht und Sonne. 50 Jahre Freikörperkultur. 1 Jahr INF/FNI (Wien 1954), S. 9
46 Keller Fritz, Freikörperkultur und Nackerte — Ein geschichtlicher Abriß. In: Keller Fritz (Hrsg.), Lobau — Die Nackerten von Wien (Wien 1985), S. 30
47 Reichenbach-Illig F. W., Schamlose Leute vor 55 Jahren. In: Der Sonnenmensch Helios, Jg. X, Heft 6, 1959, S. 5
48 Fischer Ernst, Krise der Jugend (Wien-Leipzig 1931), S. 62
49 Deutsch-Kramer Marie, Das Recht auf Schönheit. In: Die Unzufriedene, Jg. 9, Nr. 11, 21. März 1931, S. 3
50 Krabbe Wolfgang R., Gesellschaftsveränderung durch Lebensreform. Strukturmerkmale einer sozialreformerischen Bewegung im Deutschland der Industrialisierungsepoche (Göttingen 1974), S, 96
51 Mit uns zieht die neue Zeit. Arbeiterkultur in Österreich 1918—1934. Ausstellungskatalog (Wien 1981), S. 106
52 Neuigkeitswelt-Blatt, Nr. 162, 18. Juli 1934, S. 9, „Oesterreichischer Kneipp-Bund (Oberstleutnant Fritsch — Anhänger): Donnerstag 19. Juli, 14 Uhr, Endstation der Linie 24 (Kaisermühlen). Treffpunkt zu einem Badeausflug an die Donau. Anschließend Vortrag im Café Frotzler von Franz Kukula."
53 Heimatausschuß der Lehrerarbeitsgemeinschaften des XXI. Bezirkes, Der XXI. Wiener Gemeindebezirk. Ein Heimatbuch für Schule und Haus (Wien 1927), S. 188
54 Der Kuckuck, Jg. 3, Nr. 28, 12. Juli 1931, S. 14
55 Vgl. dazu: Eder Ernst Gerhard, Lobau-Indianer. Subkulturelle Lebensäußerungen mit Affinität zur Alternativbewegung (Dipl.-Arbeit, Wien 1983)
56 Dienstzettel vom 17. Mai 1934, A.(dministrations)B.(üro) 1015, Archiv der Bundespolizeidirektion Wien
57 Ausschnitt aus einer von den Verfassern gemachten Reihe lebensgeschichtlicher Interviews mit frühen FKK-Aktivisten.
58 Illustrierte Kronen=Zeitung, Nr. 12 717, 16. Juni 1935, S. 2
59 Safrian Hans, „Wir ham die Zeit der Orbeitslosigkeit schon richtig genossen auch", Ein Versuch zur (Über-)Lebensweise von Arbeitslosen in Wien zur Zeit der Weltwirtschaftskrise um 1930. In: Botz Gerhard/

Weidenholzer Josef (Hrsg.), Mündliche Geschichte und Arbeiterbewegung (Wien-Köln 1984), S. 314
60 ebda., S. 315 ff.
61 Russ Wolfgang, „Nein das vergeß' ich mein Lebtag nicht!" Arbeitslose aus den zwanziger Jahren erzählen ... In: Arbeiter Zeitung, 10. April 1987, Thema Nr. 15, S. VI
62 ebda., S. VII
63 Neues Wiener Journal, 24. Juni 1932, Nr. 13 862, S. 6
64 Der Kuckuck, Jg. 4, Nr. 34, 24. August 1932, S. 12
65 ebda., Jg. 2, Nr. 37, 14. September 1930, S. 14
66 ebda., s. 14
67 Lind A. J., Die Wiener Lobau. Eine historisch-biologische Studie. In; Der Sonnenmensch Helios, Jg. 9, Nr. 6, 1958, S. 5
68 Der Kuckuck, Jg. 3, Nr. 28, 12. Juli 1931, S. 14
69 Lind, wie Fußn. 67, S. 5
70 wie Fußn. 57
71 ebda.
72 ebda.
73 Theweleit, wie Fußn. 13, S. 439
74 ebda., S. 376
75 Altenberg Peter, Die Donauinsel „Gänsehäufel". In: Ders., Ausgwählte Werke in 2 Bänden. Aphorismen, Skizzen und Geschichten, Hrsg.: Dietrich Simon, Bd. 2 (München 1979)
76 wie Fußn. 57
77 ebda.
78 Österreichische Freikörperkultur, 2. Heft, Mai 1928, S. 2
79 ebda., S. 8
80 Frankfurter Bernhard, Von Bazillen und Bakterien, von Rasse, Volk und anderen Körpern. Die ‚Wandlung' des menschlichen Leibes durch die nationalsozialistische Ideologie. In: Waechter-Böhm Liesbeth (Hrsg.), Wien 1945 davor/danach (Wien 1985), S. 59
81 Gesetz und Freiheit. Blätter für völkische Leibeszucht und nordische Lebenshaltung (früher: Deutsche Freikörperkultur), Neblung 1936, o. Nr., S. 295
82 Adam Alfred, Erinnerungen an die zerstörte Lobau. In: Der Sonnenmensch Helios, Jg. 14, 1963, Nr. 114, S. 28
83 Weschel L. M., Die Leopoldstadt bey Wien (Wien 1824), S. 550
84 Etwa Bergenstamm, Alois Gruppenberger Edler von, Geschichte des unteren Werd oder die heutige Leopoldstadt (Wien 1812) oder Weschel ebda. Groppenberger berichtet von 40.000 Besuchern.
85 Pfeiffer Ida, Reise einer Wienerin in das heilige Land. 2. Teil (Wien 1844), S. 249. Zitiert nach Kaiser Franz, Die Brigittenau (Wien-München 1975), S. 32
86 Schrank, wie Fußn. 19, S. 378
87 Grün Heinrich, Geleitworte. In: Kocmata Karl F., Der Sumpf von Wien. Bilder eines Niederganges. 1. Heft. Stimmen aus der Zeit (Wien 1921), S. 1 f.
88 Fischer, wie Fußn. 48, S. 42 f.
89 Talos Emmerich/Votruba Gustav (Hrsg.), Perspektiven der Arbeitszeitpolitik (Wien 1983)
90 Qualtinger Helmut/Merz Carl, Der Herr Karl und weiteres Heiteres. 5. Aufl. (München 1964), S. 9 f.
91 Fischer, wie Fußn.48, S. 42

92 Theweleit, wie Fußn. 13, S. 439
93 Licht und Sonne, Mitteilungsblatt des Vereines für freie Körperkultur, Nr. 12, 1949, S. 6
94 Adam, wie Fußn. 84, S. 31
95 Licht und Sonne, Nr. 9, 1949, S. 5
96 Keller, wie Fußn. 46, S. 40
97 Huemer Peter, Die Angst vor der Freiheit. In: Jagschitz Gerhard/Mulley Klaus-Dieter (Hrsg.), die „wilden fünfziger Jahre". Gesellschaft, Formen und Gefühle eines Jahrzehnts in Österreich (St. Pölten-Wien 1985), S. 208, S. 200
98 wie Fußn. 57
99 Bouck Karl/Pruscha Josef/Prerovsky Gustav, Gesunderhaltung der Gesunden, Forderung der Gesundheit. In: Lettmayer Ferdinand (Hrsg.), Wien um die Mitte des XX. Jahrhunderts (Wien 1958), S. 516, 518
100 Adam, wie Fußn. 84, S. 32
101 Redl Leopold/Wösendorfer Hans, Die Donauinsel. Ein Beispiel politischer Planung in Wien (Wien 1980), S. 348
102 Bezirksjournal extra, Jg. 1986, Nr. 4, S. I
103 ebda.
104 Schrage Dieter, Alltagskultur in Wien: Donauinsel als sozialpsychologisches „Entlastungsgerinne". In diesem Band, S. 147
105 wie Fußn. 101
106 Krumbach Helmut, Kleidung ist kein Fortschritt. Zur Diskussion gestellt: Naturgemäß leben — Gedanken zum „modernen Trend". In: Freikörperkultur, Organ des deutschen Verbandes für Freikörperkultur (DFK), Nr. 9, September 1984, S. 212
107 Jugend nimmt zum Nacktbaden Stellung! Einige Interviews aus dem „Rennbahn Express". In: nahtlos braun. Informationsblatt für FKK-Freunde des Österreichischen Naturistenverbandes, Nr. 111, Mai—Juni 1984, S. 6

Donau-Oder-Kanal

ZUR ÖKOLOGIE DER DONAUAUEN

Hermann Schacht

Bei dem Wort Au im landläufigen Sinn denkt man in erster Linie an Wälder, vielleicht an stehende und fließende Gewässer, die in diese Waldflächen eingebettet sind — und natürlich an Gelsen. Als Au bezeichnet man jene Teile eines Tales (einer Landschaft), die von Hochwässern überflutet werden (können).
Im wissenschaftlichen Sinn umfaßt der Begriff „Au" ein sehr komplexes, vielschichtiges und nahezu unentwirrbar vernetztes Ökosystem, das vor allem vom Faktor Wasser — fließend oder stehend, Hochwasser oder Niedrigwasser, Oberflächen- oder Grundwasser — bestimmt und erhalten wird. Dieses „Ökosystem Au" ist eine in sich verwobene Einheit aus tierischen und pflanzlichen Organismen und deren Umwelt. Innerhalb des Ökosystems, besser: Ökosystemkomplexes finden sich Vergesellschaftungen von Pflanzen und Tieren (der wissenschaftliche Begriff dafür: Biocoenosen) in ganz bestimmten, für diese Organismengesellschaft notwendigen Lebensräumen oder Biotopen. Diese Biotope erfüllen sozusagen die Ansprüche und Lebensnotwendigkeiten aller in ihnen lebenden Organismen — Pflanzen wie Tiere. Die Biotope werden aber auch von den Biocoenosen beeinflußt und verändert. Diese Ökosysteme sind also keine starren, bis in alle Ewigkeit festgelegten Kreisläufe, sondern selbstregulierend und in ständiger Veränderung begriffen — in einer Entwicklung zu einem End- und Optimalzustand, der aber meist nicht erreicht wird.
Wie verschieden die einzelnen Ökosysteme, Biotope und Biocoenosen in einer Au auch immer sein mögen — sie hängen von der Wasserführung eines Flusses, von seiner Aktivität und dem von ihm beeinflußten Grundwasserkörper ab. Wasser ist also der Lebensnerv im Ökosystem Au.
Die Auen im Raum Wien unterliegen trotz der Donauregulierung vor etwa hundert Jahren und der damit verbundenen Veränderung natürlicher Verhältnisse im Flußregime, in weiten Teilen immer noch einem ständigen Wandel. Bei stärkeren Hochwassern unterspült der Fluß an den Prallhängen den von ihm selbst aufgelandeten Uferkörper und die darauf stockende Vegetation, trägt Landteile ab, um dort, wo sich die Strömungsgeschwindigkeit des Flusses verringert, etwa in Innenkurven oder bei Hindernissen, das abgetragene Schottermaterial wieder abzulagern. Der langsamere Strom hat nicht mehr die Kraft, den Schotter mitzuführen, zu transportieren: Seine Schleppkraft, wie es im Fachjargon heißt, hat abgenom-

men. So entstehen immer wieder neue Landflächen, Sand- und Schotterbänke, andere hingegen verschwinden.
Dieses Abtragen von Uferteilen und die Neubildung von Sand- und Schotterbänken wird als Dynamik des Fließgewässers bezeichnet, von dem die später zu besprechende Dynamik der Flußau ursächlich abhängt. Vor der Regulierung der Donau war es durchaus normal, daß bei größeren Hochwasserereignissen der Strom stellenweise sein Bett zur Gänze verlagerte, das ehemalige Strombett zu einem Nebenarm oder Altarm wurde, also zu einem meist nicht mehr durchflossenen Stillgewässer.

Damit sind wir bereits bei einem weiteren Gesichtspunkt, der gerade den Ökosystemkomplex Au prägt: die Vielfalt unterschiedlicher Lebensräume. Auf den ersten Blick mag der Lebensraum — Wasser oder Land — einheitlich erscheinen, bei genauerer Beobachtung sind die Lebensräume vielfältig und unterschiedlich. Dazu einige Beispiele, welche die Mannigfaltigkeit der Gewässerökosysteme beschreiben sollen: zuerst einmal ist zwischen fließenden, zeitweise fließenden und stehenden Gewässern in einer Au zu unterscheiden. Der Hauptfluß — die Donau — ist als fließendes Gewässer weiter in sich gegliedert. Es sind tiefere Kolke und flachere Stellen, sogenannte Furte, mit jeweils unterschiedlicher Fließgeschwindigkeit zu unterscheiden. Ehemalige Betten der Donau — etwa die Nebenarme — können gleichfalls ständig durchströmt werden, jedoch im allgemeinen mit geringerer Geschwindigkeit als der Hauptstrom. Andere Teile werden wiederum nur bei normalen Hochwassern, wieder andere bei selten auftretenden Spitzenhochwassern durchflossen. Die Zusammensetzung und Veränderung der Lebewelt eines Stillgewässers hängt von seiner Bestandsdauer ab. Eine weitere Differenzierung ergibt sich aus der Wassermenge und der Tiefe sowie aus der Dauer der Wasserfüllung. Viele Kleingewässer im Aubereich sind nur vorübergehend mit Wasser gefüllt, wie etwa Autümpel oder Mulden, die nach einem Hochwasser allmählich wieder austrocknen. Auch dies bedingt besondere, angepaßte Vergesellschaftungen von Tieren und Pflanzen.
Ähnlich verhält es sich im Landbereich, wo das Spektrum der Biotope von vegetationslosen, frisch geschaffenen Schotter- und Sandbänken bis hin zu tropisch-urwaldartig anmutenden Wäldern, von üppig nassen Schilf- und Sumpfwiesen bis zu steppen- oder savannenartigen Trockengebieten, den Heißländs, reichen. Die Entstehung der Trockengebiete innerhalb eines Feuchtgebietes Au ist einfach zu erklären: Bei Katastrophenhochwassern, die alle paar Jahrhunderte einmal auftreten, werden an manchen Stellen sehr hohe Schotterbänke aufgeschüttet. Nach dem Rückgang des Hochwassers auf den Normalwasserstand liegt das Grundwasser so tief, daß für die feuchtigkeitsliebende Vegetation kaum mehr Chancen bestehen, mit ihren Wurzeln an das Wasser heranzukommen.
Grundwasser — der zweite Lebensfaktor — ist ein auslösendes

Moment großer Biotopvielfalt. Neben der bereits beschriebenen Dynamik des Flusses, die durch unterschiedliche Wasserstände bedingt ist, ist die Entfernung des Grundwasserspiegels von der Oberfläche, der sogenannte Flurabstand, für jede Auvegetation bestimmend. Liegt das Grundwasser sehr nahe an der Oberfläche, so können diese Bereiche von feuchtigkeitsliebenden beziehungsweise feuchtigkeitsertragenden Gehölzen (Pappeln, Erlen und ähnliche) besiedelt werden. Wir sprechen dann von der „weichen Au", da diese Gehölze zu den sog. Weichholzarten gezählt werden. Bei größeren Flurabständen setzen sich mehr und mehr die Harthölzer wie Esche, Ulme, Eiche und so weiter durch — wir sprechen nun von der „harten Au".

Diesen dauernd wechselnden und meist unberechenbaren Bedingungen sind jene Lebensgemeinschaften der Pflanzen- und Tierwelt unterworfen, die im Ökosystemkomplex Au leben. Die meisten haben sich dieser Situation angepaßt, sind geradezu Spezialisten für diese Bedingungen geworden. Sie können beispielsweise längere Überflutungen überstehen, sich rasch wieder regenerieren, Lebensräume zurückerobern, die durch Hochwasserereignisse verloren gegangen sind oder längere Trockenperioden bewältigen: Die extremen Lebensverhältnisse und die große Spannweite der Standortfaktoren haben zur Entwicklung von Experten in der Tier- und Pflanzenwelt geführt.

Diese Standortnachteile werden zum Teil durch die besonders vorteilhaften Ernährungsbedingungen der Au wettgemacht. Bedingt durch wiederholte Überschwemmungen können sich in Augebieten zwar kaum richtige Böden entwickeln — diese werden bereits in ihren Ansätzen vom Hochwasser weggespült, doch bringt jede Überschwemmung mineralische oder organische Feinteile, das heißt organische Dünger, mit sich, die sich im Aubereich ablagern. Man kann geradezu von einer natürlichen Düngung der Au sprechen.

Die Dynamik der Ökosysteme eines Augebietes führt zu einer Vielfalt von Biotopen und zu einem hohen Artenreichtum, was die Auen als Ganzes zu den ökologisch hochwertigsten Gebieten unseren Landes, ja unserer Erde werden läßt.

Dieselbe Dynamik ist es auch, die Auen zu den gefährdetsten Ökosystemkomplexen macht: Überschwemmungskatastrophen haben sehr früh zur „Zähmung" der Flüsse und Bäche durch Regulierungen und Hochwasserschutzdämme und damit zur „Kultivierung" ehemaliger Augebiete geführt. Heute zählen Naturlandschaften wie Auen mit halbwegs intakter Dynamik bereits zu den Raritäten innerhalb unserer intensiv genutzten Kulturlandschaft. Fachleute vertreten die Ansicht, daß unsere Auen bei Wien die letzten dieser Art und dieses Ausmaßes in Mitteleuropa sind. Ihre Erhaltung wäre nicht nur eine nationale, sondern eine internationale Aufgabe.

STROMLANDSCHAFT UND DONAUAUEN BEI WIEN

Hans Wösendorfer

Kronprinz Rudolf von Österreich bereiste mit dem Zoologen Brehm zur Zeit der Herstellung des Wiener Donaudurchstiches die Auwälder der Donau bei Wien, und sie veröffentlichten ihre „Ornithologischen Beobachtungen ..." im Journal für Ornithologie (Vogelkunde) im April 1897. Einleitend schrieben sie:
„Wenig Städte Europas dürfte es geben, deren Umgebung eine so reiche Ornis aufzuweisen hat wie Wien. ... Die Hauptstadt bietet die vortrefflichste Gelegenheit zu ebenso lohnenden als wenig zeitraubenden Ausflügen. Wohl der lohnendste von allen ist der, welcher sich nach den Auwaldungen richtet. Diese Wälder, im Munde des Volkes kurzweg „Auen" genannt, beginnen eigentlich bereits im allbekannten Prater und erstrecken sich von hier aus in einer mehr oder weniger wechselnden, immer aber bedeutenden Breite längs beider Ufer der Donau, abwärts bis zur Stromenge bei Preßburg, aufwärts fast ununterbrochen bis in die Gegend von Krems. Ihr Charakter ist in dieser ganzen Ausdehnung derselbe. Die Mitte etwa wird durch den Hauptstrom bezeichnet, welcher rechts und links ein Gewirr von breiteren und schmäleren, tieferen und seichteren Armen entsendet, von denen die einen rasch dahinfluthen, die anderen stehende Lachen bilden. Dazwischen erheben sich zahl- und namenlose, große und kleine Inseln mit sandigen oder hohen Ufern, welche größtentheils am unteren Ende in langgestreckte Sandbänke auslaufen und auch hier wiederum Raum zu kleinen, freien oder umbuschten Lachen geben. Der rastlos arbeitende Strom verändert, gestaltet und vernichtet fortwährend. Inseln, welche noch vor wenigen Jahren von breiten Stromarmen umgeben wurden, liegen jetzt tief im Lande, und Felder, auf denen man noch vor einigen Jahren erntete, sind entweder zu Inseln umgewandelt, oder aber gänzlich weggeschwemmt und die Stellen, auf denen sie gelegen, gegenwärtig zu einem Donauarme oder einer Lache geworden."
In mehreren Bauabschnitten wurde um die Jahrhundertwende das Mittelwasserbett der Donau zwischen Wien und der Marchmündung durch die Herstellung von Leitwerken, Verlandungs- und Uferdeckwerken festgelegt. Sonnenverbrannte, ausgemergelte Arbeiter ruderten in hölzernen Steinzillen hunderttausende Tonnen von Blocksteinen heran, leerten sie mit Scheibtruhen über schwankende Stege ans Ufer oder in den Strom. Nach dem verheerenden

Hochwasser von 1899 ging man daran, den Marchfeldschutz bis zur March zu vervollständigen. Die Zusammenfassung der Donauarme zu einem Hauptbett der Donau, dessen spätere Niederwasserregulierung und die Eingrenzung des Hochwasserabflußgebietes bewirkten eine tiefgreifende Veränderung der Landschaft, ohne allerdings die grundlegenden ökologischen Stellgrößen außer Kraft setzen zu können.

Prater und Lobau sind für die Wiener der Inbegriff einer Au. Beide sind heute von der Dynamik des Donaustromes weitgehend abgeschnitten. Zwischen der rechtsufrigen Geländehochkante und dem nördlich der Donau gelegenen Marchfeldschutzdamm erstreckt sich jener Teil der rund zehntausend Hektar Auenlandschaft östlich von Wien, der von häufigen Hochwassern der Donau und von einem hochanstehenden, schwankenden Grundwasserspiegel stark beeinflußt ist. Von einer Naturlandschaft, wie sie Kronprinz Rudolf beschrieb, ist nur mehr in eingeschränktem Maße zu sprechen, doch ließ die Regulierung noch Raum genug für eine Restdynamik, wie der Ökologe sagt.

Die Uferlandschaft des Stromes, die dahinter liegenden Auwälder, Auwiesen und die Auengewässer bilden in ihrem Zusammenwirken die Au. Durch den Einfluß des Stromes und die Gesetzmäßigkeiten der Vegetationsentwicklung stehen das Wasser- und das Landökosystem, stehen die zahlreichen, unterschiedlichen Wald-, Wiesen- und Wasserbiotope unmittelbar oder mittelbar miteinander in Verbindung. Die Vielfältigkeit bewirkt den ästhetischen, die Differenziertheit der Biotope im Rahmen eines spezifischen Wasserhaushaltes den ökologischen Wert dieser Naturlandschaft.

Der Auwald

„Au" ist Wasserwald, Überschwemmungswald, nicht einfach eine unstrukturierte, monotone Wildnis. Ohne menschlichen Einfluß bilden sich in Abhängigkeit von der relativen Höhenlage der Standorte zu gewissen Wasserständen und von der Zeitfolge unterscheidbare, natürliche Auwaldgesellschaften.

Das frisch abgelagerte Sediment des Stromes bedecken als Anfangsgesellschaften: die Purpurweidenau auf Schotter, die Silberweidenau auf Sand und Aulehm, die Schwarzpappelau auf hoch aufgeschütteten Sandwällen am Ufer.

Nach etwa hundert Jahren brechen diese Bestände zusammen: Weißpappeln, Grauerlen und Traubenkirschen — allmählich eingewandert — beherrschen die nächste Baumgeneration: Es bildet sich die Pappelau, dem stark welligen Bodenprofil entsprechend, in unterschiedlichen Feuchtigkeitsgraden.

Allmählich verebnet sich das Gelände durch Ablagerungen der Hochwasser, es reifen die Böden, und die Zahl der Tier- und Pflanzenarten erhöht sich. Mit dem Eindringen von Stieleiche, Edel-

Auwald

esche, Feldulme und Feldahorn gehen die Weichen Auen in die Harte Au über.

Im Vergleich zum Erscheinungsbild der Auen vor der ersten Regulierung sind zwei Aspekte hervorzuheben: Einst großflächige Abtragungs- und Aufschüttungsvorgänge beschränken sich heute auf kleine Bereiche im Hauptbett. Und: Der Großteil der Auwälder ist regelmäßig forstlich bewirtschaftet, sodaß naturnahe Auwälder sich meistens randseitig und entlang der Gewässerufer befinden.

Der Auwald ist flächenmäßig der bedeutenste Biotop. Rund achtzig Prozent seiner Flächen östlich von Wien werden regelmäßig überschwemmt, zwanzig Prozent der Flächen, die außerhalb des Hochwasserschutzdammes liegen, sind ökologisch geschädigt. Weitverbreitet sind Pappelauen, in denen die Forstwirtschaft zum Teil großflächig Kanadapappelplantagen anlegte, vor allem am rechten Donauufer. Linienhaft entlang der Ufer, Gräben, Altarme befinden sich Silberweidenauen. Größere, gut durchmischte Hartauwälder (Stieleiche, Edelesche, Winterlinde et cetera) liegen hauptsächlich am nördlichen Donauufer, je zur Hälfte innerhalb beziehungsweise außerhalb des Hochwasserschutzdammes. Auf hochaufgeschütteten Schotterplatten befinden sich Heißländs mit Weißdornbusch und Halbtrockengesellschaften, die sich in „abgedämmten Auen" sekundär ausbreiten.

Die Uferlandschaft

Am stärksten repräsentiert ist die ursprüngliche Auendynamik in der Uferlandschaft des Stroms, wie sie sich seit der ersten Regulie-

Anlandung im Augebiet

rung im Zusammenwirken von menschlichem Einfluß, natürlichen Kräften des Stromes und der Vegetationsentwicklung herausgebildet hat. Sie ist durch das Vorhandensein von Sand- und Schotterbänken, von Halbinseln und Inseln gekennzeichnet, auf denen alle Stadien der Pionier- und Anfangsgesellschaften der Aufschüttungen und Anlandungen des Stromes vorzufinden sind.
Pro Stromkilometer gibt es bei Niederwasser rund vier Hektar Flachwasserzonen und ebensoviele vegetationsfreie Schotter- und Sandbiotope. Auf Buhneninseln, Leitwerksverlandungen, Halbinseln und Inseln stockt zwischen Wien und Marchmündung rund hundertzwanzig Hektar Weiche Au, die unmittelbar unter Strömungseinfluß steht. Altbaumreihen und Waldsäume naturnaher Auwälder begleiten auf weiten Strecken unmittelbar die Uferhochkante. Sie ist bei höheren Wasserständen von Fluß- und Altarmmündungen, Einströmlücken und Überströmbereichen mehrfach unterbrochen. Die begleitenden Ufer befinden sich etwa in der Höhe des höchsten schiffbaren Wasserstands und werden in der Regel einmal pro Jahr vom Hochwasser überströmt. Ein häufiger Wasseraustausch von Strom- und Nebengewässern findet linksufrig an etwa fünfzehn, rechtsufrig an rund fünfundzwanzig Stellen statt (H. Wösendorfer und S. Leberl, 1987), so daß es trotz einer latenten — und viel diskutierten — Selbsteintiefung der Stromsohle bisher zu keiner Schädigung der Auenvegetation durch eine Wasserspiegelabsenkung oder durch eine Verringerung des Hochwassereinflusses gekommen ist. Ausnahmen sind die durch Dämme vom Strom abgegrenzten Auen der Lobau, des Praters und außerhalb des Marchfeldschutzes.

Die Augewässer

Im wesentlichen gibt es:
— breite, bei hohen Wasserständen stark durchströmte Nebenarme, in denen Erosions- und Sedimentationsvorgänge überwiegen (vor allem hinter dem südlichen Donauufer);
— breite, in Verlandung begriffene Altarme mit Röhricht und Teichrosengesellschaften; und zwar sowohl solche im Überschwemmungsbereich des Stromes, als auch solche außerhalb des Hochwasserschutzdammes (vor allem nördliches Donauufer);
— schmale vom Hochwasser stark durchströmte Altarme, die bei Niederwasser bis auf die Furten auslaufen und die in der Regel beschattet im Auwald liegen;
— zeitweilige Gewässer als Tümpel in Mulden und Gräben, kleine Röhrichte;
— Zulaufrinnen von Strom in die Altarme und Nebenarme zwischen Uferlandungen und dem Hochufer.

Teich im Augebiet

Vereinheitlichungen der Gewässer im Hochwasserfall und Individualisierung einzelner Abschnitte bei Niedrigwasser wechseln im Zeitverlauf. Hoher Nährstoffeintrag bei Hochwasser und Mineralisation der organischen Substanz trockenfallender Altwässer sind ein weiteres Grundprinzip der limnologischen Dynamik der Auenwasser.

Die Auwiesen

Die Wiesen sind zum geringeren Teil feuchten, zum größeren Teil frischen Charakters. Entlang des Hochwasserschutzdammes, auf hochgelegenen Niveaus und in den abgedämmten Auen sind Wiesen mit Halbtrockengesellschaften (Mesobrometum) die Regel. Die Wiesen werden teilweise in Wild- oder Maisäcker umgewandelt. Der Außenrand des Donauwaldes bildet eine harte Grenze zum Ackerland. Lediglich an der March gibt es große, feuchte bis sumpfige Überschwemmungswiesen.

Seit meiner Kindheit in Mautern an der Donau fühle ich mich mit der Donaulandschaft innigst verbunden. Die Auen in und bei Wien kenne ich seit meiner Studentenzeit. Mein persönlicher Wunsch wäre es, daß die Aulandschaft bei Wien, so wie sie ist, in einem Nationalpark erhalten würde. Erst langsam wird ihr Wert der Öffentlichkeit bewußt und der Naturwissenschaft meßbar. Und bezeichenbar, meßbar werden nun auch die Landschaftsverluste, die durch einen energietechnischen Ausbau der Donau in diesem Abschnitt erfolgen würden.

Als fachlich für Biotopschutz und Landschaftspflege in der Wasserstraßendirektion, dem ehemaligen Bundesstrombauamt, Verantwortlicher, stehe ich sozusagen in einer Zwickmühle. Einerseits bin ich — wie hier — bemüht, die Werte der Naturlandschaft am Strom zu vermitteln, und setze mich für den Schutz der natürlichen Landschaftselemente an Donau und March ein. Andererseits muß ich für allfällige Kraftwerksbauten abwärts von Wien Planungskonzepte entwickeln, die solche Laufkraftwerke landschaftsästhetisch oder -ökologisch verträglicher machen sollen.

Durch Kraftwerke würden meines Erachtens Landschaft und Ökologie dieser Auen weitgehend zerstört. Die ökologischen Schäden und ästhetischen Einbußen könnten nur dann in Grenzen gehalten werden, wenn diese Stauräume umfassend nach ökotechnischen Grundsätzen und mit viel Detailplanung gestaltet würden: Volle Erhaltung des Hochwassereinflusses und der Kontaktstellen von Strom und Nebengewässern, umfassende Gestaltung des Wasserraumes, der Ufer und Dämme im Stauraum, Erhaltung und Schaffung von Pionierstandorten im Strom; Maßnahmen zur Steuerung der Grund- und Hochwasserdynamik auf wissenschaftlicher Grundlage.

Literatur

Kronprinz Rudolf von Österreich und Brehm, Ornithologische Beobachtungen in den Auwäldern der Donau bei Wien; Journal für Ornithologie 27, Nr. 146, April 1879, S. 97—129.

Margl, H., Die Ökologie der Donauauen und ihre naturnahen Waldgesellschaften; Naturgeschichte Wiens, Band 2, 1972, S. 675—706.

Wösendorfer, H., und Leberl, S., Landschaftsökologie Donaustrom und Uferzonen von Wien bis zur Marchmündung, Studie der Abteilung 24, Wasserstraßendirektion, Wien, Mai 1987.

WIENER DONAUFISCHE — EIN WENIG HEROISCHES KAPITEL ZIVILISATIONSGESCHICHTE

Ernst Gerhard Eder

Um die Fischfauna von irreversibler Dezimierung und damit die Gesellschaft vor Vernichtung eines damals wichtigen Grundnahrungsmittels zu bewahren, mußte Kaiser Maximilian I. am 24. Februar 1506 eine im besonderen auf Tiroler Verhältnisse gemünzte, dennoch auch für den Wiener Raum gültige Fischereiverordnung erlassen, in der saisonale Fangverbote ausgesprochen und Brittelmaße für die versorgungspolitisch relevanten, wirtschaftlich ertragreichen Gutfische und Mittelfische festgesetzt wurden. Ein Patent Maria Theresias vom 21. März 1771 zeigt die Bedeutung der Fischgründe für die Nahrungsversorgung. Weder Fischer noch Fischhändler durften „edle Brut" unter zirka achtunddreißig Dekagramm, Rutten, Aalraupen, Schleien, Zingeln, Perschlinge und dergleichen nicht unter zwölf Dekagramm fangen oder feilhalten. Auf Übertretung standen zwölf Taler Strafe.[1]

Im Raum Wien sollte von den Polizeiwachen gegen das Schwarzfischen eingeschritten werden. Fischen ist seit Jahrhunderten nicht nur Wirtschaftsfaktor, sondern auch Jagdspaß. Ein Circulare der kaiserlich-königlichen Landesregierung im Herzogtum Österreich unter der Enns vom 9. März 1799 befand:

„*Die Erfahrung lehrt, wie allgemein man sich des Fischens sowohl in Baechen, Fluessen, als selbst in der Donau anmasset. ... der Nachwuchs der Fische wird beynahe gaenzlich vernichtet; ... ja einige* (Menschen; Anmerkung des Verfassers) *haben sogar, da sie zu unbesonnen ihre Liebhaberey verfolgten, ihr Leben verloren. In Erwägung dieser Umstände wird das Verboth des unbefugten Fischens erneuert, und einem jeden, der dagegen handelt, nicht nur sein Fangzeug ... hinweggenommen, sondern derselbe (soll) noch mit Arrest, oder am Gelde gestraft werden."*[2]

Die Bedeutung der Donaufischerei in der Nähe Wiens war während des Mittelalters und der Neuzeit groß. Fast in jedem kleinen Ort am Strom gab es zahlreiche Berufsfischer, die häufig in Zünften zusammengeschlossen waren und einen ansehnlichen Stand darstellten. Im Weichbild der Stadt entstanden ganze Fischerdörfer wie etwa im ausgehenden Mittelalter auf dem *Oberen Werd*, der späteren *Roßau*, deren Bewohner ihren Lebensunterhalt damit bestritten,

die Stadt mit frischen Donaufischen zu versorgen. Von den Fischerfamilien, in welchen sich fachliches Können und berufliche Erfahrung von einer Generation zur anderen vererbten, wurde der oftmals in der Nacht getätigte Fang in den frühen Morgenstunden mit Boot oder Pferdefuhrwerk auf den Hohen Markt gebracht. Dort verteilte man die Fische zum Verkauf in Holzbottiche, die ständig mit Frischwasser aus der Röhrenwasserleitung aus dem Gebiet der Grundherrschaft Hernals gespeist wurden.
Fischgerichte waren dem Wiener seit eh und je vertraut; so hat der Fisch auch den sozialen Aufstieg des Bürgertums mitvollzogen und ist zum Spitzengericht auf der bürgerlichen Speisekarte geworden. Die allmähliche Durchsetzung christlicher Fastengebote dürfte sich auf die Fischverzehrkultur im Verlauf der Neuzeit günstig ausgewirkt haben. Wolfgang Schmeltzl berichtete in seinem „Lobspruch der ... Stat Wien in Oesterreich" von 1547 von „der selten Fische große Menge" am Wiener Fischmarkt, die vorwiegend aus Donaufischen der nahen Umgebung, Hausen, Zander, Groppen, Gründ-

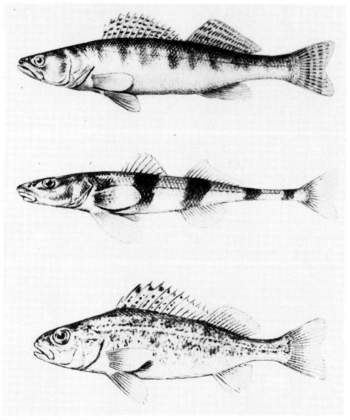

Zander, Streber, Kaulbarsch

linge, Pfrillen, Donaukarpfen, Hechte, Forellen, Huchen, Donauheringe und Theißkarpfen, bestand. Der Berliner Fernreisende Friedrich Nicolai hielt das Donaufischangebot in einem Wiener Wirtshaus an einem Fasttag zur Zeit Josephs II. fest: Fischeingeweidesuppe; gekochte Fische mit Beilagen: Hecht mit Muscheln, Zander, Wels, Donaukarpfen, Donauschnecken und gebratene Fische: Hausen, Stör und Dick und Beluga (Kaviar aus dem Rogen des Hausens). Im Biedermeier finden sich nicht nur erstmals das in bürgerlichen und aristokratischen Haushalten aufkommende Fischservice mit Vorlegbesteck, sondern auch voluminöse Kochbücher mit vielfältigen Zubereitungen von Hecht, Zander, Karpfen, Forellen, Theißkarpfen, Gründlingen, Aalen, aber auch Schildkröten, Muscheln, Krebsen, Fröschen und Schnecken aus den Altwässern der Donauauen [3]. Nachfrage und Fischverzehrgewohnheiten voriger Jahrhunderte, die auf den Artenreichtum der Donau angewiesen waren, erstreckten sich nicht allein auf die Ausbeute des relativ bequemen Fangs der Gutfische wie Hecht, Wels, Huchen, Stör, Sterk, Dick, Waxdick, Glattdick, Hausen, Zander, Schied, Forelle, Karpfen oder Sterlet direkt vor den Toren Wiens, sondern auch auf kleine Sorten, die heute kaum mehr beachtet werden, wie Maifisch, Sichling, Schleie, Flußneunauge und diverse Weißfische [4].
Seit dem Ende des 19. Jahrhunderts starben mehr als ein Drittel der über achtzig verschiedenen Fischarten in der Wiener Donau [5] aus. Diese Entwicklung ging mit menschlichen Eingriffen in die Natur- und Flußlandschaft und somit mit gesellschäftlichen, industriekapitalistischen und zivilisatorischen Entwicklungsprozessen Hand in Hand. Sie nahm ihren Anfang während der großen Donauregulierung von 1870—75, wobei als eindrucksvollstes Beispiel das kontinuierliche Seltenerwerden des berühmten *Donaulachses*, des Huchens, zu verzeichnen war. Und nicht nur diese Fischart wäre ohne ständige „Blutauffrischung" längst ausgestorben. Daß trotzdem noch in den ersten Jahrzehnten nach der Donauregulierung eine wirtschaftlich ertragreiche Fischfauna in der wiennahen Donau existiert haben muß, läßt das „Statut für die Genossenschaft der Donaufischer, Fischkäufler und Fischhändler in Wien und dessen Umgebung" vermuten. Die von der kaiserlich-königlichen niederösterreichischen Statthalterei am 11. November 1885 genehmigte Genossenschaft sah ihren Zweck in der „Pflege des Gemeingeistes und der Erhaltung und Hebung der Standesehre unter den Genossenschaftsmitgliedern, sowie die Förderung der gemeinsamen gewerblichen Interessen der Mitglieder".
Immerhin verkaufte man auf dem Wiener Fischmarkt am *Schanzel* am Donaukanal zur Jahrhundertwende noch etliche, allerdings in zunehmenden Maß aus Ungarn stammende Donaufische wie Aal, Barbe, Barsch, Brachsen, Forelle, Hausen, Hecht, Huchen, Karpfen, Saibling, Wels, Zander, Schleie, Sterlet, Weißfische, so wie Frösche, Krebse und Schildkröten [6]. Noch fing man auch im Raum Wien Nerflinge, Lauben (aus deren Schuppen die Perlenessenz

Guanin für die Herstellung künstlicher Perlen gewonnen wurde, mit der in Wien eine umfangreiche Hausindustrie beschäftigt war), Europäische Sumpfschildkröten; rezente Einwanderer vom Schwarzen Meer, wie Meeräsche, Donauhering und Nasengrundel oder Reliktarten aus dem Tertiär, wie den ungarischen Hundsfisch und die Donauschnecke[7]. Bis 1916 gelangten selbst die großen Verwandten des Störs, nämlich Hausen, Sternhausen und Waxdick vereinzelt bis knapp unterhalb von Wien. Aus den Berichten des Wiener Zentralfischmarktes läßt sich etwa seit der Jahrhundertwende die Abnahme der Fischereierträge deutlich feststellen. Huchen und Sterlet zum Beispiel, die früher in oft recht erheblichen Mengen angeliefert worden waren, wurden selten. Bis 1920 gab es wöchent-

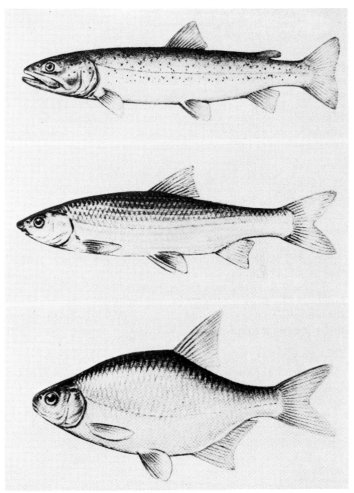

Huchen, Nase, Brachse

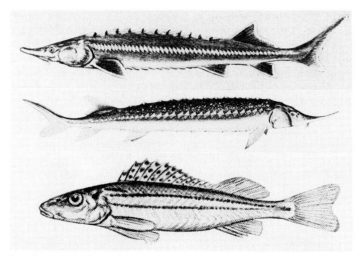

Sternhausen, Sterlet, Schrätzer

lich bis zu neunzig Kilogramm Sterlet auf dem Markt, der größtenteils von Donaufischern aus dem Wiener Gebiet stammte, nach dem zweiten Weltkrieg konnten nur mehr einige Stücke pro Jahr erbeutet werden [8]. 1942 fischte man in den gesamten Wiener Fischgewässern noch 28.000 Kilogramm pro Jahr [9], 1950 nur mehr 20.000 [10], obwohl die Wiener Landesregierung in Anbetracht der sich mildernden Nachkriegsnot und aufgrund des Wiener Fischereigesetzes den Verkauf von Fischen sowie „deren Verabreichung in Gaststätten" während der Schonzeit und unter dem Brittelmaß verboten hatte [11]. Überdies hatten die Kommandanten des Wiener Inter-Alliierten Kommandos vereinbart, „das Fischen mit Chlorkalk und Netzen den Angehörigen der Besatzungsmächte zu verbieten" [12]. Aber sämtliche Verbote und Verordnungen kamen zu spät, um den Fischbestand zu retten, und die beginnende Nachkriegskonjunktur, in der wiederauflebende Gewerbe und Industrien, aber auch neue Konsumgewohnheiten eines bescheidenen Wohlstands die Gewässer mehr denn je verunreinigten, besorgte ein übriges.

Kam die Berufsfischerei im Raum Wien nach dem zweiten Weltkrieg wegen des eklatanten Ertragsrückgangs völlig zum Erliegen, so nahm die Sportfischerei ihren Aufschwung. Die erste Sportfischertagung fand am 15. März 1942 in Wien statt, Anfang der siebziger Jahre gab es in Wien bereits dreitausendfünfhundert Fischereikartenbesitzer (vgl. Fußnote [4], S. 568), davon zirka dreihundertfünfzig Daubelfischer. Die Angler zogen sich lieber an die Altwässer zurück, denn der kulinarische Genuß der Erträge des Stromes war bereits ein zweifelhaftes Vergnügen geworden. Am 4. März 1971 wurde der Fischbestand des Zentralfischmarktes am Schanzel-Ufer bei der Salztorbrücke wegen Salmonellenbefalls beschlagnahmt. Die gefangenen Lebendfische wurden im großen, direkt im fließenden Wasser angebrachten, markteigenen Fischkalter vis-a-vis dem Schleusenhaus gehalten. Dies war das Ende des Zentralfischmarktes: am 19. März 1971 wurde die wasserrechtliche Bewilligung für den Fischmarkt, am 22. März 1971 die Bewilligung für die Fischkalterung im Donaukanal aufgehoben [13].

Die Fischerei im Strom und im Donaukanal war durch die Einleitung hochbelasteter Stadtabwässer und durch das wegen der verminderten Selbstreinigungsfähigkeit der Donau bereits verschmutzt heranfließende Flußwasser stark beeinträchtigt, stellenweise sogar verunmöglicht worden.

„Kraftwerksbauten und noch mehr die potentielle Gewässerverschmutzung bewirkten im Bereich der österreichischen Donau sowohl arten- wie mengenmäßig einen gewaltigen Rückgang innerhalb der Fischfauna. (...) Gab es noch um die Jahrhundertwende im österreichischen Donaustrom mehr als achtzig verschiedene Fischarten, so sind davon heute mehr ... als achtzig Prozent so selten, daß mit ihrem Aussterben in Bälde zu rechnen ist." [14]

Da die Wiener Donauauen im geomorphologischen Übergangsbereich zum pannonischen Tiefland liegen, der Donauraum um Wien also zur pontisch-pannonischen Subregion gehört, finden hier Flora und Fauna typisch südöstliche Bedingungen vor. Ähnliche Verhältnisse wie in den niederösterreichischen Donauauen finden sich auch in den Auwäldern der ungarischen Tiefebene. Aber kulturbedingt ergaben sich unterschiedliche ökologische Entwicklungen. *„Alles in allem spiegeln die Donauauen der ungarischen Tiefebene heute Verhältnisse wider, wie sie am Anfang dieses Jahrhunderts noch in den unterhalb von Wien gelegenen Auwäldern allgemein herrschten"* [15]. Dennoch attestieren namhafte Zoologen der Wiener Donaufauna eine beträchtliche Artenvielfalt, die die Wiener Fischgründe unter die reichsten in Österreich reiht.

Die Gefährdung der Fischfauna und die wissentliche Beseitigung der letzten intakten Öko-Systeme entspricht nicht dem geänderten Bewußtsein der Mehrheit der Menschen. Das würde nämlich heißen, daß allgemein eine Indolenz gegenüber freien Gewässern, ihrem biologischen Zustand sowie ihren fischfaunistischen Qualitäten um sich griffe. Das Gegenteil scheint aber der Fall zu sein, wenn laut einer „Kurier-Umfrage" vom 13. Juni 1982 250.000 Österreicher Fischen als Hobby angeben. Über Fischereivereine schaffen sie sich in Gewässern mit eher geschlossenem Charakter aus eigener Kasse die entsprechende Fangbasis. 1500 Zander, 3104 Hechte, 21.704 Karpfen und diverse kleinere Fische, insgesamt 46.000 Kilogramm, wurden im Jahr 1981 aus Wiener Gewässern gefischt [16]. Doch ist dieser zunächst überraschend hohe Ertrag nur durch reichlichen Besatz und durch die enorme Erweiterung der besatzbaren Gewässer (Neue Donau) erklärbar und kann nicht über den alarmierenden Rückgang der natürlichen Verbreitung von Fischpopulationen im Strom selbst hinwegtäuschen.

Obwohl trotz respektabler Jahreserträge die Wiener Fischerei als Wirtschaftsfaktor längst der Vergangenheit angehört, lassen sich Hobby-Fischer nicht gern in Netze und Kaltern schauen. Im für die Donaufischerei im Wiener Abschnitt zuständigen Verband der österreichischen Arbeiter- Fischereivereine gibt man sich über Fangstatistiken oder Jahreserträge wenig gesprächig. „Wir geben keine Auskunft. Da müssen sie sich schon an den Österreichischen Fischereiverband in Scharfling am Mondsee wenden." Aufschlußreicher ist eine Auskunft eines alteingesessenen Wiener Familienbetriebes, Feinfischspezialitäten Hella Gruber am Naschmarkt: „Wir beziehen weder offiziell noch inoffiziell Fische von Wiener Fischern. Was mach' ich denn mit zehn, zwanzig Kilo ... wird alles importiert, höchstens hin- und wieder eine kleine Ladung vom Bodensee oder Neusiedlersee. Ich kann ihnen versichern, in Wien gibt es keinen Berufsfischer mehr, alles Hobby-, Sportfischer..."
Universitätsdozent Fritz Schiemer vom Institut für Zoologie, Abteilung Limnologie, der Universität Wien bestätigt: „Im Bereich Wien ist die Donau- und Altwasserfischerei heute wirtschaftlich so gut wie eingestellt." Wozu dann die Geheimniskrämerei, oder sollte sich der ganz tax- und steuerfreie Fang doch hin und wieder ungebührlich lohnen?
1986 wurden Untersuchungsergebnisse vorgelegt, in denen die gegenwärtig in Wien noch existierenden Fischarten registriert sind. Befischungsergebnisse in der freien Fließstrecke der Donau: Sterlet, Forelle, Hecht, Rotauge, Frauennerfling, Hasel, Aitel, Nerfling, Schied, Nase, diverse Gründlinge, Steingreßling, Flußbarbe, Laube, Güster, Brachse, Zope, Zobel, Rußnase, Siechling, Karausche, Karpfen, Europäischer Aal, Aalrutte, Dreistachliger Stichling, Zander, Flußbarsch, Kaulbarsch, Schrätzer, Zingel, Streber.
Ergebnisse in der unteren Wiener Lobau: Hecht, Rotauge, Aitel, Nerfling, Rotfeder, Graskarpfen, Schied, Schleie, Laube, Güste, Brachse, Zope, Bitterling, Giebel, Karausche, Karpfen, Gewöhnlicher Tolstolob, Wels, Europäischer Aal, Aalrutte, Gemeiner Sonnenfisch, Zander, Wolgazander, Flußbarsch, Kaulbarsch.
Heute allgemein sehr bedroht, früher in größerer Häufigkeit im Donauraum unterhalb Wiens vorkommend: Frauennerfling, Rußnase, Schrätzer, Zingel, Streber, Hasel, Nerfling, Zobel, Zope, Schied, Bitterling, Schlammpeitzger [17].
Präzise Angaben über die in der Wiener Donau ausgestorbenen Fischarten zu machen, fällt schwer, liegen doch für die vergangenen Jahrhunderte keine genauen Angaben über das Artenspektrum vor. Es ist aber auch müßig, allzuweit zurückzugreifen, um die rapide Artenreduzierung aufzuzeigen. Vergleicht man zoologische Befunde der letzten fünfzehn bis zwanzig Jahre mit heutigen, ergibt sich, daß damals im freifließenden Strom noch etliche Arten mehr festgestellt werden konnten. Es mag unter anderem auch mit der Vernichtung des Überschwemmungsgebietes zusammenhängen, das während der Überflutungen als wichtiger, vor allem Qualitäten sta-

bilisierender Laichplatz der Donaufische fungierte. Noch Anfang der siebziger Jahre wurden folgende Arten registriert, die heute nicht mehr nachweisbar sind:
in der freien Fließstrecke der Donau: Schleie, Rotfeder, Flußschmerle, Schlammpeitzger, Donausteinbeißer, Äsche, Bitterling, Groppe, Steinschill, Flußneunauge, Schneider.
in der unteren Wiener Lobau: Spiegel- und Lederkarpfen, Gründling, Steinbeißer, Frauennerfling, Moderlieschen, Zwergwels (importiert aus Nordamerika), Schrätzer, Ungarischer Hundsfisch [18].

Die Dezimierung der Fischfauna stellt einen brauchbaren Indikator für den durch die zivilisatorische Entwicklung hervorgerufenen ökologischen Qualitätsverlust der Gewässer dar. Dieser Qualitätsverlust wirft ein bezeichnendes Licht auf soziale Strukturen, Machtverhältnisse und gesellschaftlich dominierende Interessen. Noch geben sich Wissenschafter optimistisch und erteilen Ratschläge: *„Gemessen an der großen Zahl der gefährdeten Fischarten stellen jene Nebengewässer, die mit der Donau langfristig in Verbindung stehen, den höchsten Schutzwert dar."* [19] Eine Arealvergrößerung dieser Gewässer ist zweifellos für die Erhaltung der Wiener und österreichischen Donaufischfauna unabdingbar. Klarheit sollte aber darüber bestehen, daß unabhängig von solchen Rettungsaktionen — wenn auf sie auch in keinem Fall verzichtet werden darf — *„bei einem Vollausbau der Donau ein hoher Prozentsatz der heimischen Fischfauna (etwa zehn Arten) verschwinden würde."* [20]

Anmerkungen

1 Codicis Austriaci. Sammlung Oesterreichischer Gesetze und Verordnung (Wien 1786)
2 Archiv für Niederösterreich. K. k. Polizei-Ober-Directions-Akten, Karton Nr. 5-9
3 Etwa das der „Wirthschafterin im Stifte der Schotten" Katharina Schreder: Praktisches Kochbuch mit 962 Kochregeln und 46 Speisezetteln (Wien 1851)
4 Kusel-Fetzmann Elsalore/Starmühler Ferdinand, Die Fisch der Donau bei Wien. In; Naturgeschichte Wiens. Band II. Naturnahe Landschaften, Pflanzen- und Tierwelt. Herausgegeben von einer Arbeitsgemeinschaft im Institut für Wissenschaft und Kunst (Wien 1972), S. 559
5 Schweiger Harald, Das Tierleben im Donautal. In: Donaumuseum Schloß Petronell. Außenstelle der naturwissenschaftlichen Abteilung des niederösterreichischen Landesmuseums (Wien 1973), S. 40
6 Krisch Anton, Der Wiener Frischmarkt, Volkswirtschaftliche, den Hausfrauen der österreichischen Haupt- und Residenzstadt gewidmete Studie (Wien 1900), S. 11

7 Kusel-Fetzmann/Starmühlner, wie Fußnote 4, S. 643, beziehungsweise Schweiger, wie Fußnote 5, S. 36
8 Stundl Karl, Die Donaufischerei und ihre Ertragsmöglichkeiten. In: Österreichs Fischerei, Jg. 2, Heft 8, August 1949, S. 174
9 Völkischer Beobachter, 5. März 1942, S. 5
10 Schweiger, wie Fußnote 5, S. 46
11 Landesgesetzblatt für Wien vom 14. Juni 1949, 16. Stück
12 Bekanntmachung der Magistratsdirektion der Stadt Wien, M. D. 5851/49 vom 10. November 1949
13 Rathaus Korrespondenz vom 4. März 1971, Bl. 646; 19. März 1971, Bl. 808; 22. März 1971, Bl. 820
14 Schweiger, wie Fußnote 5, S. 40
15 ebda., S. 54
16 Schremser Michael, Fischerei (Sport- und Angelfischerei) einst und jetzt. In: Fischerei einst und jetzt. Ausstellung des Landes Niederösterreich (Wien 1983), S. 130
17 Schiemer Fritz, Fischereiliche Bestandsaufnahme im Bereich des Unterwassers der geplanten Staustufe Wien (Wien 1986), S. 72
18 Kusel-Fetzmann/Starmühler, wie Fußnote 4, S. 559 ff., S. 640, S. 655˙
19 Schiemer Fritz, Die Bedeutung von Augewässern als Schutzzonen der Fischfauna. In: Österreichische Wasserwirtschaft, Jg. 37, Heft 9/10, 1985, S. 244
20 Schiemer, wie Fußnote 17, S. 82

DONAURAUM — UTOPIE UND REALITÄT

Manfried Welan

Wien hat Angst vor dem Wasser. Da nützt es auch nichts, wenn Ferdinand Kürnberger immer wieder sagte, was er schon bei der Demolierung der Basteien gesagt hatte:
„Wien gehört ans Wasser! Daß es sich nach der Landseite entwickelt, ist höchstens das erste, nimmer mehr aber das letzte Wort der Stadterweiterung. Jede Stadt, welche an einem schiffbaren Fluß liegt, sogar Bamberg, Würzburg und Ulm nicht ausgenommen, besitzt verhältnismäßig mehr Hafenleben als Wien. Die Landstadt Wien hatte von jeher eine kindische Furcht, sich die Füße naß zu machen, und überließ den Boden, der ihr natürlicher ist, den Praterhirschen und den geduldeten Juden. Der Wörth, wo Kaiser Leo-

pold die letzteren aufnahm und die ersteren hegte, das ist Wiens Wurzelstock."
Die Donau gehört zu Wien. In den Wiener Elegien von Ferdinand von Saar ist sie wie Wienerwald und Stephansdom Symbol der Stadt:

> Doch du bist noch, o Wien!
> Noch ragt zum Himmel Dein Turm auf,
> Uraltmächtiges Lied rauscht ihm die Donau hinan.
> Und so wirst Du bestehen,
> was auch die Zukunft Dir bringe,
> Dir und der heimischen Flur,
> die Dich umgrünt und umblüht.

Aber könnte der Wiener Poet dieses Lied auf die Lobau auch heute noch schreiben?

> ‚Auf der Lobau'
>
> Tiefe Stille.
> Lautlos zieht vorüber, gespaltenen Laufs,
> der breite Donaustrom,
> leis bespülend dichtgrünendes Ufergezweig.
> Kaum zum Lispeln bewegt,
> schimmern im Sonnenglanz
> die Erlen und Silberpappeln,
> die, aufgewuchert zu lieblicher Wildnis,
> hochhalmige Wiesenflucht umschatten.
> Manchmal nur ertönt der kurze Schrei
> des Reihers, der einsam die Luft umkreist;
> hörbar fast
> wird des Falters Flügelschlag
> und der Odem des Rehs,
> das friedlich grast
> wie in weltferner Sicherheit.

Die Furcht vor der Donau führte zu ihrer Regulierung. Die „Moderne" verpaßte der Donaulandschaft eine Rasterverbauung, verpatzte die Natur. Die vielarmige und vielfältige Stromlandschaft wurde zu einem Kanal mit kahlem Überschwemmungsgebiet degradiert. Obwohl die Donau rationalisiert und denaturiert wurde, wurde kein Hochwasserschutz erreicht. Aber es entstanden Struktur- und Zugzwänge: Tiefenerosion, Absinken des Grundwassers und eine Reihe ökologischer Probleme mit damals unabsehbaren Folgen für die Landschaft.
Die „Moderne" hat die Donau denaturiert. Kann die „Postmoderne" die Donau wieder renaturalisieren? Kann aus der urbanen und ökologischen Not des Donauraumes eine stadtgestalterische Tugend werden?

Jörg Mauthe hat im Donauraum die politische und gestalterische Jahrhundertchance für Wien schlechthin erkannt. Er führte uns eine urbane Utopie vor, gab der Stadt das, was ihr am meisten fehlt: die Begeisterung für eine Idee, für die Zukunft, für Neues. Der Donauraum wäre das alles. Dabei geht es nicht mehr darum, Wien an die Donau zu bringen. Es geht darum, die Wiener an die Donau zu bringen, darum, die Wiener Donaulandschaft zu gestalten. Es geht um die Zukunft des Donauraumes um Wien, um die Zukunft des Donauraumes in Mitteleuropa.

Erhard Busek und Jörg Mauthe haben immer wieder betont, daß die große Gesamtidee einer Neugestaltung Vorrang haben muß vor scheinbar attraktiven Einzelprojekten. Die Internationalität Wiens verlangt eine Offenheit und Öffnung im Wettbewerb.

Also entschied sich der Gemeinderat von Wien am 18. April 1986 einstimmig für die Durchführung des Wettbewerbes „Chancen für den Donauraum Wien". Aber schon jetzt hat er viele enttäuscht: die im Hinblick auf die Komplexität der Aufgabe zu kurz bemessene Laufzeit des Wettbewerbes, seine Einstufigkeit und vor allem aber die Vorgangsweise. Sie legt den Schluß nahe, daß der Wettbewerb eine Alibiaktion ist, um möglichst rasch und ungestört die Staustufe Wien errichten zu können. Die lauthals angekündigte Bürgerbeteiligung, an sich Chance zur Demokratisierung technokratischer Entscheidungen, beschränkte sich in diesem Fall auf das Ausfüllen eines Fragebogens.

Otto Kapfinger hat dazu festgestellt:

„Wurde bei der Donauinsel das anfangs skandalisierte technische Projekt nachträglich durch einen Wettbewerb umgepolt und zum konsumierbaren, ‚naturnah gestalteten Freizeitgelände' moderiert, so setzt die städteplanerische und imagemäßige Wattierung für die ja fix und fertig geplante Staustufe nun früher ein und holt dafür ungleich weiter aus. Nachdem Hainburg und Zwentendorf abgeblasen wurden, war die Wiener Stadtplanung Ende Jänner 1986 plötzlich mit dem im Donauinselprojekt schon abstrakt angenommenen, aber jetzt dringlich vorgezogenen Kraftwerksbau nahe der Donaukanalmündung konfrontiert. Dessen ökologische und städtebauliche Brisanz wurde daraufhin in ein möglichst rosiges Zukunftsszenario ‚Donaumetropole' eingebettet, in dem man alle in letzter Zeit kolportierten Attraktionen (Zentralbahnhof, Weltausstellung, Olympische Spiele, Absiedelung des Messegeländes, Überbauung Nordbahnhof, Aufwertung von Vergnügungsprater und Donaukanal, Stadtkante Handelskai und so weiter) damit in Verbindung bringt und in das semantisch trächtige Schlagwort ‚Donauraum' hineinprojiziert. Die Bevölkerung wird gefragt, ob sie ‚kindergemäße Spielplätze', ‚Dachgeschoßausbauten', ‚an die Gestaltung angepaßte Telefonhäuschen' oder ‚Obstbäume auf der Donauinsel' wünscht, wobei die statistische Auswertung das Vorhersehbare, also nichts, mitteilt und bloß Alibidemokratie gespielt wird. Denn das Stauwerk kommt auf diesem Formular nicht vor.

Ein auch von Ökologen anerkannter Faktor ist, daß die Staustufe den Wasserhaushalt für das linke Ufer, für Alte Donau und Marchfeldkanal verbessern kann. Die Auswirkungen auf das Grundwasser im Prater und die Auen unterhalb vom Wehr sind jedoch immer noch ungeklärt, weshalb Bernd Lötsch und der Österreichische Naturschutzverband eine Umweltverträglichkeitsprüfung fordern und den Wettbewerb als verfrüht bezeichnen. Tatsache ist demgegenüber, daß die Bearbeitung der Staustufe im Wettbewerb faktisch zwingend vorgeschrieben ist. Die Jury hat wohl theoretisch den Handlungsspielraum, auch ‚Nullvarianten' zuzulassen oder zu prämieren, doch ist kein Geheimnis, daß die Donaukraftwerke AG im Preisgericht massiv vertreten ist und — sowie sie schon die Ausschreibung dominierte — alles daran setzen wird, ihren Standpunkt auch in der Entscheidung durchzubringen. Entgegen der bei der Diskussion vorgebrachten Beteuerung hat die Donaukraftwerke AG beim Bundesminister für Land- und Forstwirtschaft um die Erklärung zum bevorzugten Wasserbau angesucht."

Zwischen Mauthes Utopie vom Donauraum und der Realität des Wettbewerbes und der Bürgerbeteiligung klafft eine Kluft. Der Donauraum in seiner Gesamtheit muß Priorität haben. Die Chancen der Neugestaltung dürfen nicht einer unter Zeitdruck gebauten und gestalteten Staustufe Wien geopfert werden. Die Fülle der ungeklärten Fragen — Stadtgestaltung, Landschaftsplanung, Energiepolitik, Wasserwirtschaft, Ökologie ... lassen ein „Horuck-Verfahren" absurd erscheinen. Die Vorgangsweise kann nur lauten: Vom Großen ins Kleine, vom Ganzen zu den Teilen. Freilich soll hier nicht unbemerkt bleiben, daß die Donaukraftwerke AG eine Säumnisbeschwerde beim Verwaltungsgerichtshof gegen den Bundesminister für Land- und Forstwirtschaft einbringen kann. Sie hat ja die Erklärung der Staustufe Wien zum bevorzugten Wasserbau rechtzeitig beantragt. Dem Vernehmen nach besteht eine politische Absprache zwischen dem Bürgermeister und dem Generaldirektor der Donaukraftwerke AG, daß die Säumnisbeschwerde nicht von ihr betrieben wird.

Schon werden die Grundlagen für eine Planung des Nationalparks „Donauauen-Lobau"gesammelt. Dazu gehört auch das Wissen, wie die Donau renaturalisiert werden kann, wie zu verhindern ist, daß der Donauraum unter das Joch von neuen Strukturzwängen kommt. Vielleicht ist unsere Zeit unfähig zum Großen und Ganzen, vielleicht kann die Postmoderne auch nur modern sein. Jedenfalls muß man darüber nachdenken, warum so viele am Wettbewerb nicht teilnehmen. Wo sind die großen schöpferischen Kräfte, die Künstler und Gestalter?

Ist unsere Zeit noch nicht so weit, mit Wissen wieder die Natur herstellen zu können? Heinrich von Kleist hat in seinem „Marionettentheater" einen Weg gezeigt. Aber wir können ihn nicht gehen. Oder wollen wir ihn nicht gehen?

DIE DONAU — EINE REISE DURCH MITTELEUROPA

Walter Zettl

Bei der Darstellung des Verlaufs der Donau, die 1693 in Paris für den Sohn Ludwig XIV., nach Angaben des Kosmographen der Republik Venedig, Marco Coronelli, angefertigt worden ist, handelt es sich um jenen Raum, den wir heute mit Mitteleuropa identifizieren. Diese Landkarte reicht von den Quellen auf der Ostseite des Schwarzwaldes bis zu den Mündungen im Schwarzen Meer und bezieht im Norden Prag, im Süden das Adriatische Meer bis zu den Bocche di Cattaro ein.

Die Donau ist die einzige West-Ost-Achse unseres Kontinents und ihr Stromgebiet umfaßt einen Großteil der oberdeutschen Hochebene, der Ostalpen, Mähren, das Gebiet zwischen den dinarischen Gebirgen und den Karpaten mit der ungarischen Tiefebene und dem Hochland von Siebenbürgen sowie das walachische Tiefland mit der Moldauebene.

Die Donau bestimmte ebenso den Limes, die Grenze des römischen Reiches, wie den Weg der Völkerwanderung und führte in entgegengesetzter Richtung die Kreuzfahrer ihrem Ziel entgegen. In der Antike hatte der Fluß zwei Namen: am Oberlauf *„Danuvius"*, keltischen Ursprungs, und am Unterlauf *Ister*, aus dem Griechischen *„Istros"*. Ovid bezeichnete ihn als den Fluß mit den zwei Namen *„fluvius binominis"*.

An seinen heutigen Namen *Donau*, *Duna* (ungarisch), *Dunara* (serbisch und bulgarisch) und *Dunarea* (rumänisch) lassen sich die Sprachgebiete ablesen, die er durchfließt. Sein deutscher Name wird aus dem Mittelhochdeutschen *„Tuonouwe"* hergeleitet. Die italienische Bezeichnung *„Danubio"* geht auf die lateinische zurück.

Im Zentrum von Rom auf dem „Vier Flüsse-Brunnen" des Lorenzo Bernini in der Mitte der Piazza Navona wird der „Danubio" neben den Figuren des Nil, des Ganges und des Rio de la Plata, die die Erdteile Afrika, Asien und Amerika symbolisieren, als Personifizierung Europas dargestellt.

Diese Europäische Dimension wird uns auch durch das Buch „Danubio" (Mailand 1986) des Triestiner Germanisten Claudio Magris vermittelt. Das Buch wird am Umschlag als *„eine sentimentale Reise von den Quellen des großen Flusses bis zum Schwarzen Meer"* ausgewiesen. Das Buch ist aber mehr als eine bloße Reisebeschreibung: es vermittelt die innere Beziehung des Autors zu diesem Strom. Wenn wir dieses Buch mit den „bedeutsamen Aufzeichnungen der Donaufahrt von Regensburg über Passau und Linz nach Wien" des militanten Illuministen Friedrich Nicolai vergleichen, die dieser 1781 unternommen hat, werden wir feststellen können, daß uns Nicolai mit seinen Statistiken, seinen Informationen über den Bildungsstand und seiner Kritik an sittlichen und religiösen Zuständen einen Überblick über wirtschaftliche und kulturelle Verhältnisse in diesem Teil von Mitteleuropa bietet, während Magris geradezu ein Weltbild unserer Gegenwart und ihrer geistesgeschichtlichen Grundlagen vermittelt. Die Donau ist dabei nicht Vorwand, sondern Hauptperson, um die sich die Begebenheiten ranken, wie Verzweigungen, die schließlich wieder in den großen Strom der Geschichte münden. Da uns der Autor bei der Verfolgung des Flußlaufes nicht nur die Topographie nachvollziehen läßt, sondern den Leser auch in die verschiedensten historischen Epochen zurückführt, hat das Buch geradezu den Charakter eines kritischen Romans. Mit seinem enzyklopädischen Wissen und seiner ebenso starken Erlebnisbereitschaft entdecken wir die Donauländer.

Magris hat damit etwas vollzogen, was sich Franz Tumler auf andere Weise in seinem Poem „Sätze von der Donau" vorgenommen hat.

„... von dem was ein Fluß ist zu schreiben
die Donau ein Fluß solange sie da ist..."

Tumler wollte darin jene Strecke abstecken, die in seiner persönlichen Erlebniswelt eine Rolle spielte. Deshalb hat auch der ihm freundschaftlich verbundene Jean Amery in diesem langen Gedicht seine eigene Geschichte vermißt. So weit auch die Wege der beiden Dichter in den Schicksalsjahren 1938 bis 1945 auseinandergegangen sind, im Donaubuch von Claudio Magris findet sich sowohl die Geschichte des einen wie des anderen. In ihm nimmt die Donau verschiedene Dimensionen an: neben der topographischen die historische, neben der historischen die literarische und neben dieser wieder die poetische; die kulturhistorische aber dominiert alle anderen.

In der Zeit des „Sturm und Drang" mit ihren vorrevolutionären Hoffnungen ist die Donau ein Symbol geistiger Energie und des Glaubens an den Fortschritt gewesen. Aber schon wenige Jahrzehnte danach hat Grillparzer in seinen Versen einen ganz anderen Ton angeschlagen. Er möchte ihrem Lauf Einhalt gebieten, um die Harmonie und den Frieden an ihrem Ursprung vor der Gewalt des Anschwellens und dem Elend ihrer Auflösung im Meer, im Nichts zu bewahren.

Für Magris ist die Donau ein österreichischer Fluß und österreichisch ist auch das Mißtrauen in die Geschichte. Die Vorliebe für das alte Österreich, in dem man heute nur zu gerne ein kongeniales Vaterland sehen will, begründet er damit, daß es tatsächlich ein Vaterland für jene war, die an der Zukunft ihrer Welt gezweifelt haben und die Widersprüche des alten Imperiums nicht lösen wollten, obwohl sie die Lösungen gekannt haben, weil sie wußten, daß jede Lösung zur Auflösung wesentlicher Elemente des heterogenen Reiches und damit zum Ende des Reiches selbst führen würde.

Von Kronprinz Rudolf stammt ebenfalls ein Buch, das der Donau gewidmet ist. Beim Festzug, den Hans Makart zur Silberhochzeit von Franz Joseph I. und Elisabeth am 28. April 1879 gestaltet hat, wurde an der Spitze der Buchdrucker-Zunft von dem als Gutenberg kostümierten Buchhändler Manz eine Tafel vorangetragen, auf welcher der Titel dieses Werkes verzeichnet war: „Fünfzehn Tage auf der Donau".

Ein Jahr zuvor hatte der Kronprinz mit seinem Schwager Leopold in Gesellschaft des Grafen Bombelles sowie des Zoologen Alfred Edmund Brehm und des Ornithologen Eugen von Homeyer eine Schiffsreise in die Gebiete der unteren Donau innerhalb der Grenzen der Monarchie unternommen, die er in einem Jagd- und Tagebuch festgehalten hat. 1887 wurde es in dem Sammelband „Jagden und Beobachtungen von Kronprinz Erzherzog Rudolf" aufgenommen und damit einem breiteren Leserpublikum angeboten. Das Tagebuch ist in erster Linie das Buch eines Jägers mit der Darstellung des Wildbestandes, der Vogelwelt, der Vegetation und der Landschaft entlang des Flusses; aber es finden sich darin auch wertvolle Hinweise auf die Bevölkerung dieses Gebietes so wie auf Sitten und Brauchtum, zum Beispiel die Schilderung eines Dorfes der Schokazen, in dem aus der Türkei eingewanderte katholische Serben lebten. Von daher verstehen wir auch Magris, wenn er die Donau auch mit Pannonien identifiziert. Spätestens seit dem Nibelungenlied, meint er, stehen sich Rhein und Donau in ständiger Herausforderung gegenüber:

„Der Rhein ist Siegfried, das Symbol germanischer Reinheit und Tugend, die Nibelungentreue, die unerschrockene Liebe zum Schicksal der deutschen Seele. Die Donau ist Pannonien, das Reich des Attila, die asiatische Flut aus dem Osten, die am Ende des Nibelungenliedes die germanische Kraft bezwingt. Als die Burgunder dieses Gebiet durchqueren, um sich an den treulosen Hof der Hunnen zu begeben, ist ihr Schicksal — ein deutsches Schicksal — besiegelt."

Auf diese Weise haftet der Donau zuweilen der Hauch eines antideutschen Symbols an. Entlang dieses Flusses begegnen und vermischen sich verschiedene Völkerschaften. Der Rhein hingegen ist der mythische Wächter für die Reinheit künftiger Generationen. Die Donau ist der Fluß Wiens, Preßburgs, Budapests, Daciens. Wie das Meer die Welt der Griechen umspannte, durchzieht die Donau die ehemalige Monarchie der Habsburger, die der Mythos zum Symbol einer vielgestaltigen und übernationalen Koine gemacht hat. So ist

Daubelfischer an der Donau in der Lobau

die Donau identisch mit jenem deutsch-ungarisch-slawisch-romanisch-jüdischen Mitteleuropa, das als eine internationale Ökumene, wie es Johannes Urzidil von Prag aus verstanden hat, als eine Welt über den Nationen dem germanischen Reich gegenübersteht.
Eingehend auf diese symbolhafte Bedeutung der Donau stellt Magris zwei Visionen von Mitteleuropa gegenüber: Jene, die heute oft als Harmonie unterschiedlicher Volks- und Sprachgruppen idealisiert wird und jene, die in der Auffassung des Historikers Heinrich von Srbik formuliert ist, der in der multinationalen Monarchie die Aufgabe sah, im östlichen Zentraleuropa eine universalistische Zivilisation im Sinne des Heiligen römischen Reiches deutscher Nation aufzurichten.
Diese beiden Visionen spiegeln sich zum Teil auch in den zwei grundverschiedenen Auffassungen in der gegenwärtigen Mitteleuropa-Diskussion wieder: in der Anwendung des Begriffes Mitteleuropa als Motivierung zur Wiedervereinigung der beiden getrennten deutschen Staaten und ebenso in der Absicht, mit der Betonung mitteleuropäischer Eigenart die Distanz der Polen, Tschechen und Ungarn zum sowjetischen Osten aufzuzeigen und ihre Gemeinsamkeit mit jenem Europa zu betonen, das sich dem westlichen Demokratieverständnis verpflichtet weiß.
Die Donau wurde im Verlauf der Geschichte zum Schicksalsfluß jener Gebiete, die sie durchzieht. „Donauraum" wurde oft als Synonym für Mitteleuropa verwendet und Wien als Donaumetropole hat die Kulturen dieser Landschaft im Laufe der Geschichte in sich aufgenommen und wieder ausgestrahlt. Durch die Rückbesinnung auf diese zweifache Funktion fällt nicht nur dieser Stadt, sondern ganz Österreich eine mitbestimmende Rolle in Mitteleuropa zu, die sie allein vor einer drohenden Geschichtslosigkeit bewahren kann.

WIEN AM INN

EIN ETYMOLOGISCHER ESSAY

Andreas Dusl

„Letzte Donaumetropole, bevor sie Budapest erreichen", steht auf einem Nußdorfer Straßenschild. Das kann nur ein Wiener geschrieben haben. Der Wiener ist nämlich ein böser Mensch, auf alles ist er bös, am meisten natürlich auf sich selbst. Und des Wieners Lieblingstugend ist demnach der Haß. Wenn aber der Wiener etwas mehr haßt als sich selbst und die anderen Bewohner seiner taubenverschissenen Stadt, dann ist es das Wasser. Nichts haßt der Wiener mehr als das Wasser.
Im Wienerwald entspringen gut zwei Dutzend Bäche, die alle durchs heutige Wien fließen. Aber in jedem Heurigenort „draußt" ereilt sie das gleiche Schicksal: Kaum an der Stadtgrenze angekommen, mutieren sie zu Kanälen. Unterirdisch und verdrängt in jedem Sinn des Wortes, fließen sie einem anderen Kanal zu, dem Donaukanal. Auf ihrem Weg durch Wien bilden sie eines der ausgedehntesten Kanalsysteme der Welt, das immerhin so berühmt ist, daß Millionen Westmenschen Wien mit dem Dritten Mann identifizieren so wie Australien mit dem Känguruh. Den Donaukanal, angereichert durch Wiens Abwässer und Bäche, halten sie dann auch für die Donau, so wie sie ihre Filme vor der Votivkirche verschießen, die sie für den Stephansdom ansehen. Bei der Urania stößt der korsettierte Wienfluß dazu, gemeinsam gehts jetzt an Erdberg und Simmerung vorbei, Richtung Winterhafen, der regulierten Donau zu, die dann noch ein Stück umkämpften Auwald sieht, bevor sie in den neuen österreichisch-ungarischen Stausee bei Nagymaros mündet.
Die Geschichte der wienerischen Wasserverdrängung ist älter, als man zunächst vermuten könnte. Die wahrhaft barbarische, franzisko-josephinische Monumentalverdrängung, vulgo „Generalregulierung", steht erst am Ende einer langen Reihe von Bach- und Flußverlegungen.
Aber Franz Joseph war nicht der erste Bachverleger. Schon Herzog Leopold VI., der als Babenberger dem entspricht, was Franz Joseph I als Lothringer Habsburger war — Leopold hatte Wien zur größten Stadt des römischen Reichs gemacht —, verlegte großzügig. Unter seiner Herrschaft wurde Wien endlich vom lästigen Ottakringerbach, der über Minoritenplatz und Tiefen Graben der damals noch nahen Donau zufloß, befreit. Das enge Wien brauchte

Platz, und so wurde der Bach aus der Stadt gelegt und sein Wasser nach Osten zur Wien und ihren vielen Mühlen geleitet. Auch Als und Ulrichsbach wechselten wiederholt das Bett. Nach jeder größeren Überschwemmung wurden Wiens Bäche durch Bettverlegung bestraft. Da die Wiener Bäche ja eigentlich Gebirgsbäche sind — sie entwässern das gesamte östliche Wienerwaldgebirge —, wundert es kaum, daß sie bei Unwettern zu reißenden, alles verheerenden Strömen wurden.

Dem zarten Wienfluß kann man während eines Gewitters heute noch beim Anschwellen zu imposanter Größe zuschauen. Zuletzt hat diese Eigenschaft der Wien eine Türkenbelagerung zum Guten gewendet. Gedankt hat man es ihr im Grunde weder damals noch heute. Im Gegenteil. Auch hier ist es die Stadtgrenze, von wo an auch die Wien im Gewande des Kanals fließen muß. Sie muß auch, kaum in Sichtweite der Wienerstadt, flugs unter die Erde, um angesichts soviel Imperialen nicht durch allzu Alpines, Bäuerliches aufzufallen. Erst hinterm Kursalon Hübner, im sogenannten Stadtpark, fließt die Wien wieder oberirdisch, im hohen Korsett, versteht sich.

Der Hauptstrom jenseits des Augartens fiel, wie schon gesagt, der römisch-imperialen Begradigungswut Franz Josephs zum Opfer. Vom einstigen Donauurwald blieben nur die schon früher angelegte barocke Perversion zum Thema Wald, der — heute natürlich wunderbare — Augarten und ein zum Volks- und Wurstelpark degradierter, der jagdparadiesischen Größe früherer Zeiten beraubter, zwickelförmiger Prater.

Von der Donau und ihren fischreichen Armen blieb die sogenannte Alte Donau mit ihren schrebergartenschwangeren Ufern Neubrasilien und Arbeiterstrandbad übrig, dazu ein paar Kleinarme in der Lobau und der Nachenweiher Heustadlwasser im Prater, in denen jetzt das Streusalz der Südosttangente fließt. In der Simmeringer Heide soll es noch den geheimnisvollen Seeschlachtbach geben. Von allem noch fast unberührt, fließt im Süden Wiens die Liesing, die ihre Virginität wahrscheinlich nur ihrer Lage jenseits des Zentralfriedhofs verdankt, und die via Schwechat bei der Erdgasbrücke in die hier schon (weil Stadtgrenze) einigermaßen krumme Donau mündet.

Die Wiener Bäche und Flüsse können dem Wiener also offenbar keine größere Freude machen, als möglichst schnell wieder Wien zu verlassen oder ihr Fließen prompt einzustellen. Sind sie doch alle Fremde in Wien. Wo Zuschütten nichts half, wurden sie überdacht, wo dies die Breite unmöglich machte, begradigt oder gestaut. Das Inundationsgebiet, beliebter Fußballplatz früherer Bubentage, an dem sich, wenigstens zu Überschwemmungszeiten, vermehrt Wasser oder der seltene Eisstoß aufhalten durfte, ist mittlerweile auch verschwunden. Statt dessen gibt es die Neue Donau, einen Stausee, der bei Bedarf geflutet wird, das Wasser dann zwar bakteriologisch für ein Monat versaut, aber dafür Überschwemmungen (in Wien kompliziert „Inundation" genannt) nicht mehr zuläßt.

Mehr als die Wiener getan haben, kann man gar nicht gegen das

Wasser tun, so scheints. Aber die Stadtväter und ihre elektrischen Berater sind nicht faul. Nach dem Debakel von Hainburg soll ein anderer Stausee durchgeboxt werden. Der größte und schönste, der sich denken läßt. Die Donau, und zwar die beinamenlose, fließende, und ihre Schwester, die Neue, sollen gestaut werden. „Wien am Stausee" heißt die brillante Idee; an einem Sporthotel am Handelskai, in den Mauern eines monumentalen Getreidespeichers, wird schon gebaut. Nur — die cloaca maxima wird auch die gesamten Abwässer aller Wiener Toiletten enthalten. Nennings „Klosee" wird Wirklichkeit.

Wie können wir das verhindern, was hier, nach all dem, was bereits geschehen ist, mit der Donau angestellt wird? Ganz einfach: Wien wird an den Inn gelegt!

Im Lande eines anderen Franz Joseph'[1], im bayerischen Passau, fließen drei Flüsse zusammen. Die schwäbische Donau, der rätische Inn und die kleine bayerische Ilz. Für die Tiroler war es seit jeher ein offenes Geheimnis: Nicht der Inn fließt hier in die Donau, sondern genau umgekehrt: diese nämlich in den breiteren und wasserreicheren Inn. Der Inn verliert seinen Namen an die Donau! Dies war aber nicht immer so. Wie so viele andere ist auch diese Geschichtslüge römischen Ursprungs.

Schon die antiken Geographen haben bei der Erwähnung der großen Flüsse nach deren Ursprung gefragt und mehr oder weniger bestimmte Meinungen dazu aufgestellt. Herodot nimmt als Ursprung des heute Donau genannten Hister die Stadt Pyrene „im Lande der Kelten" an. Diese Angabe mutet dunkel und mehrdeutig an, immerhin denken wir bei der Silbe *PYR* unweigerlich an die *Pyr*enäen in einer ganz anderen Ecke Europas. Die antiken Autoren bezeichneten aber auch die Alpen so, der uralte Stamm *PYR* lebt noch in unserem Gebirge und verwandten Wörtern fort. Gänzlich gelöst ist der Zweifel, wenn wir die römerzeitliche Bezeichnung für den *BRENNER*paß heranziehen: mons *pyr*enaeus. Auch im steirischen *Pyhr*n, dem *Pyhr*npaß, dem großen *Pyhr*gas und dem Großen *Pri*el im Toten Ge*pyr*ge lebt dieser, wahrscheinlich vorindogermanische, Stamm fort. Schließlich hieß die perfekte Abstraktion zum Thema *BERG*, der künstliche Kult- und Grabberg, ägyptisch *Pyr*amide. Mit *Pyr*enäen war wahrscheinlich allgemein das Gebirge gemeint. Das griechische *PYR* (für Feuer), von dem Feuer, Furor und ähnliche Wörter abstammen, aber auch unser *BR*and, ist hier interessant, spannt sich doch der Bogen von *Pyr*enaeus zu *Br*enner für ein und denselben Paß.

In diesem uralten Ge*pyr*ge entspringt also unser Inn: in den von den hier seit Urzeiten wohnenden Rätern [2] so genannten Alpen. Als Inntal dürfte in antiker Zeit das Tal bis zum Malojapaß hinauf betrachtet worden sein; dieses Tal hieß damals wie heute *En*gad*in* oder *En*iat*ino* (aus rätoromanisch en co de ina, lateinisch „in capite de eni", also „Am Kopf des Inn", soviel wie: „Land beim Ursprung des Inn").

Das Wort *Inn*, römisch O*e*nus, griechisch A*i*nos, rätoromanisch *En*, dem wir mit dem Lauf des *Inn* (selbst nach Passau) noch oft begegnen werden, entstammt einem keltoillyrischen, wahrscheinlich aber noch älteren *an, en, in* mit der Bedeutung „fließt". Hiezu gehört auch das irisch-keltische *am*, Wasser, Fluß.

Die indogermanische Präposition *an, anu* bedeutet allgemein ein „*an*", an einer schrägen Fläche h*in*auf. Auch das sanskritische *si*ndh, Strom, Fluß, von dem sich der *I*ndus und die H*i*ndus, die Bewohner dieser Flußlandschaft, ableiten, gehört zu diesem Urstamm „*in*". Wenn man den Begriff Strom, Fluß, Bach noch weiter abstrahiert von „fließen", als auch von „h*i*nansteigen", kommt man schließlich zu *In*-Sein, im S*i*nne von *In*nesein, dr*in*sein (*im* Tal, *im* Gelände, *in* der Erde).

Von allen Flüssen keltisch-illyrischer Nomenklatur trägt der *Inn* das Urwort für Fluß bar jeder Ergänzung durch Suffices. Wer hätte dem Inn solches zugetraut! Der Fluß, oder „das *INN*", wie die Inntaler sagen [3], muß also länger sein als die 510 Kilometer von Lunghino bis Passau. Einzig der Indus noch trägt seinen Namen so stolz und beinamenlos. So große andere keltische Flüsse wie die Rh*one* (röm. rhodanus), der Rh*ein* (rhenus), die S*eine* (antik. *se*nona) und die, zugegebenermaßen kürzere, aber doch recht prominente Th*e*mse (t*a*mesa) bescheiden sich damit, nicht der Fluß schlechthin zu sein.

Wie kommt es nun, daß der Fluß der Flüsse bei Passau (Castra Batava) seinen Namen an die Donau verliert? 15. v. Chr. besetzt Rom zur Sicherung seiner Nordgrenze das schon seit einem Jahrhundert in einem Königreich keltischer Stämme geeinte Noricum, vermutlich kampflos. Die heutige Donau wird Grenze des römischen Reichs, der Unterlauf des heutigen Inns jene der Provinzen Raetia und Noricum. Ab dem heutigen Wien, das in antiker Zeit noch die Grenze zwischen den keltischen Norikern und den schon thrakischen Pann*ON*iern markierte, hieß der Fluß Hister oder Ister, thrakisch Istros, wobei sich hier sprachlich der Volksstamm der Histri oder Istri (das dalmatinische Istrien!) für die mutuelle Namensspendung anbietet [4].

Der Inn fiel der Notwendigkeit einer kontinuierlichen Flußbenennung entlang der römischen Nordgrenze zum Opfer. Auch die römische Neurose des Gerademachens mag hier eine Rolle gespielt haben. Die Sprachgrenze, die hier, ähnlich wie beim heutigen Eisernen Vorhang, sofort entstehen mußte, förderte diese Entwicklung. Die antiken Geographen tradierten diesen Sachzwang im Grunde bis in heutige Zeit, und so heißt es eben von Passau bis zum Schwarzen Meer „Donau" und nicht mehr „das Wasser", INN. Keltisch-norische Geschichtsschreibung aus dieser Zeit könnte uns natürlich in dieser Frage weiterhelfen, doch die Kelten waren kein Schreibervolk. Woher stammt aber dann der Name Donau für den ganzen Fluß, der im übrigen erst vom Zusammenfluß von Breg und Brigach an, bei Donaueschingen, so heißt?

Etymologisch gesehen ist Donau aus dem sarmatischen *DAN*, *DON* (Fluß, Strom) entstanden, so wundert es auch kaum, daß es im Osten fast keinen größeren Fluß gibt, dessen Name sich nicht davon herleitet. Der *Don* (griechisch Tanais, tartarisch Tuna, Duna (!), der Urs-*Don* (weißer Fluß), der Kisil-*Don* (Goldfluß) fallen natürlich zuerst ins Auge. Aber auch den *Don*ez, ein Don-Zufluß, gehört hierher. Hingegen sind Dnjestr (Danaster) und Dnjepr (Danapris) schon schwieriger zu erkennen. Alle erwähnten Flüsse sind (für europäische Verhältnisse) durchaus beachtlich in ihrer Größe [5], womit indogermanisch „*dan*" für starkfließendes Gewässer auch zutrifft.

Der Inn/Ister dürfte seinen Namenswechsel den nomandisierenden Sarmaten verdanken, die ihren heimatlichen Flußnamen *Don* (der antike Grenzfluß zwischen Europa und Asien, zwischen Skythen einerseits und Saramaten andererseits) hierher gebracht haben dürften. Daraus wurde dann römisch Danuuius, Danubius und über ahd. Tuonouw und mhd. Tuonouwe schließlich unser heutiges Donau [6].

Wenn nun *INN*/Hister vom sarmatischen Donau nur überlagert wurde, müßte der Stamm *IN, AN* entlang des Flußlaufes noch vorhanden sein.

Im Oberinntal finden sich solch eine Menge von Orten, die *IN, AN, EN* enthalten, daß nur die bekanntesten erwähnt sein mögen. Z*ams*, W*enn*s, *I*mst (lat. *um*iste), Tarr*enz*, St*ams*, bei K*em*At*en* das Sellr*ain*. *Inn*sbruck kann hier nur insoferne angeführt werden, als es seinen Namen natürlich vom Inn hat. Das lateinische *OENI*pons ist aber erst die Übersetzung des deutschen Innsbruck und nicht umgekehrt. Das antike Oenipons lag bei Rosenheim, wo aus pons Oeni direkt das heutige Pfunz*en* entstanden ist. Hingegen leitet sich Wil*ten* vom römerzeitlichen Veldid*ena* (Inntal) ab.

Die Fluß- und Ortsnamen des Unterinntales auf Tiroler Boden sind heute fast alle bayerisch/schwäbischen Ursprungs. Aber wie unschwer zu erkennen ist, steckt natürlich auch in Watt*ens*, Terf*ens* und St*ans* das alte *en*. Der J*en*bach ist sogar eine germanisch-keltische Tautologie. Im bayerischen Voralpengebiet verlieren sich die Hinweise auf keltische Flußnamen. Fast wäre man versucht, doch den Inn in die Donau fließen zu lassen, wäre da nicht die eindeutig keltische (schon norische), rechtsufrige A*ntiesen* bei Schärding. Die Salzach, eine keltische Is*on*ta, von der die den P*in*zgau einst bewohnenden A*M*bis*on*ten ihren Namen haben. Aber auch hinter Passau bes*inn*t sich der *Inn* auf seine Ursprünge: Schon kurz nach Aufnahme der Donau finden wir die, aus dem Norden kommende linksufrige R*ann*a (vgl. die Orte Oberr*ann*a, Niederr*ann*a und R*ann*riedl).

Der keltisch-illyrischen Siedlung Ved*unia*, ved*un*is (Waldbach) (auf dem Leopoldsberg?) verdankt Wien seinen keltischen Namen. Auch der heutige K*an*al, die einstige W*ien*, ist solch ein ved*unia*, Waldbach, aus dem über Wied*en* unser Wien (Vi*enn*a), auch die Vari-

ante Fav*ia*nis) wurde. Das in der Schule gelehrte VINDOBONA, an dem wir als Kinder schon hart kiefeln mußten, ist es etwa aus vedunia bona (Schönwaldbach) entstanden?
In unserem römisch aufgepfropften Donauwahn haben wir uns die Sicht auf den Inn jahrhundertelang durch vin*DO*bo*NA* verstellen lassen. Ohne Zweifel fließt aber auch durch Wien schon lange der schöne Inn so wie durch *Inn*sbruck und L*in*zz, womit er zu einem geradezu re*in*österreichischen Fluß wird. Mosaiksteinchen am Rande sind E*n*zersdorf und Rod*a*un (der keltische Waldbach Rod*anna* und der nicht zufällig gewählte Name Ur*ANi*a [7] für den Ort des Zusammenflusses von Wien und Inn. Mit etwas Phantasie ließe sich auch Carn*un*tum heranziehen, bei Ha*in*burg wäre es zu schön, aber sie ist die schon im Nibel*un*genlied besungene Heimburc, die Burg des Haimo. Hinter Wien betreten wir schon einstig skythisch-thrakisches Sprachgebiet, weshalb der Inn endgültig Hister und dank sarmatischem Einfluß in allen Slawensprachen Don, Donau heißt.
Wenden wir uns aber wieder Wien zu. Hat nicht das keltische Element im mittelalterlichen Wien sich hartnäckig dagegen gesträubt, auch nur einen einzigen Topos der *Inn*eren Stadt mit der sarmatischen Don-Silbe zu beflecken? St. Stef*an*, auf einem alten heidnischen Heiligtum erbaut, und die nach Noricum führende Kärntner Straße (via Car*an*tana) sowie der beliebte Kultort Helden-*(Kelten-)*platz sind beredte Zeugen alten Keltentums.
Die Rückbenennung der Donau und des Hister in INN stellt uns vor einige Hindernisse. Kein Problem dürfte der Lauf der Donau von Passau an sein. Bis Passau fließt ja jetzt schon der Inn mit eigenem Namen, also auch auf freistaatlich bayerischem Gebiet. Die kurze Strecke von knapp drei Kilometern, vom Zusammenfluß von Donau und INN bis zur österreichischen Staatsgrenze, dann noch unter Donau zu führen, würde sich bald als politischer Treppenwitz erweisen. Im Ungarischen müßte man allerdings der Tatsache ins Auge sehen, daß mit den Sarmaten nicht zu scherzen ist, ab da wird der Inn, wie einst Hister, doch Donau heißen müssen.
Die heute bei Wien regulierte Donau könnte in den alten, vielarmigen INN rückverwandelt werden ... In drei, vier Generationen mit regelmäßigen Überschwemmungen könnte wieder ein prächtiger Innwald entstanden sein. Bis dahin sollte die Alte Donau in diesem Sinne ihren Namen beibehalten, ebenso die Neue Donau, das ehemalige Inundationsgebiet. Für die schiffbare, heutige Donau schlage ich den vorläufigen Namen „soge*n*a*nn*te Donau" vor, der Donauka*n*al ist ja jüngst ganz offiziell, wenngleich etwas kleinlaut, in kleine Donau umgetauft worden. Diese ist aber, hier kann es keine Kompromisse geben, unser alter INN.

Anmerkungen

1 F. J. Strauß, auch er verlegt gern Bäche oder legt welche an. Etwa den Rhein-Main-Donaukanal.
2 lat. Raetia, zu kelt. rait = Gebirgsgegend; Räter, Rätier = der Gebirgler, Älpler, auch Vindeliker (davon *augusta vindelicorum*, Augsburg), das heißt *die Glücklichen*, die Schönen. Ihre Herkunft ist trotzdem noch dunkel.
3 Mündliche Mitteilung von Prof. M. Scardanelli, Wilten.
4 Aus *Ister*, Hister wurde über *Vister, Oister* unser *Ostarichi* (das karol. *Vistarichi*) und daraus lat. *Austria*. (Also *Hister*reich)
5 (Dnjepr 2200 km Länge, Don 1970, Dnjestr 1352, Donez 1055) zum Vergleich die Elbe mit 1164 km.
6 ungar. *Duna*, tschech. *Dunaj*, serb./bulg. *Dunay*, rum. *Dunarea*, russisch *Dunai*.
7 *Urania*, die Muse der Astronomie — *eine keltische Disziplin*. Die Sternwarte mit ihrem menhirförmigen Ausguck: *a gael landmark*.

EXPERIMENT DONAUINSEL ODER AUSBRUCH AUS DEM RADFAHRERGHETTO

Christian Höller

Wenn sich sonntags bei schönem Wetter die Radlermassen mit jenen der Fußgänger durchmischen, Hybridradler zu Dutzenden ihre teuren Renner vom Autodach hieven und sich die wochentags „ersessene" Bürounbeweglichkeit aus dem Leib strampeln, dann erlebt man sie in Reinkultur: die Donauinsel als Radfahrerparadies. Beobachtet man das bunte Treiben, in dem sich Sonntagsradler — erkennbar am unsicheren Balancieren und am zu niedrig eingestellten Sattel nach dem Motto: Damit ich nicht so tief fallen kann — mit dem Gesundheitsbewußten im pastellfarbenen Trainingsanzug und den trainierenden Hobbyrennsportlern mischen, so stellt sich unwillkürlich die Frage: Wo — und vor allem wie kommen die alle hierher?

Ein Blick auf die inselnahen Parkplätze gibt beredte Antwort: Die Donauinsel hat sich zu einem hochrangigen Verkehrserreger entwickelt. Denn die schwachentwickelte Radfahrinfrastruktur Wiens, beziehungsweise ihre Konzentration im Freizeitbereich, führte dazu, daß die naheliegendste Anreise zur Donauinsel, nämlich die per Rad, nur über stark befahrene Straßen möglich ist. Das aber wird von vielen Hobbyradfahrern als zu gefährlich eingestuft.
Der Radtransport in der U-Bahn, als sinnvolle und in vielen Städten bewährte Ergänzung zum Radverkehrsnetz, wurde in Wien 1985 erlaubt, leider zu fast prohibitiven Bedingungen: zeitlich eingeschränkt auf Wochenende und Ferienzeit und zum Preis eines Erwachsenenfahrscheines pro Fahrrad. Was die Anreise einer Familie mit Fahrrädern kostet, kann man unschwer ausrechnen.
Noch immer ungelöst ist das Problem der „BMX-Kinder", die mit ihren geländegängigen Kleinrädern zunehmend zur Plage auf innerstädtischen Gehsteigen und zum Schrecken von Pensionisten werden: Pflichtbewußte Beamte der Wiener Verkehrsbetriebe achten peinlich darauf, daß diese Unter-zwölf-Jährigen ohne erwachsene Begleitperson nicht per U-Bahn zu den für sie geschaffenen Pisten an der Donau gelangen.
Solcherart von der Stadt abgeschlossen, ist die Bezeichnung „Quarantänestation für Radfahrer", wie es Verkehrsplaner Prof. Hermann Knoflacher pointiert formulierte, treffend. Dabei stellt die Donauinsel in ihrer für Wien einmaligen Verkehrsstruktur — nahezu uneingeschränkter Mischverkehr von Fußgängern und Radfahrern ohne aufwendige Verkehrsleitmaßnahmen — ein einzigartiges verkehrserzieherisches Lernfeld dar. Hier kann die gegenseitige Rücksichtnahme der Verkehrsteilnehmer bereits vom Kind in spielerischer Weise erlernt werden, zumal die allgemeine Freizeitstimmung ein viel gelösteres Miteinander-Umgehen ermöglichen sollte. So könnte der Freizeitverkehr auf der Donauinsel auf längere Sicht durchaus positive Auswirkungen auf das allgemein beklagte aggressive Verkehrsklima in Wien haben.
„Sollte", „könnte", denn dieser Aspekt erfuhr bisher viel zu wenig Beachtung und Pflege, sodaß eher der umgekehrte Einfluß beobachtbar ist: Das Recht des Stärkeren, das den Straßenverkehr bestimmt und tendenziell sogar von der Straßenverkehrsordnung festgeschrieben wird (zum Beispiel der Nachrang von Radwegbenützern, die Aushöhlung der Bedeutung des Schutzweges), droht sich auch auf der Donauinsel breit zu machen. Hier sind es vor allem die rennmäßig trainierenden Sportradfahrer, die in der Erwartung durch die Gegend sausen, daß ihnen alle anderen den Platz machen, den sie sich herausnehmen. Konflikte sind unvermeidlich, Unfälle nehmen zu. Die Lösungsansätze sind generalisierend und defensiv: so sollen nun die Treppelwege für Radfahrer unpassierbar gemacht werden. Eine Entwicklung, die die Idylle dieses Dorados für Radsportfreunde zu trüben droht.
„Radsportfreunde" — eine Bezeichnung, die dem Durchschnittspo-

Radfahren auf der südlichen Donauinsel

litiker in den Sinn und von den Lippen kommt, wenn er sich mit Zeitgenossen konfrontiert sieht, die dieser zweirädrigen Fortbewegungsart frönen. Alltagsradfahrer bringt diese Bezeichnung aber zur Weißglut. Denn mit Freude an der Bewegung, die nach einer Woche im Büro irgendwo im Grünen ausgelebt wird, hat die wochentägige Fahrt in der autodominierten Stadt — zur Arbeit, zur Uni, zum Einkaufen — wenig zu tun.
Es ist längst nicht mehr alternativer Trotz, der ungeachtet der atemberaubenden Abgasschwaden und der Aggressivität der Autofahrer in die Pedale treten läßt. In einigen europäischen Großstädten sieht

man auch die junge, dynamische Erfolgsgeneration in dunklem Anzug und Krawatte, mit dem Aktenkoffer am Gepäckstrӓger, die sich in den Berufsverkehr mischt. Eine Entwicklung, die auch in Wien nicht mehr aufzuhalten ist: Das Fahrrad als ernstzunehmendes Verkehrsmittel ist salonfähig geworden. Eine Entwicklung, hinter der handfeste Argumente stecken. So ist das Fahrrad im Stadtverkehr bei Entfernungen bis zu fünf Kilometer dem Auto und dem öffentlichen Verkehr erwiesenermaßen überlegen und auch darüber hinaus durchaus ebenbürtig. Zumal Staus und Parkplatzsuche für den Radfahrer der Vergangenheit angehören.
Auch die oft gehörten Gegenargumente: schlechte Luft aufgrund der Autoabgase und Gefährlichkeit wurden durch wissenschaftliche Untersuchungen bereits relativiert.
So verglich der deutsche Autofahrerclub ADAC — eine über den Vorwurf des Fahrradlobbyismus sicher erhabene Organisation — den Schadstoffgehalt (Kohlenmonoxid, Kohlenwasserstoff, Stickoxid) der Atemluft von Radfahrern und Autofahrern im Stadtverkehr und kam zu dem erstaunlichen Ergebnis, daß Autofahrer im Vergleich zu Radfahrern bis zum Doppelten von diesen Giften einatmen müssen. Folgerichtig schließt dieser Bericht mit der Empfehlung, das Auto öfter stehen zu lassen und mit dem Fahrrad zu fahren (ADAC-Motorwelt 6/84). Und was das Unfallgeschehen betrifft: Das sich hartnäckig haltende Gerücht, mit dem Radverkehrsanteil steige auch die Unfallzahl, wurde bereits wiederholt widerlegt. In Wien ist — laut Aussage des Radwegekoordinators bei der MA 46 (Verkehrsorganisation), Dipl. Ing. Ernst Glaser — der Anteil von Radfahrern an Verkehrsunfällen nicht auffällig.

Daß in Wien das Fahrrad als Verkehrsmittel letztlich doch zu einem verkehrspolitischen Thema wurde, ist zu einem Gutteil der „Arbeitsgemeinschaft umweltfreundlicher Stadtverkehr" (ARGUS) zu verdanken.
Dieser Verein, ein Zusammenschluß engagierter Radfahrerinnen und Radfahrer, konzentriert seine Aktivitäten seit 1983 auf den Radverkehr. Durch regelmäßige Kontakte zu den verantwortlichen Politikern und Beamten, durch öffentlichkeitswirksame Aktionen, sowie durch die Herausgabe der Zeitschrift „Drahtesel", die sechsmal jährlich die Radverkehrssituation in Wien kritisch aber sachlich unter die Lupe nimmt, schuf er eine wachsende Öffentlichkeit für die Radverkehrsprobleme, die im verstärkten Bemühen der Gemeinde um den Ausbau von Radverkehrsanlagen seinen Widerhall findet. Ein Bemühen, das in der geringen finanziellen Dotierung seine allzu eng gezogenen Grenzen findet und auf private Sponsoren angewiesen ist. Mit einem zügigen, stadtübergreifenden Ausbau der Radverkehrsanlagen ist deshalb in absehbarer Zeit leider nicht zu rechnen.
In dieser Situation gewinnt das Radroutenkonzept der ARGUS — ausgeschilderte Radrouten in verkehrsarmen Nebenstraßen,

ergänzt durch Radwege an nicht vermeidbaren Hauptverkehrsstraßen anstelle teurer Radwege — an Bedeutung. Ein Konzept, das auch von der Gemeinde bereits aufgegriffen wurde (zum Beispiel Radroute West, vom Gürtel nach Hütteldorf).
Die ARGUS legte ihr Radroutenkonzept auch ihrem „Stadtplan Wien für Radfahrer" zugrunde, mit dessen Herausgabe sie eine allseits anerkannte Pionierarbeit leistete.
Trotz eines nicht immer konfliktfreien Verhältnisses anerkennt die Gemeinde die Sachkompetenz der ARGUS und lädt ihre Vertreter regelmäßig zu Verkehrsverhandlungen, die den Radverkehr betreffen — und sei es auch nur, um ihnen die interbehördlichen Hemmnisse, die einem zügigen Ausbau entgegenstehen, vor Augen zu führen.
Angesichts des Radverkehrsanteils am Gesamtverkehr von nur 2—3 Prozent in Wien (vergleichbare Europäische Städte haben 10—20 Prozent) liegt ein großes, unausgeschöpftes Potential für die Lösung der noch immer wachsenden Probleme durch den motorisierten Individualverkehr (Lärm, Abgase, Parkplatznot, Staus...) im Ausbau eines attraktiven, flächendeckenden Radverkehrsnetzes.
Das Radfahrer-Potential kann auch durch die Radfahreinrichtungen auf der Donauinsel aktiviert werden. Denn wie die internationale Erfahrung zeigt, werden aus Freizeitradlern Alltagsradler: Ist erst einmal die Fahrsicherheit gewonnen, faßt man schnell den Mut, die angeeignete Fertigkeit in der Stadt zu erproben — gerade die autoverkehrsschwachen Wochenenden eignen sich dazu besonders gut. Die steigende Nachfrage nach den praxisorientierten Kursen „Radfahren für Anfänger" auf der Donauinsel und „Radfahren in der Stadt", die in Zusammenarbeit von ARGUS und VHS Margareten veranstaltet werden, bestätigen und unterstützen diesen Trend.
Neben den Alltags- und Freizeitradfahrern sei auf eine dritte Spezies von Radfahrern hingewiesen, für die sich der Donauraum zusehens als Kristallisationsstrecke erweist: die Radtouristen.
Erfreut sich diese Form des Reisens international noch immer steigender Popularität — weshalb ihr die österreichische Fremdenverkehrswerbung mit der Proklamierung des „Radwanderbaren Österreichs" für 1987/88 Tribut zollt — so rollen entlang des Donauradweges im Sommer tausende Radtouristen vom Westen nach Wien. Sie stehen nach der Idylle des Donautreppelweges plötzlich ohne Information und Wegweisung dem hektischen Stadtverkehr gegenüber. Diesen Wienbesuchern wurde bisher in keiner Weise gedacht. Es ist daher eine vordringliche Aufgabe, diesen Mißstand auszuräumen.
Eine ausführliche Informationstafel mit Stadtplan, Wegweiser in die Stadt, sowie ein Campingplatz für Radfahrer auf der dazu ideal gelegenen Donauinsel würden rasch Abhilfe schaffen, den ersten Eindruck der Stadt auf die wachsende Zahl der Radtouristen entscheidend verbessern und dem Ruf Wiens als Touristenstadt einen

vielleicht kleinen, aber sicher nicht unbedeutenden Pluspunkt hinzufügen.
So kann man zusammenfassen, daß vom Donauraum mit seiner hohen Attraktivität für Freizeitradler bisher kaum umgesetzte Impulse für einen menschengerechteren Stadtverkehr ausgehen. Kann es sich eine Stadt von der Größenordnung Wiens tatsächlich leisten, dieses Potential länger brachliegen zu lassen?

Radfahreridylle auf der südlichen Donauinsel

ALLTAGSKULTUR IN WIEN

DONAUINSEL ALS SOZIALPSYCHOLOGISCHES „ENTLASTUNGSGERINNE"

Dieter Schrage

Beim Inselwirt saugt an der „Lauge"
der Herr Franz mit fadem Auge
schwankend zwischen der Vernunft
und dem Ruf der Brunft,
Hochrot trippelt's Fräulein Roserl
stramm vorbei im Tanga-Hoserl ... [1]

Wenn wir wie ich davon ausgehen, daß Kultur vor allem auch als gestalterische Überhöhung des Alltags — auch unsere meisten Sonntage sind alltäglich — zum Zweck seiner Bewältigung und gesellschaftlichen Einbindung ist, so können wir die Donauinsel als eine der wichtigsten Wiener Kulturstätten — vom Mai bis September vielleicht wichtiger als das Theater an der Wien oder das Kunsthistorische Museum — ansehen. Auf der Donauinsel und am Entlastungsgerinne (Neue Donau) ereignet sich beim sommerlichen Wetter massenhaft Kultur, alltägliche Kultur. Viele, viele Tausende ölen sich ein, liegen auf der Wiese oder auf dem harten Untergrund der Uferbefestigung, sie dösen, planschen, schwimmen, plaudern, schmusen, spielen, essen und trinken. Sie steigen aus ihrem Alltag aus, lassen Hüllen fallen und gehen baden, um dann wieder in ihren Alltag einsteigen zu können: Kultur als Bewältigung. Doch wo bleibt die in der Eingangsdefinition geforderte gestalterische Überhöhung?

Diese beginnt schon beim Entkleiden und setzt sich beim Einölen fort: wir müssen nur einmal beobachten, mit welchem Ritual die Schöne aus Stadlau ihren Sonnenschutzfaktor 4 auf ihrem bereits gebräunten Körper verteilt. Oder die sorgfältige Einölprozedur eines jungen Vaters bei seiner dreijährigen Tochter. So pflegt er sonst nur seine Kawasaki. Und dann die ganze Supermarkt-Kultur der Klappstühle, Klapptische, Liegebetten, Kühlboxen. Welche bunte Plastik-Pop-Welt! Auch diese üppigen Inszenierungen unter einer alten Feldulme sind Kultur. Und dann die Inhalte der Kühlboxen: Säfte, Salate, Bier, Wodka, Hendel, Schnitzel, Kiwi, Pfirsiche, Faschierte Laibchen, Bananen, Krakauer. Es ist schon ungeheuerlich, was manche Familien so an einem Samstag/Sonntag mit an den „Lido der Wiener" schleppen. Und dann noch die Bälle, Surfbretter, Federballspiele, Schwimmatratzen. Wer da kein Auto hat, kann diese Pracht gar nicht ausleben. Grundsätzlich gibt es an der Neuen Donau den Zimmer-Kuchl-Kabinett-Badetypen. (Ich würde auch dazu neigen, wenn Margit mich nicht einbremsen würde.) Und es gibt den asketischen Typen, der hier ebenfalls vertreten ist: ein Badetuch, etwas Sonnenöl, eine Zeitung, ein Apfel, ein Stück Vollkornbrot mit Gervais. Aber eines Tages werde ich mir auch eine riesige, orange Kühlbox kaufen. Donauinsel-Kultur heißt auch: in Maßen seine Sehnsüchte ausleben. Diesen begegnen wir auf der Donauinsel auf Schritt und Tritt: sowohl den Sehnsüchten als auch den Maßen.

Donauinsel: breite Populärkultur

Die Donauinsel — und das macht sicher auch wesentlich ihre Qualität und Anziehungskraft aus — ist ein Ort der kleinen Sehnsüchte, Freiräume, Abenteuer. Und sie ist auch eine groß und mehr oder weniger planvoll angelegte Stätte der Kanalisation. Geschickt hat die Gemeinde Wien — wenn es ihr nicht nur passiert ist — dieses Areal außerhalb der Stadt plaziert und hat es durch die Art der Anlage unter Kontrolle. Auf der Donauinsel bzw. an der Neuen Donau gibt es kaum eine Subkultur. Sicher gab es so etwas in der Lobau an der Dechantlacke. Fritz Keller beschreibt dies in einem Artikel über die Lobau: *„Dort treffen sich alle Stämme, die den „Bund des Großen Friedens" geschlossen haben: die 68er Mohikaner mit ihren Clans der Promis und Adabeis, die Junkies und Gurus, die Berdaches (auch Hosis genannt) und die Heteros, die Alternativos, bei denen gerade eine Blutfehde zwischen den Realos und Fundis läuft, die Emanzen, Pendler, Schamanen und sogar noch einige Normalos."* [2] Heute hat sich die einstige „Szene" von der Dechantlacke weitgehend in den FKK-Teil des Gänsehäufels zurückgezogen.

Es gab eine Subkultur — eine Kultur der Linken, der Lebensreformer, FKKler, Aussteiger — in der Zwischenkriegszeit in der Lobau, besonders auf der Hirscheninsel und an der Alten Donau [3]. Diese Subkultur ist heute von einer breiten Populärkultur eliminiert worden. Kritiker der Donauinsel sagen, diese gigantische (Freizeit-)-Anlage entziehe der Stadt (zum Beispiel den vielen kleinen und größeren Bädern in den einzelnen Bezirken, aber auch anderen dezentralen Einrichtungen) urbane Energien. Auch das monsterhafte Ausmaß der Anlage, die zwangsläufig zu einer zeitweisen Bevölkerungsanballung führen muß, wird kritisiert.

Donauinsel: ein typisches Wiener Großprojekt

Die Donauinsel reiht sich ein in die Reihe der prestigebetonten Großprojekte zwischen AKH und Konferenzzentrum, die seit mehr als 20 Jahren wesentliche Teile der Wiener Kommunalpolitik bestimmen und die durch ihren ungeheuren Finanzbedarf bevölkerungsnahen kleineren Projekten die finanziellen Mittel entziehen. Dabei ist die Donauinsel, so sehr dieser Zweck heute in den Vordergrund getreten ist, nicht als Freizeitanlage entstanden, sie dient vor allem dem Hochwasserschutz für Wien und der Wasserwirtschaft. *„Jetzt wird mit großem Propagandaaufwand die Ausgestaltung des Ingenieurprojektes fast als der eigentliche Zweck des riesigen Unternehmens verkauft, dabei wird bloß das Selbstverständliche gemacht, nämlich das verlorengegangene Erholungsgebiet wiederhergestellt."* So schrieben wir 1978 im Rahmen einer Arbeitsgruppe „Wiener Mängel" [4]. Im selben Jahr mutmaßten wir, es sei noch gar nicht gesichert, daß dieses neue Areal dem breiten Bevölkerungskreis aller Wiener und Wienerinnen wirklich zur Verfügung steht. *„Erst nach langen internen Streitereien hat man vorerst entschieden, die Donauinsel nicht zu verbauen. Es ist fraglich, ob es dabei bleibt. Es besteht weiterhin die Gefahr, daß die attraktivsten Flächen der exklusiven Benützung einzelner Vereine vorbehalten*

Donauinselfest

bleiben und daß ein Teil der Projektskosten durch die Kommerzialisierung ausgerechnet bei der Erholungsnutzung wieder hereingebracht werden sollen." [5]

Heute muß ich feststellen, daß die Donauinsel bei den Wienern angekommen ist (an manchen Sommer-Wochenenden suchen dort fast 200.000 „Stadtflüchtlinge" Entspannung) und daß sie zunächst einfach einem dringenden Bedürfnis nachkommt. Und selbstverständlich bleibt solch ein Massenzug mittels Auto, U-Bahn, Schnellbahn, Bus, Fahrrad und Autostop nicht ohne Folgen. Eine schier endlose Blechlawine drängt sich an einem schönen Juni-Samstag-Vormittag über die Raffineriestraße. Für viele Tausende beginnt Badevergnügen mit Stauqualen. Die Parkplätze — immerhin sind es 35.000 im näheren Bereich der Donauinsel — sind überfüllt, Straßen werden abgesperrt, abenteuerlich wird irgendwo irgendwie geparkt. Der Bus 91 A ist zum Bersten voll, der Ohnmacht nahe erreiche ich die Haltestelle Finsterbuschstraße. Wie die Sprotten aneinandergedrängt liegen die Wiener und Wienerinnen an den schönen und weniger schönen Plätzen. Die Zimmer-Kuchl-Kabinett-Arrangements sind heute noch enger aneinandergerückt. Ein Gemeindebau aus der Zwischenkriegszeit ist dagegen ein lockeres Dorf. Und doch hat diese Dichte für den, der es mag — und viele Wiener mögen es — eine gewisse chaotische Qualität — gebremst durch die lähmende Hitze. Im Wasser sind meist erstaunlich wenig Menschen. Ich mag den Trubel am Ufer — solange er im Schatten stattfindet. Ich mag das Wurlen der Kinder, ihr Quieken und Plärren, die mahnenden Rufe besorgter Mütter. Ich mag den Rock aus vielen Recordern, die Schmähs der Kartenspieler. Und ich bewundere die nackte, braungebrannte 110 Kilo-Schöne, mit welcher Gelassenheit und mit welchem Geschick sie mit ihrem Partner über etwa zehn Leiber hinweg Federball spielt. Nur die Hunde mag ich absolut nicht. Für die vielen Hundebesitzer würde ich einen eigenen Badeabschnitt schaffen. Aber vielleicht ist das nur mein Problem. Am Imbißstand beim Öllager sind mir die schönen Rassehunde mit ihren nicht zu ihnen passenden Besitzern aufgefallen. Und bei manchem Herrl sind die etwas zu dicken Goldringe und -ketten unübersehbar. Viele sind auch tätowiert. Ich esse am Buffet ein Grill-Beiried, sein würziger Duft mischt sich mit dem süßlichen Duft vom nahen Ölhafen. Jetzt unvorstellbar: Im Winter geht Margit in dieser Gegend zum Schilanglaufen. Bei der großen Sandkiste erzählt Waluliso den Kindern Märchen. Nele, meine charmante, siebenjährige Mitbewohnerin in der Lobau, berichtet vom echten Prinzen mit dem Leberfleck und vom falschen und wie sich der Friedensstifter Waluliso zwischen die kämpfenden Truppen gestellt hat.

Alternative: mehr Struktur

Ich radle den schnurgeraden Weg an der Neuen Donau entlang und überlege, welche Alternativen es bei der Gestaltung dieser insgesamt einundzwanzig Kilometer langen Flußinsel geben könnte beziehungsweise gegeben hätte. Einfach nicht bauen dürfte keine Alternative gewesen sein. An der Notwendigkeit eines größtmöglichen Hochwasserschutzes für Wien zweifle ich kaum. Obwohl ich perfektionistischen Ingenieurprojekten immer irgendwo mißtraue. Auch eine teilweise Verbauung — etwa im Bereich der Reichsbrücke und der Floridsdorfer Brücke —, was städtebaulich eine stärkere Anbindung des 21. und 22. Bezirks an das übrige Wien bedeutet hätte, ist jetzt kaum eine Alternative. Die Realität ist die massenhaft besuchte Wiener Freizeitinsel. Doch trotz dieses überall sichtbar werdenden Massencharakters würde ich die Kultur an der Neuen Donau nicht als Massenkultur bezeichnen. Zunächst einmal ist mir der Begriff „Masse", bei uns stark von Le Bons Massenpsychologie und Ortega y Gassets „Aufstand der Massen" geprägt, zu elitär, zu anmaßend. Und dann, obwohl sich das Angebot an eine Masse richtet, gibt es am „Donau-Lido" doch sehr viel (Rest-)Individualismus. Und dieser Individualismus mit Einschränkung läßt sich auch auf zwei Quadratmetern verteidigen: so das alte, sportliche Ehepaar, das sicher noch die FKK-Kultur auf der Hirscheninsel gekannt hat, oder die reich mit Bade-Hausrat ausgestatteten Jugoslawen mit dem schwarz gekleideten Großvater im Schatten. Ich plaudere ein paar Worte mit dem Paar neben uns, die beide zu den „Friedenslehrern" gehören und die ihrem mißmutigen Sohn versprechen, am Abend noch ins Kino zu gehen. Nein, Massenkultur ereignet sich an der Donau trotz der Massen letztlich nicht. Mas-

Grafiti auf der Wand einer verfallenen Lagerhalle am südlichen rechten Donauufer

senkultur ist der ORF oder sind die Bastei-Romane; dort produzieren wenige, ökonomisch und/oder politisch Mächtige etwas, was dann von einem nicht mehr in Gruppen faßbaren, massenhaften Publikum konsumiert wird. Auf der Donauinsel ist doch ein gewisser Spielraum für Aktivitäten, vor allem für Selbstinszenierungen, und vor allem für vielfältige Kommunikation zwischen Tratschen, Diskutieren und Anbandeln gegeben. Ich radle noch immer geradeaus in Richtung Nordteil, ich komme nun zu der riesigen Baustelle zwischen Prater- und Reichsbrücke. Alternativen? Mehr zwanglose Angebote und Freiräume für Aktivitäten — so wie die Grillstellen für Gruppen. Ich erinnere mich an ein gelungenes Geburtstagsfest einer Kollegin meiner Frau. Und einmal war ich bei einem Aktivfest einer Gruppe kritischer Personalvertreter der Gemeindebediensteten. Vielleicht könnte auch das Angebot an anspruchsvoller Kultur — so wie Herman Prigann auf der Donauinsel eine Kunstaktion verwirklicht hat oder die hervorragende „Anima"-Aufführung des Serapionstheaters — intensiviert werden: beispielsweise mit einem Fischereimuseum oder einem qualitätsvollen Freilichtmuseum. Auch könnten noch betont kleinere, in sich strukturierte Einheiten geschaffen werden. So wie die Alte Donau noch ein sehr strukturiertes Gebiet ist. Sicher, diese ist gewachsen, die Donauinsel nur gemacht.

Gefahr: eine fortschreitende Kommerzialisierung

Die Stadtverwaltung — und das wird ihr nicht leicht fallen, sie ist ja zunächst immer eine Verwaltung — müßte dafür Sorge tragen, daß die Donauinsel wachsen und sich differenzieren kann. Noch wird die Kanalisation der Bedürfnisse zu augenscheinlich. Irgendwie ist die Neue Donau für mich auch ein stadtstrukturelles, sozialpsychologisches Entlastungsgerinne. Nach Michel Foucault ist die gesellschaftliche Kontrolle heute „*nicht mehr repressiv, sondern stimulierend (...): Entkleide dich, aber sei schlank, schön, gebräunt!*".
Aber was sind all diese Theorien gegen einen Abend in der Safari-Lodge-Disco. Bummvoll. Nur mit Glück ergattern wir Plätze am Rande der Disco. Wieder die vielen Tätowierten, wieder die Rassehunde mit den nicht zu ihnen passenden Besitzern. Und da sind auch die zahlreichen Facharbeiter mit ihren Mädchen, die Samstag abends groß ausgehen. Heute abend gibt es eine Transvestitenschau. Rührend dilletantisch. Transvestiten aus der Donaustadt. Das muß eine Spezialität der Donauinsel sein. Auf der Insel gegenüber der Disco an der Steinspornbrücke leuchten die frisch entzündeten Grillfeuer. Gruppen können sich zu einem Grillfest zusammentun. (Telefonische Anmeldung unter der Rathaus-Nummer 42 800/3102.) Wieder der ganz große Hausratsaufwand. Etwa fünfzig Meter weiter feiert eine Firma ein Betriebsfest. Mit eigener Band und vielen jungen Leuten. Der Discjockey der Safari-Lodge kündigt eine kommende Miss-Donauinsel-Wahl an. Der Kurier schreibt einen Donauinsel-Gedicht- und -Song-Wettbewerb aus. Und regelmäßig finden auf der Donauinsel groß aufgezogene Kommerz- und Politfeste statt. Auch gibt es bereits einen kommerziellen Insel Express als p.r.-finanzierte Gratiszeitung. Die organisierte Kultur nimmt zu. Von der Reichsbrücke wird die Kommerzialisierung ausgehen. Man besuche nur einmal das Pizza-Paradies. Das ist nicht das, was ich mir unter der kulturellen Qualität der Donauinsel vorstelle. Zunächst einmal ist ein gewisser Schwebezustand zwischen Freiraum und organisiertem Angebot, zwischen Entfaltung und Verwaltung zu sichern. Dieser Schwebezustand

darf nicht gefährdet werden. Das Schlimmste, was der Donauinsel passieren könnte, wäre ein groß angelegter Club mediterrané. Ich radle langsam am Kuchelauer Hafen vorbei.

Anmerkungen

1 Zitiert im Kurier vom 9. August 1986, Wird „Insel-Blues" ein Hit?, S. 21
2 Ausführlich beschrieben in: Fritz Keller, Die Wigwams der Lobau-Indianer; in: Dieses Wien — Ein Führer durch Klischee und Wirklichkeit (Junius-Verlag), Wien 1986, S. 115/116
3 Fritz Keller, Lobau — Die Nackerten von Wien, Wien 1985
4 Wiener Mängel — Die Unterversorgung mit bevölkerungsnahen Einrichtungen — Reihe: In Sachen, Heft 6, Wien 1978, S. 106
5 wie 4

DIE DONAUINSEL — ERLEBT, ERFORSCHT

Ernst Gehmacher

Wenn ein Historiker oder Wissenschaftsarchivar meine Biographie schreiben wollte, würde darin die Donauinsel gar nicht vorkommen oder sehr wenig Raum einnehmen. Dieser Ernst Gehmacher wäre darin als junger Agraringenieur mit starkem sozialen Gewissen, als Journalist mit wissenschaftlichen Neigungen, später als gesellschaftspolitischer Sozialforscher abgebildet, dessen wichtigste Leistungen mit Begriffen wie Wertwandel, Wählerstromanalyse und vollwertiges Wohnen verknüpft sind. Nur in einer sehr ausführlichen Lebensdarstellung würde erwähnt, daß er beim ersten Wettbewerb um das Entlastungsgerinne als sozialwissenschaftlicher Experte einem der Gestalter des Architektenteams gedient und beim Donauraum-Wettbewerb des Jahres 1986 dann in der großen Vorprüfungskommission, im human-wissenschaftlichen Team, für die Stadt Wien mitgewirkt habe. Ein sehr gewissenhafter Biograph würde vielleicht noch anmerken, daß Gehmacher, ein bekannt fleißiger Wanderer, Skiläufer und Bergsteiger, im Winter auf seinen

Langlaufbrettern auch auf der Donauinsel und sogar am Donaukanal mitten in der Stadt gesehen wurde. Die Donauinsel sozusagen als Ersatzgebirge.
Das alles wäre, wie meist bei Biographien, nicht falsch, aber auch nicht richtig. Die Donau, und damit ist der Wiener Donauraum gemeint, nimmt in meinem Leben einen weit größeren Platz ein, als es der Blick auf die spektakuläreren Ereignisse und Leistungen meiner Biographie ahnen ließen. Dabei verweben sich die beiden Bereiche Arbeit und Freizeit in einer besonderen Weise.
Meine erste Berührung mit der Donau kam ziemlich spät. Ich bin nicht an der Donau aufgewachsen, sondern in Salzburg, dann in Breitensee, Maria Enzersdorf und Brunn am Gebirge. Die Landschaft, die ich als Kind und Jugendlicher lieben lernte, waren die Berge und der Wienerwald — dem entsprechen noch heute meine besten sportlichen Fähigkeiten; ich bin geübter Wanderer, Waldläufer, Skifahrer und geschickt im Gebirge. Schwimmen habe ich erst mit zwölf Jahren, in romantischen kleinen Freibädern, gelernt. Ein wirklich guter Schwimmer, in bezug auf Stil und Schnelligkeit, wurde ich nie.
In der Donau schwamm ich zum ersten Mal, als ich — schon frischgebackener Diplom-Ingenieur der Bodenkultur — für die Wünschek-Dreher'sche Gutsverwaltung Gutenhof-Velm die Getreidelieferungen in die Kornspeicher am Alberner Hafen überwachte. Da saß ich im Hochsommer viele Tage am Wasser und hatte zwischen den einzelnen Anlieferungen stundenlang Zeit zum Baden und Sonnen. Das Arbeitstempo war damals gemächlich.
Anfangs wagte ich mich nur mit Bangen in den Strom. Der Triumph war groß, als ich zum ersten Mal die Donau überquerte, dann, mich wieder erwärmend, in der Lobau flußauf lief und zurückschwamm.
Gegenüber dem Alberner Hafen badeten die Nackten. Befremdend. Verlegen drückte ich mich vorbei, erstaunt, wie wenig mich diese unbefangene Nacktheit, die so jeder Aufforderung entbehrte, erregte. Aber wieder verwirrt, als eine junge Frau mir zulächelte. Die Kinder blickten mir verwundert nach. Ich schämte mich der Badehose. Die Donau nahm mich auf.
In den nächsten Sommern freute ich mich auf die Getreidelieferungen wie auf einen Urlaub. Vierzehn Tage, drei Wochen lebte ich dort an den Lagerhäusern in der Au, auf beiden Seiten der Donau. Mit dem Strom wurde ich vertraut: tauchte, wo ich zuvor gefürchtet hatte, von Strudeln in die Tiefe gezogen zu werden, bis zum Kiesgrund der Sandbänke, ließ mich von der Strömung tragen statt gegen sie zu kämpfen, winkte den Schiffern zu, wenn ich in wenigen Metern Entfernung an den Frachtkänen vorbeitrieb.
Die Enge der Gemeinschaft des Gutshofes, ihre Bewältigung, formte mich zum Gemeinderat und Lokalobmann der SPÖ, zum Literaten und kritischen Sozialwissenschafter: ein mühsamer Prozeß.

Freiheit bedeutete für mich damals Einsamkeit, Alleinsein: auf den Urlaubs-Radtouren, die mich bis nach Süditalien und in die Pyrenäen führten — und an der Donau. Ich radelte nun auch an freien Tagen im Sommer an den Strom und schwamm kilometerweit hinunter, bis Fischamend und Orth und weiter. Es gab Jahre, in denen die Tage an der Donau einen größeren Teil meiner Freizeit füllten als Skifahren und Bergsteigen. Nur auf dem Rad war ich damals noch mehr zu Hause, einfach weil ich das ganze Jahr hindurch fahren konnte. Sogar zum Schneeberg radelte ich, die Skier, damals noch leichte Holzlatten, auf das Fahrrad geschnallt.

Das Fernweh von damals ist in ein bewußtes Kontakthalten mit der Welt übergegangen. Doch die erste Sommerhitze, oft schon im Mai, erweckt in mir die Sehnsucht nach der Donau. Und immer ist die Stromlandschaft für mich auch Symbol des kurzfristigen Aussteigens aus dem Arbeitsalltag gewesen, des Abstreifens der Kleider und des Hineinspringens in den Strom der Gefühle.

Studiert und geschrieben habe ich unzählige Male dort: bei Jausenhütten, im Gänsehäufel, seit es die Donauinsel gibt, auf den Holztischen in der Nacktbadezone, beim Kiosk neben der Traisenbrücke, oder im Herbst auf dem Donauturm. Viele Mittagspausen und Feierabende habe ich zum Bootfahren auf der Alten Donau, zum Schwimmen im Strom, zum Laufen am Ufer genützt.

Sommertage an der Donau, die sich als große Erlebnisse unauslöschlich meiner Erinnerung eingeprägt haben: die Reise mit dem Schlauchboot von Tulln nach Wien, mit den Kindern — Picknick auf der Schotterinsel, die Landung im Klosterneuburger Strandbad, die literarischen Assoziationen, das Reden über die Türkenbelagerung und wieder das Eintauchen in kräuselndes Wasser, wie uns unser Sohn durch die überschwemmte Lobau führte, bis zur Brust in Schilf watend, mit den Binkerln auf dem Kopf — wie im tiefsten Afrika, das Würstelbraten im Überschwemmungsgebiet.

Reges Treiben auf der Donauinsel

Dazu gehört aber auch der denkwürdige Spaziergang mit Bert Gantar, einem befreundeten Architekten. Der Wettbewerb der Gemeinde Wien zur Gestaltung des Entlastungsgebietes stand vor der Tür. Das Team, dem Bert Gantar angehörte, hatte mich gebeten, mit meinem Fachwissen zu helfen. Mein Institut hatte gerade eine Umfrage über die Freizeitgewohnheiten der Wiener gemacht, eine erdrückende Masse von Angaben darüber, was die Wiener zur Erholung und Unterhaltung tun, lag vor. Wie sollte ich daraus schließen, wozu eine neue zu bauende überschwemmungsfreie Donauinsel gut sein könnte?

Einige Architekten, darunter Freunde und gute Bekannte, waren der Ansicht, man solle diese Gelegenheit nützen, um Wien quer über die Donau zu bauen, also auf der Insel und an beiden Ufern ein neues Zentrum schaffen, die Stadt ernstlich an die Donau rücken. Andere, darunter auch Bert Gantar, wollten die Natur erhalten. Der große Konflikt zwischen Ökonomie und Ökologie zeichnete sich ab.

Es war noch nicht Badewetter, aber ein schöner Frühlingssamstag. Gantar und ich zogen von der Floridsdorfer Brücke stromauf. Und sahen den Menschen zu. Bewußt. Nachdenklich. Wir zählten. Nun, es waren in dem ganzen nördlichen Teil wohl nur etwa zweitausend Menschen. Doch sie schienen glücklich. Sichtlich genossen alle das Leben, ob sie nun Drachen steigen ließen, Ball spielten, am Strom saßen, lachten, liefen, radelten, ritten, ... Was wäre, wenn man sie aus dem Überschwemmungsgebiet vertriebe? Wären kleine lokale Grünflächen genauso gut? Hätten sie noch Platz an der Alten Donau oder im Prater? Wir blickten lange auf die Weite des Überschwemmungsgebietes, auf den Strom und das Kahlengebirge dahinter, auf die ziehenden Wolken.

„Auf einer Skala der Lebensqualität ist das schon weit oben — hm." „Aber nur für zweitausend. Lohnt sich das?" „Also, Privilegienabbau für die unteren Zweitausend?" „Oder Privilegienausdehnung auf Hunderttausend?" Monate später, bei einer der Sitzungen der Wettbewerbsjury mit den Architekten-Teams, kam es dann zu jenem lauten Gelächter, das ich als einen der Markierungspunkte meines Lebens betrachte. Ich hatte eine Prognose vorzustellen, die aus der Wiener Freizeitstudie abgeleitet worden war. Ziemlich gewunden erklärte ich, daß für ein badetaugliches Entlastungsgerinne, das optimale Erholungseigenschaften aufweise, nach einigen Jahren der „Angewöhnung" an schönen Sommerwochenenden bis zu 150.000 Besucher zu erwarten wären.

„Wie viele?" „Unter günstigen Verhältnissen bis zu 150.000." Große Heiterkeit. Mit rotem Kopf stotterte ich, daß dies nur die Summe jener Freiraum- und Badenutzungen sei, die an sich auch jetzt schon an manchem Wochenende in Wien in Anspruch genommen werde, und mit dem Angebot steige wohl noch die Nachfrage.

Ich ging von dieser Sitzung mit dem Gefühl weg, meinen Ruf als seriöser Sozialforscher gewaltig geschädigt zu haben. Ein Jahr lang

lebte ich unter diesem Eindruck und machte mir Vorwürfe, meinem Institut einige Chancen auf Arbeiten für die Gemeinde Wien genommen zu haben. So sicher war ich meiner Prognose ja nicht. Es beschlichen mich auch Zweifel, ob die Sehnsucht nach einem Erholungsgebiet an der Donau wirklich so groß sei. Unterlag ich da nicht vielleicht doch Einflüsterungen meiner eigenen Vorlieben? Bis heute weiß ich nicht, wieviel meine verlachte Prognose dazu beigetragen hat, daß die Donauinsel so konsequent als Grünraum gestaltet wurde. Wahrscheinlich läßt sich so etwas überhaupt nicht eruieren.
Ich kam noch mehrmals zu Wort. Vergeblich plädierte ich für die Verlegung der Autobahn vom nördlichen Ufer weg — doch kamen dann die „Grünbrücken" und die Lärmabschirmung den Argumenten für eine ungestörte Erholungslandschaft entgegen. Die Wasserbauer mußten auf ihren geradlinigen und festen Uferverbauungen bestehen — aber einige Badebuchten und Altarme konnten dann doch eingefügt werden.
Dem fertigen Plan der Donauinsel konnte ich, auch von meinen persönlichen Vorurteilen her, voll zustimmen. Das Prinzip des Erholungsvorranges hatte sich durchgesetzt. Als Wissenschafter kann ich nicht glauben, daß dies die einzig mögliche Lösung ist: Wien an die Donau rücken, ja über die Donau wölben. Das wäre zwar auch ein Stadtkonzept, könnte auch Vorteile bringen — nur eines ist sicher: Diese Option steht einer vielleicht wachsenden, einer vielleicht durchgrünten Stadt in Zukunft immer noch offen. Der Entwicklungspfad zu einem durchgehenden Grüngürtel an der Donau, zu einer Stadt mit „Urlaubsqualität", wäre hingegen für sehr lange, ja für immer verbaut. Die Stadt Wien hat offenbar den vorsichtigeren Entscheid getroffen. Und er hat sich, das wissen wir heute, über alle Erwartungen, selbst über meine Prognose hinaus, als erfolgreich erwiesen.

Wie sehr und wie rasch die Wiener auf der Donauinsel heimisch wurden, hat mich selbst überrascht. Ich hatte anfänglich befürchtet, für viele Jahre durch die Bauarbeiten aus einem Teil des Wiener Donaubereiches verjagt zu werden, und geglaubt, für eine fernere Zukunft Opfer bringen zu müssen. Doch an meiner Familie lernte ich, wie viel man als Natur erleben kann. Wir spielten auf den öden Schotterbergen „Sahara" und „Mesa mexicana", nützten die ausgebaggerten Gerinne zum „Wildwasserschwimmen" und erlebten mit, wie die neuen Wertmuster am stetig wachsenden Entlastungsgerinne die Anzahl der Nacktbadenden wachsen ließen.
Wertmuster: Für ein Marktforschungsprojekt suchten einige meiner Mitarbeiter aus allen Parteianhängerschaften Postmaterialisten, also ausgeprägte Vertreter des grün-alternativen Denkens. Ich riet ihnen — es war herrlichstes Badewetter —, Interviews am unteren Donaugerinne zu machen. Der Erfolg überraschte uns alle: Hundert Prozent der unbekleideten Sonnenanbeter — ob alt, ob jung,

ob Autofahrer oder Radfahrer — bekannten sich zu Umwelt, Selbstentfaltung, Partizipation und was sonst noch zum recht rigorosen soziologischen Postmaterialismus-Test gehörte.
Als Sozialforscher konnte ich mit Genugtuung verzeichnen, daß meine Prognosen sich Sommer für Sommer erfüllten, daß mehr als die Hälfte aller Wiener die Donauinsel genießen. Und der zentrale Part der Insel wird ganz von selbst zur Stadt: Dort nähert sich das Sommerhalbjahr hindurch die Nutzungsdichte der eines City-Parks, und zu den großen Inselfesten wird das Menschengewühl über Kilometerlänge so dicht wie auf der Kärntnerstraße — selbst die Radfahrer müssen dann auf ihr Insel-Vehikel verzichten. Schon könnte man eine soziologische Landkarte der Donauinsel zeichnen, mit Pensionistenzonen, Jugendkulturarealen, Snobreservaten, Einzelgängerschlupfwinkeln. Und noch sind die Baufirmen nicht fertig. Wenn ich zu schätzen versuche, wieviel meiner eigenen Freiluft-Freizeit ich in den letzten zwölf Monaten im Donauinselbereich verbracht habe, komme ich auf etwa ein gutes Viertel: Eine Hälfte gehörte Wochenenden und Urlaubstagen weiter weg von Wien, der Rest vor allem dem Wienerwald. Im Sommer allerdings schlägt die Balance immer mehr zugunsten der Donaulandschaft aus. Ich gehöre zu der wachsenden Mehrheit der Wiener, die auch einige Urlaubstage an der Donau verbringen.

Als nun die Stadt Wien im Gefolge des geplanten Wiener Donaukraftwerkes den Wettbewerb für die Gestaltung des Donauraums ankündigte, besprach ich mich mit einigen Architekten-Freunden. Utopische Pläne, vom Staudamm und seiner Umgebung als Gesamtkunstwerk, spann ich mit dem Bildhauer Hans Muhr, des-

sen Instinkt für die Affinität der menschlichen Psyche zu Stein und Wasser mich immer fasziniert hat.
Die Einladung der Gemeinde Wien, als Humanwissenschafter diesmal auf der Seite der ausschreibenden Planungsbehörde zu wirken, bot mir die Möglichkeit, meine Ideen noch direkter einzubringen — schon in die Ausschreibung für den Gestaltungswettbewerb. Dennoch fiel mir die Zusage nicht leicht. Sie bedeutet, daß ich jetzt eine offizielle Prognose abgeben muß, die für die Teilnehmer am Wettbewerb mehr oder weniger verpflichtend wird. Niemand wird mehr laut lachen — aber das heimliche „Bitte-wenn-man-es-so-will" bürdet mir eine Verantwortung auf, die einen Soziologen stärker belastet als Lächerlichkeit, bei der man sich im Recht wähnen kann.
Persönliche Gefühle kommen dabei ins Spiel. Läge mein eigener Lebensstil im Zeittrend, wäre ich selbst ein „Vorläufer", so fiele die Vorschau nicht schwer. Dann würde man in aller Eile Wien für Fußgänger und Radfahrer, für Kaffeehausleser und Beislesser, für Badegesellige und Sauna-Habitués, für das Bootfahren in der Mittagspause, das Skilanglaufen nach Feierabend und das Beieinandersitzen nach dem Konzert, Theater oder Kino ausbauen müssen. Mit einem Schlagwort: für das „vollwertige" Leben in einer Stadt, in einer Stadt, wo man gern auf Urlaub hinfährt (oder gelegentlich auch bleibt). Dann müßte man den Donauraum zu einer Freizeitzone machen, die mitten in die Stadt reicht, als Brücke zum urbanen Naturerlebnis.
Was aber, wenn ich nur die Nachhut bin? Wenn der Mensch von morgen die Stadt nur mehr als Business-Center oder Kulturpalast will, sonst aber draußen in kleinen Bungalowsiedlungen wohnt, in neuen „Naturdörfern", die durch ein Schnellverkehrsnetz so nahe aneinander gerückt sind, daß sie zu einem Ballungsraum verwachsen.
Was aber, wenn die Zukunft dem Tenniscourt und dem Golfplatz gehört, dem Fitness-Center und der Squash-Halle, dem Videorecorder und dem Heimcomputerspiel? Und dem Terminal im Eigenheim statt dem Arbeitsplatz im Stadtbüro?
Offensichtlich gibt es viele Varianten des „guten Lebens". Woran liegt es, welche davon Wirklichkeit wird?
Zum größten Teil sind solche Entwicklungen wohl von ihrem eigenen Schwung getragen: die Eigendynamik von Wirtschaft und Kultur, Gewohnheiten, die wieder Wünsche erwecken, Vorbilder, denen nachgestrebt wird, Gelegenheiten, die günstig sind. Doch irgendwann verzweigen sich solche fest markierten Entwicklungspfade — und die Wahl steht offen.
Vielleicht steht Wien derzeit an einer derartigen Weggabelung. Zögernd. Vielleicht hilft die große Diskussion um die Donauraumgestaltung, die Optionen klarer zu sehen — so wie mir mein ganz persönliches Erleben mit der Donauinsel geholfen hat, meine eigenen Grundbedürfnisse besser zu verstehen.

BRUTVÖGEL AN DER DONAU

zusammengestellt von Hans Wösendorfer

Zwergtaucher — Podiceps ruficollis — Little Grebe	v
Schwarzhalstaucher — Podiceps nigricollis — Black-necked Grebe	s (M)
Kormoran — Phalacrocorax carbo — Cormorant	(hist)
Zwergdommel — Ixobrychus minutus — Little Bittern	s
Nachtreiher — Nycticorax nycticorax — Night Heron	s (M)
Graureiher — Ardea cinerea — Heron	v
Schwarzstorch — Ciconia nigra — Black Stork	s
Weißstorch — Ciconia ciconia — White Stork	s, r (M)
Höckerschwan — Cygnus olor — Mute Swan	s (St)
Graugans — Anser anser — Grey-lag Goose	r (M)
Schnatterente — Anas strepera — Gadwall	s (St)
Krickente — Anas crecca — Teal	s-r (M)
Stockente — Anas platyrhynchos — Mallard	v-h
Knäckente — Anas querquedula — Garganey	r (M)
Löffelente — Anas clypeata — Shoveler	r (M)
Tafelente — Aythya ferina — Pochard	s (M)
Reiherente — Aythya fuligula — Tufted Duck	r (St) (M)
Wespenbussard — Pernis apivorus — Honey Buzzard	r
Schwarzmilan — Milvus migrans — Black Kite	r
Seeadler — Haliaeetus albicilla — White-tailed Eagle	(hist)
Rohrweihe — Circus aeruginosus — Marsh Harrier	s (M)
Habicht — Accipiter gentilis — Goshawk	v
Sperber — Accipiter nisus — Sparrowhawk	s?
Mäusebussard — Buteo buteo — Buzzard	v
Turmfalke — Falco tinnunculus — Kestrel	v
Baumfalke — Falco subbuteo — Hobby	r
Würgfalke — Falco cherrug — Saker Falcon	s?
Rebhuhn — Perdix perdix — Partridge	s-r
Wachtel — Coturnix coturnix — Quail	s?
Fasan — Phasianus colchicus — Pheasant	v
Wasserralle — Rallus aquaticus — Water Rail	r
Tümpelsumpfhuhn — Porzana porzana — Spotted Crake	s-r (M)
Wachtelkönig — Crex crex — Corncrake	s (M)
Teichhuhn — Gallinula chloropus — Moorhen	r-v

Deutsch — Latein — English	
Bläßhuhn — Fulica atra — Coot	r-v
Flußregenpfeifer — Charadrius dubius — Little Ringed Plover	s
Kiebitz — Vanellus vanellus — Lapwing	r
Bekassine — Gallinago gallinago — Snipe	s (M)
Uferschnepfe — Limosa limosa — Black-tailed Godwit	s (M)
Rotschenkel — Tringa totanus — Redshank	s-r (M)
Flußuferläufer — Actitis hypoleucus — Common Sandpiper	s
Hohltaube — Columba oenas — Stock Dove	r-v
Ringeltaube — Columba palumbus — Wood Pigeon	v
Turteltaube — Streptopelia turtur — Turtle dove	h
Kuckuck — Cuculus canorus — Cuckoo	h
Schleiereule — Tyto alba — Barn Owl	s (M)
Steinkauz — Athene noctua — Little Owl	s (M)
Waldkauz — Strix aluco — Tawny Owl	v
Waldohreule — Asio otus — Long-eared Owl	r
Sumpfohreule — Asio flammeus — Short-eared Owl	s (M)
Eisvogel — Alcedo atthis — Kingfisher	r-v
Wiedehopf — Upupa epops — Hoopoe	s
Wendehals — Jynx torquilla — Wryneck	s-r
Grauspecht — Picus canus — Grey-headed Woodpecker	r
Grünspecht — Picus viridis — Green Woodpecker	r-v
Schwarzspecht — Dryocopus martius — Black Woodpecker	r
Buntspecht — Picoides major — Great Spotted Woodpecker	h
Mittelspecht — Picoides medius — Middle spotted Woodpecker	v
Kleinspecht — Picoides minor — Lesser spotted Woodpecker	r-v
Feldlerche — Alauda arvensis — Skylark	r
Uferschwalbe — Riparia riparia — Sand Martin	s
Baumpieper — Anthus trivialis — Tree Pipit	r-v
Schafstelze — Motacilla flava — Yellow Wagtail	s (M)
Bachstelze — Motacilla alba — White Wagtail	r
Zaunkönig — Troglodytes troglodytes — Wren	v-h
Heckenbraunelle — Prunella modularis — Dunnock	h
Rotkehlchen — Eritacus rubecula — Robin	h
Nachtigall — Luscinia megarhynchos — Nightingale	r-v
Halsbandschnäpper — Ficedula albicollis —	

Collared Flycatcher	v
Grauschnäpper — Muscicapa striata — Spotted Flycatcher	v-h
Gartenrotschwanz — Phoenicurus phoenicurus — Redstart	s-r
Braunkehlchen — Saxicola rubetra — Whinchat	s
Schwarzkehlchen — Saxicola torquata — Stonechat	r
Amsel — Turdus merula — Blackbird	h
Singdrossel — Turdus philomelos — Song Trush	h
Feldschwirl — Locustella naevia — Grasshopper Warbler	r
Schlagschwirl — Locustella fluviatilis — River Warbler	v-h
Rohrschwirl — Lucustella luscinioides — Savi's Warbler	v-h
Schilfrohrsänger — Acrocephalus schoen. — Sedge Warbler	s-r
Sumpfrohrsänger — Acr. palustris — Marsh Warbler	v-h
Teichrohrsänger — Acr. scirpaceus — Reed Warbler	v-h
Drosselrohrsänger — Acr. arundinaceus — Great Reed Warbler	r-v
Gelbspötter — Hippolais icterina — Icterine Warbler	v-h
Sperbergrasmücke — Sylvia nisoria — Barred Warbler	r
Dorngrasmücke — Sylvia communis — White Throat	r-v
Klappergrasmücke — Sylvia curruca — Lesser White Throat	r
Gartengrasmücke — Sylvia borin — Garden Warbler	r-v
Mönchsgrasmücke — Sylvia atricapilla — Blackcap	h
Waldlaubsänger — Phylloscopus sibilatrix — Wood Warbler	s-r
Zilpzalp — Phylloscopus collybita — Chiffchaff	h
Fitis — Phylloscopus trochilus — Willow Warbler	r-v
Schwanzmeise — Aegithalos caudatus — Long-tailed Tit	v
Sumpfmeise — Parus palustris — Marsh Tit	v
Weidenmeise — Parus montanus — Willow Tit	r-v
Blaumeise — Parus caeruleus — Blue Tit	h
Kohlmeise — Parus major — Great Tit	h
Kleiber — Sitta europaea — Nuthatch	h
Waldbaumläufer — Certhia familiaris — Tree	

Creeper	v
Gartenbaumläufer — Certhia brachydactylal — Short-toed Tree Creeper	v
Beutelmeise — Remiz pendulinus — Penduline Tit	r-v
Pirol — Oriolus oriolus — Golden Oriole	v-h
Neuntöter — Lanius collurio — Red-backed Shrike	r-v
Eichelhäher — Garnelus glandarius — Jay	r-v
Elster — Pica pica — Magpie	r
Nebelkrähe — Corvus c. cornix — Hooded Crow	r-v
Star — Sturnus vulgaris — Starling	h
Haussperling — Passer domesticus — House Sparrow	s
Feldsperling — Passer montanus — Tree Sparrow	h
Buchfink — Fringilla coelebs — Chaffinch	h
Girlitz — Serinus serinus — Serin	h
Grünling — Chloris chloris — Greenfinch	h
Stieglitz — Carduelis carduelis — Goldfinch	v-h
Bluthänfling — Acanthus cannabina — Linnet	s
Kernbeißer — C. Coccothraustes — Hawfinch	v
Goldammer — Emberiza citrinella — Yellowhammer	h
Rohrammer — Emberiza schoeniclus — Reed Bunting	v
Grauammer — Emberiza calandra — Corn Bunting	s ?

Abkürzungen

  s = sporadisch, vereinzelt, unregelmäßig
  r = regelmäßig, aber selten oder punktförmiges Vorkommen
  v = verbreitet, regelmäßig
  h = häufig
  ? = Vorkommen bereits fraglich
 (M) = nur im Marchgebiet
 (hist) = nach 1945 noch Brutvorkommen, jetzt verschwunden
 (St) = an/bei Staustufen der Donau im Tullnerfeld

Quellen

Ornithologischer Informationsdienst, Folge 40, Mai 1984
STEINER, H.M., und WINDING, N., Donaukraftwerk Hainburg/ Deutsch Altenburg; Untersuchung der Standortfrage (Zoologischer Teil); Gutachten im Auftrag des Bundesministeriums für Land- und Forstwirtschaft, Wien, Dezember 1983
ZWICKER, E., Untersuchung der Vogelwelt der Lobau im Hinblick auf eine ökologische Bewertung des Gebiets, Gutachten im Auftrag der MA22, Wien, Feber 1983

II. WEGE UND ORTE

SOKRATES, NAPOLEON, DOMINIC UND KYSELAK AN DER DONAU

VOM ROTEN HIASL DURCH DIE LOBAU ZUM PRATER

Roland Girtler

Mit Sokrates durch die Lobau, zur Donau, den Strom entlang. Die Landschaft: Gegenstück zum weiten Wienerwald im Westen der Stadt, Endpunkt der weitläufigen Ebenen, die sich von Ungarn und aus dem Marchfeld hierher ziehen; Stauden, Steppengras, träges Gleiten des Flusses, Kontrast zu den Jahren meiner Kindheit, zum Gebirge, den Felswänden und Schneehängen — ich genieße die Lobau.
Dackel Sokrates, eigenwillig wie sein griechischer Patron, drängt an den rucksackbepackten Fahrgästen aus dem Bus. Der 92 A fährt weiter, bis nach Wultzendorf, die Wanderer verteilen sich auf die vielen Wegen durch die Lobau. Die Sonne heizt die Luft über der Asphaltdecke der schmalen Straße auf. Eine Lerche. Sokrates zerrt an der Leine. In der Nähe vom Roten Hiasl, der einmal ein belebtes und gutes Gasthaus war, dringen wir dem Tischwasser entlang in die Lobau ein. Sokrates kennt den Weg, die Bäume, die Wasserstellen, kennt unsere Wanderung durch die Lobau, die als Anfangspunkt, Zentrum und Ziel die Donau hat. Die Donau im Mittelpunkt. Das ist gut so, sie gibt all dem Leben.
Am Sandstrand der Dechantlacke breiten wir uns aus. Rückzugsgebiet für Nacktbader, denen die Donauinsel zu laut, das Gänsehäufel zu überlaufen ist. Rückzugsgebiet für Nacktbader, die in der Freikörperkultur noch Kultur sehen. Subkultur, Alternativkultur, Körperkultur. Im Wasser schweben. Dann im heißen Sand liegen. Die Augen schließen. Sand, Sonne. Die Ruhe genießen. Lesen. Schauen: Sokrates taucht, erregt Aufsehen: den Kopf tief unter Wasser, der Schwanz ragt steil heraus, wedelt — eine Markierung. Vereinzelt Baumgruppen in festem, mitunter buntem Steppengras, im Blau verliert sich die Landschaft.

Auf schmalem Weg ziehen wir durch das Schilf, Kastanienbäume weisen den Weg zum Napoleonstein, einem kleinen Obelisken: Napoleon 1809. Napoleon, der die Französische Revolution verwirklichen, die aristokratische Ordnung der Bourbonen zerhämmern und an ihrer Stelle eine militärische Hierarchie mit imperialistischem Gehabe errichten wollte — hier nahm der Korse also Quartier. Von hier wollte er Wien angreifen, und hier erlitt er seine erste militärische Niederlage. Vor Wien war er in die Auen gelangt, in die Arme der Donau geraten, hier beugte er sich Erzherzog Karl, der seinem Glück am Heldenplatz ein Denkmal setzen ließ: Es war nicht der Sieg Karls, es war der Sieg der Donau, die mit ihrem hohen Wasserstand Napoleon zwang, das Weite zu suchen. Es gab viele Tote. Sie fielen umsonst, ertranken — ein sinnloser Tod. Erzherzog Karl hatte seinen Bruder, Kaiser Franz, vor dem Kampf gewarnt, zurecht gewarnt, denn ein paar Tage später zwang französische Waffentechnik die kaiserlichen Heere im weiten, ebenen, waldlosen Marchfeld endgültig zu Boden.

Im Heer von Erzherzog Karl diente als Obristlieutnant Dominic Girtler, mein Vorfahre. Er erntete keinen militärischen Ruhm in diesen Tagen. Man stellte ihn kurzerhand vor ein österreichisches Kriegsgericht, das hier an der Donau irgendwo zusammentrat und ihm Fahrlässigkeit vorwarf. Er war mit der Regimentskassa in die Hände der Franzosen gefallen, konnte sich aber bald wieder befreien. Girtler sagte vor Gericht, er hätte auf diese Kassa besonders aufgepaßt und gerade darum hätten ihn die Franzosen eingefangen. Mein Vorfahr verteidigte sich wacker, wie die Akten im Heeresarchiv zeigen, und wurde bloß degradiert. Dominic war bis zu seinem Tod in einem Feldlazarett im Jahre 1814 immer irgendwie mit Napoleon konfrontiert.

Dominic hatte einen adeligen Bruder. Nicht, daß er sich in den napoleonischen Kriegen besondere Verdienste erworben hätte, nein, dieser Josef Girtler von Kleeborn kämpfte an einer anderen

Panozzalacke (Aquarell von Hans Heinz Titz)

Front: Er war geadelt worden, weil er die Mätresse eines Fürsten geheiratet hatte, die dieser abgeschoben, aber versorgt wissen wollte.
Auf der Napoleonstraße, dem wichtigsten Weg in der Lobau, gehen wir zur Panozzalacke, verlassen den wilden Teil der Au über die Bahntrasse, auf der das Öl aus dem Öllager transportiert wird: Kulturlandschaft. Industrielandschaft. Dann die breit angelegte Lobaustraße: an heißen Sonntagen tausende Autos, tausende Wiener. Blechkultur. Abgaskultur. Waldsterben. Den Böschungsweg entlang fährt eine Gruppe Radfahrer. Lust an der körperlichen Bewegung mischt sich bei ihnen mit der Würde des Radfahrens.
Im letzten August fuhr ich mit dem Rad von Wien nach Kehlheim, orientierte mich an der Donau, ließ mich in Kehlheim samt meinem Rad von einem Fährmann durch den Donaudurchbruch fahren: ein imposantes Stück Landschaft. Die Donau, schmal und kindlich, widerspiegelt das Kloster Weltenburg, gräbt sich durch kompakte, weiße Felsen. Felsen haben Namen, heißen „Peter und Paul" oder „Kanzel". Nach Wien ist ihr Weg noch lang ... Es war ein stolzes Gefühl, als ich in die Donaustadt Kehlheim einfuhr.
Auch den Radfahrern hier am Entlastungsgerinne, zu dem Herr und Hund hinunterrutschen, weisen die Donau und ihre eingefaßte Tochter die Richtung. Wir suchen die Behelfsbrücke, drängen uns an Badegästen vorbei, gehen über einen Erdwall hinab zum Fluß. Auf einem schmalen Uferstreifen wachsen alte Lobaubäume, erinnern feste Wiesenböden an eine Zeit, in der vom Entlastungsgerinne noch keine Rede war. Treppelweg. Die Fähre soll uns über den Strom bringen. Durch ein Hupsignal mache ich den Fährmann, der am gegenüberliegenden Ufer immer etwas zu werken hat, auf mich aufmerksam. Auf einer kleinen Bank neben der Anlegestelle, Sokrates liegt neben mir, genieße ich die späte Nachmittagssonne. Der Fährmann läßt sich Zeit. Er hat sie. Wir haben sie auch ...

Fährmann, ein alter Beruf. Grenzgänger. Vermittler. In Mythen, Märchen und Sagen spielt er eine wichtige Rolle. Er bringt Menschen von einem Land, einem Herrschaftsbezirk, einer Kultur in eine andere Dimension. Da wollte ein Mann die Großmutter des Teufels besuchen und mußte auf seiner Reise einen unwirtlichen Fluß queren. Ein geheimnisvoller Fährmann half dabei. Der Fährmann als Vermittler zwischen Welten. Wie heißt es doch bei Pascal? Jemand mag auf der einen Seite des Rheins für dieselbe Tat als Verbrecher angesehen werden, für die er auf der anderen als Held verehrt wird. Der Fährmann, Mittler zwischen konträren Wirklichkeiten, kennt beide, gehört keiner zur Gänze an. Dem Fahrgast ermöglicht er ein Leben in einer anderen Welt, die Überfahrten: Initiationsriten, rites de passages, wie van Gennep sie nennt. Im christlichen Kulturkreis zählen Taufe, Firmung und Heirat zu diesen Riten, sie symbolisieren die Statusänderung: vom Kind zum Erwachsenen, vom Junggesellen zum Ehemann, den Standortwechsel in der Gesellschaft. Ähnliches vollzieht auch der Fährmann, wenn er jemanden an das andere, an das neue Ufer bringt. In der griechischen und römischen Mythologie ist es ein Fährmann, der den Menschen gegen eine Gebühr, den Obolus, zum Ufer des Todes führt. Die Überfahrt über den Fluß der Unterwelt, in den Hades, verdeutlicht dem Fahrgast, daß er ab nun ein anderer zu sein hat.

Der Treppelweg am anderen Ufer ist aus Rasenziegeln gefügt. Zwischen ihnen nackter, brauner Boden. Er gefällt mir. Ein sicherer Weg an der Donau. Hier stapften die Pferde, die bis 1830 Lastschiffe donauaufwärts zogen. Unter Kaiser Josef II., dem Sohn Maria Theresias, wurden die Tiere durch Menschen ergänzt und ersetzt. Josef II., aufgeklärter Humanist, überzeugter Gegner der Todesstrafe, setzte an ihre Stelle das Schiffsziehen. Eine harte Sache, bei der die Verurteilten an langen, dicken Seilen Kähne und andere Boote unter wenig freundlichen Zurufen der Aufseher zu schleppen hatten.
Rechter Hand verfallene Häuser und aufgelassene Depots, große Frachtkähne aus Ungarn, Rumänien, Bulgarien und der Sowjetunion liegen zur Linken am Ufer, geben der Donau in Wien den Reiz der weiten Welt, verweisen auf die Staaten des Ostens, durch die der Strom weiterzieht. Donaugeschichten: Völker, die von Westen nach Osten und von Osten nach Westen ziehen — Hunnen, Awaren, Markomannen, Bajuwaren, Slawen, ... Alle haben dazu beigetragen, daß Wien eine Stadt ist, in der sich die Völker mischen.

Sokrates und Girtler

Radfahrer sind Nachfahren der Scholaren, der fahrenden Handwerker und Pilger des Mittelalters und der Neuzeit, die auf ihren Reisen oft auch durch Wien kamen. In Wien erhofften sie sich vielleicht Arbeit, oder sie wollten bloß sehen, wie der Kaiser lebt.
Zu den Reisenden, die sich an der Donau orientierten, gehörte auch Josef Kyselak, der um 1795 in Wien geboren worden war und 1831 dort verstarb. Kyselak, der seinen Ehrgeiz darein setzte, seinen Namen im Reich berühmt zu machen, wettete, innerhalb von drei Jahren im ganzen Land bekannt zu werden, ohne durch ein Verbrechen auf sich aufmerksam zu machen. Er setzte eine glänzende Idee um: an vielen exponierten Plätzen, Felsvorsprüngen, Kirchtürmen, Obelisken brachte er seinen Namen an.
An der Donau entdeckte ich unweit von Dürnstein einen dieser mächtigen Felsen, auf dem sich Kyselak im Herbst 1825 verewigt hatte, als er an der Donau, von Bayern und Oberösterreich kommend, nach Wien wanderte. Viktor Scheffel, Verfasser des „Ekkehard" und Wanderer wie Kysalek, besuchte 1859 die Burg Aggstein. In einem Gedicht, das auf der Burg entstand, überlieferte er, daß auch Kyselak auf Aggstein gewesen war:

> Schwer empört schau' ich auf das wilde
> Denkmal wilder Menschenart.
> Sieh — da winkt versöhnlich milde
> Auch ein Gruß der Gegenwart:
> Schwindlig ob des Abgrunds Schauer
> Ragt des höchsten Giebels Zack,
> Und am höchsten Saum der Mauer
> Prangt der Name — Kyselak.

Die buddhistische Pagode am Rand der Stadt in göttlich reinem Weiß mit goldnen Reliefs, die das Leben Buddhas erzählen, daneben die Hütte des Mönchs, eigenartig improvisiert, Gegenstück zum prächtigen Tempel, ... ein Kontrapunkt zur lauten, geschäftigen Stadt.
Der Mönch schlägt mit ritueller Regelmäßigkeit einen Gong. Ich gehe auf ihn zu. Er bietet mir Wasser an, auch Sokrates. Eine Orange gibt er mir mit auf den Weg. Als ich abwehre, er möge sie doch selber essen, sagt er, fromme Leute kämen immer wieder vorbei, die ihm zu essen brächten. Er gebe gerne etwas davon ab.
Der Mönch winkt mir nach. Gar so fremd scheinen mir Mönch, Hütte und Pagode nicht mehr, gerade an der Donau nicht. Es entspricht dem kosmopolitschen Charakter des Stroms, an dem vielfältige Kulturen entstanden sind, der diese Kulturen wieder und wieder einander näher gebracht hat, daß er diesem fernöstlichen Symbol Raum läßt.
Auf dem Treppelweg ziehen Sokrates und ich weiter, vorbei an einem Restaurant mit einem Parkplatz voll Autos, deren Besitzer vom Gastgarten auf die Donau und auf uns herabschauen. Wir ignorieren sie.

Bei der Eisenbahnbrücke endet der Treppelweg. Wir verlassen die Donau, tauchen in den Stauden des Praters unter, suchen den Weg zur Hauptallee und im Volksprater ein gemütliches Beisl. Ich lasse mir ein Krügel Bier servieren, trinke Sokrates zu und erzähle ihm Geschichten vom Prater, der auch einmal von den Armen der Donau durch- und umflossen war ...

Friedenspagode am rechten südlichen Donauufer

GÄNSEHÄUFEL AM SUNNTAG

„Na alsdern! Jetzt schau dir des an!
I sag dirs ja, z'spät san ma dran!
Vua der Kassa dadrucken si d'Leut.
Aber d'Gnädige laßt si ja Zeit!"

„Geh, red net so patschert daher!
Wer muaß denn all's herrichten, wer?
De Schnitzeln, des Obst, den Salat,
und tausend Sachen fürs Bad!
I bin in der Fruah scho am Sand.
Vergiß i was, dann hast an Grant!
Geh, stell di an, schau net so lang!
I wart mit der Klan' auf der Bank."

„Du, Mama, de Kasteln san aus!"

„Na, jetzt geh ma nimmermehr zhaus.
Nimmst Wiesenkarten, waaßt eh!

Der Papa hat d'Karten. Jetzt geh
und raunz net! Was sagst, dir is heiß?
I glaub dirs. Du kriagst dann a Eis."

„Na bitt schön, mir san scho herin.
Beim Tennisplatz legn ma si hin.
Durt san no die wenigsten Leut,
von da is zum Wasser net weit."

„Jetzt ziagts euch die Badhosn an!"

„Was essen tätert i schon!"

„I möcht gern ins Wellenbad gehn!"

„San viel zu viel Leut, wirst scho sehn!
Da drin sans heut gschlicht' wia Sardelln."

Trude Marzik

FLORIAN BERNDL — ALTERNATIVES LEBEN AN DER DONAU

Barbara Denscher

Für seine Zeitgenossen war er der „Wilde vom Gänsehäufel", für die Nachwelt einer der ersten, der in der Wiener Donaulandschaft den idealen Raum zur Verwirklichung alternativer Lebensformen sah: Florian Berndl, eine imposante Erscheinung, stets braungebrannt, mit wallendem Vollbart und langem, krausen Haar. Augenzeugen erinnern sich, daß er überaus würdig und respektgebietend wirkte — und an diesem Eindruck änderte auch die fast schon legendäre halblange Hose aus grobem Leinen, Berndls einziges Kleidungsstück für die warme Jahreszeit, nichts.
Florian Berndl galt als Wiener Original, aber wie so mancher „echter Wiener" wurde er nicht in dieser Stadt geboren. Er kam am 10. Mai 1856 in dem kleinen Waldviertler Ort Großhaselbach, ein paar Kilometer nordwestlich von Allentsteig, zur Welt. Sein Vater war Schneider und seine Mutter Dorfbaderin und Hebamme. Von ihr erwarb Florian Berndl einen Großteil jener Kenntnisse und Fertigkeiten, die ihn später berühmt machen sollten, derentwegen er aber auch heftig attackiert wurde. In diesem soziokulturellen Randgebiet der Monarchie hatte die moderne Schulmedizin noch kaum richtig Fuß gefaßt. Es gab nur wenige Ärzte, und diese waren für die armen Kleinhäusler und Landarbeiter meist zu teuer. Die Kranken Großhaselbachs vertrauten daher auf Berndls Mutter, die ihnen mit Kräutern und althergebrachten Methoden zu helfen versuchte. Ihrem Sohn, der, wie er später immer wieder erzählte, schon von Kindheit an großes Interesse für die Heilkunde hatte, vermittelte sie ihr Wissen um die Heilkräfte der Natur und die positiven Wirkungen von Wasser, Luft, Licht und Sonne.
Medizinische Kenntnisse im eigentlichen Sinn eignete sich Berndl, der nach kurzer Schulzeit zunächst das Schneiderhandwerk erlernt hatte, als Sanitäter während seines Militärdienstes und später als Pfleger im Wiener Allgemeinen Krankenhaus an. Sein Wunsch war es, einmal eine Praxis als, wie er es nannte, „Naturarzt" eröffnen zu können. Als Masseur und Pedikeur machte er sich selbständig. Zu Florian Berndls Kunden zählte in dieser Zeit der bekannte Chirurg Anton von Eiselsberg, der sich von ihm die Hühneraugen schneiden ließ und ihn, wie in einer Anekdote berichtet wird, jedesmals mit einem jovialen „Servus, Herr Kollege" begrüßt haben soll.
Bei seinen ausgedehnten Wanderungen in den Grüngebieten rund

um Wien entdeckte Florian Berndl das Gänsehäufel, eine etwa sechsunddreißig Hektar große Sandinsel in der Alten Donau. Die Bewohner der Umgebung bezeichneten diese Inseln, die sie häufig als Gänseweiden verwendeten, als Haufen oder Häufel — darauf verweisen auch topographische Bezeichnungen wie *Bruckhaufen* im 21. oder *Lettenhaufen, Neuhaufen, Am Mühlhäufel* und *Biberhaufen* im 22. Bezirk. Nach der 1875 abgeschlossenen Donauregulierung geriet das in einem strömungslosen Seitenarm liegende Gänsehäufel nach und nach in Vergessenheit. Im Jahr 1900 konnte Florian Berndl die Insel um einen Betrag von jährlich fünfzehn Gulden von der Donauregulierungskommission in Pacht nehmen. Er gab an, auf der Insel Edelweiden kultivieren zu wollen. Aber vielleicht war das nur ein Vorwand, um mögliche bürokratische Hürden leichter zu überwinden, denn Berndl pflanzte keine Bäume, sondern zog mit seiner Frau und seinen beiden Söhnen in eine Hütte aus Flechtwerk und begann, seine Ideen vom natürlichen Leben zu propagieren. Dabei zeigte sich, daß Florian Berndl durchaus kein weltfremder Träumer war, sondern gezielt — etwa durch Druck von Ansichtskarten — daranging, für seine Sache, das Luft- und Sonnenbad Gänsehäufel zu werben. Bald kamen hunderte Wiener auf die Insel, unter ihnen auch bekannte Persönlichkeiten aus der Wiener Gesellschaft wie der Bildhauer Karl Costenoble, der Burgtheaterdirektor Max Burckhard und der Schriftsteller Hermann Bahr. Für einen Betrag von 40 Heller übernahm Berndl die Kleideraufbewahrung, und als das Geschäft zu florieren begann, stellte er Turngeräte auf, baute eine Kegelbahn und errichtete, allerdings ohne Gewerbeschein, eine kleine Kantine. Besonders beliebt war es bei den Badegästen, die an Gicht und Rheumatismus litten, sich von Florian Berndl Wassergüsse verabreichen und in den heißen Sand eingraben zu lassen.

Florian Berndls Gemeinde

Im Mittelpunkt von Florian Berndls Interesse stand allerdings nicht die Heilung einzelner Krankheiten, sondern die Erhaltung der Gesundheit — und in diesem Sinne bemerkte er auch einmal: „Krankheiten gibt es viele, die interessieren mich nicht. Gesundheit gibt es nur eine, die interessiert mich sehr." Voraussetzung für Gesundheit war für Florian Berndl eine natürliche und positive Einstellung zum eigenen Körper. Daher lehnte er auch alle herkömmlichen Gesundheitsregeln, wie etwa Diätvorschriften, ab, was ihn immer wieder in Konflikt mit der Schulmedizin brachte. Es zeugt von Berndls Humor, daß er, als ihn einmal ein Gast empört fragte, wieso denn er, der Naturapostel, genüßlich eine Stelze verzehre und dazu ein Glas Wein trinke, schlagfertig erwiderte: „Das tu i ja nur zur Abschreckung."

Mit seinen Bemühungen um natürliche Lebensführung und alternative Heilmethoden entsprach Florian Berndl jener Reformbewegung, die Ende des 19. Jahrhunderts als Reaktion auf erstarrte gesellschaftliche Konventionen entstanden war. Im Mittelpunkt stand dabei ein neues Körperbewußtsein, das sich etwa in der Reformkleidung und dem beginnenden Interesse für Sport manifestierte. Doch während die Reformbewegung im wesentlichen von bürgerlich-intellektuellen Kreisen getragen wurde (denn für eine Arbeiterin etwa war die Aufgabe von Modeerscheinungen wie Korsett und Cul de Paris im Zuge der Reformkleidungsbewegung ebenso belanglos wie die Frage des Radfahrens als emanzipatorischer Akt), wandte sich Florian Berndl ganz bewußt auch an die unteren sozialen Schichten. Hervorzuheben ist, daß sich Florian Berndl in seiner ehrlichen Körperlichkeit vom Fanatismus der deutschnationalen Sportvereine deutlich absetzte (so etwa führte der Erste Wiener Donau-Schwimm-Club bereits 1906, drei Jahre nach seiner Gründung, einen Arierparagraphen ein).

Natürlich mußte Florian Berndl durch seine auffällige Erscheinung und seine unkonventionellen Lebensformen auf viele seiner Zeitgenossen überaus provokant wirken. Immer wieder geriet er ins Schußfeld der konservativen Presse, und es ist durchaus bezeichnend, daß man ihn vor allem wegen angeblicher unsittlicher Vorkommnisse auf seiner Insel angriff — jenes Körperbewußtsein, das Florian Berndl mit der Reformbewegung verband, war für viele moralisch überaus bedenklich. So schrieb etwa das Illustrirte Wiener Extrablatt über Berndls Badeanstalt: „Hier herrschte vollkommene Ungenirtheit, immer häufiger besuchten auch hellgekleidete Damen mit Seidenschirmen die Insel und fanden es ganz selbstverständlich, wenn unter ihnen ein Mann im Schwimmkostüm auftauchte, und sie ergötzten sich an den Uebungen eines benachbarten Turnvereines" (Illustrirtes Wiener Extrablatt, 18. August 1907). Zum Vorwand für die Annulierung des Pachtvertrages wurde die nicht konzessionierte Kantine. So bremste die Stadtverwaltung zunächst die Entstehung einer neuen Subkultur.

Aber schon zwei Jahre später, am 5. August 1907, eröffnete die

Gemeinde Wien auf der Insel das Städtische Strandbad Gänsehäufel, das von Anfang an sehr ambitioniert geführt wurde und sich zum größten Strandbad Europas entwickelte. Es gab auch dort die von Berndl eingeführten Einrichtungen, wie Lichtluftbad, Turnplatz und Sandbad. Das Gänsehäufel stellte in gewisser Weise die institutionalisierte Fortführung von Florian Berndls alternativen

Ideen dar. Kontrollkompetenz war gesichert. Berndl, der inzwischen auf dem Gebiet des Großen Bruckhaufens die Kolonie „Neu-Brasilien" gegründet hatte, erhielt im Strandbad Gänsehäufel zunächst die Stelle eines Oberbadewärters. 1908 wurde er zum Aufseher über die ebenfalls auf dem Gänsehäufel eingerichtete Kindererholungsstätte bestimmt. Trotz eines Verbotes durch die beiden Ärzte, die mit der Überwachung des Badebetriebes auf dem Gänsehäufel betraut waren, wandte Berndl weiterhin seine Kurverfahren an, was zu zahlreichen Auseinandersetzungen führte. Berndl selbst bemerkte dazu: *„Von der Heilkraft der Sonne habe ich schon zu einer Zeit gepredigt, als man noch aus Angst vor einem Sonnenstich jeden Sonnenstrahl mit einem Schirm abwehrte. Die Sonne allein macht es aber nicht. Sand muß mithelfen. Gerade der Sand auf dem Gänsehäufel mit seiner wunderbaren Mischung mit Quarz äußert die heilkräftigsten Wirkungen. Durch langes Studium und namentlich dadurch, daß ich die Kuren unter allen Umständen zuerst am eigenen Körper anwendete, kam ich darauf, bei wem und wie lange ich die Wasser- und Sonnenkur anwenden durfte. Das Ende meiner Heilversuche war eine — allerdings erfolglose — Anklage wegen Kurpfuscherei."* Diese Auseinandersetzungen führten dann im Sommer 1913 zu seiner Entlassung und zur Delogierung aus der ihm von der Gemeinde auf dem Gänsehäufel zur Verfügung gestellten Hütte. In der Berichterstattung über die Behandlung der Räumungsklage beim Bezirksgericht Floridsdorf vermerkte das Neue Wiener Tagblatt: *„Zur Verhandlung war Florian Berndl erschienen, und zwar in seiner gewöhnlichen Tracht, einer kurzen Joppe, kurze Hose, mit Kniestrümpfen, Sandalen und ohne Kopfbedeckung.(...) Der Geklagte erklärte, er sei zeit seines Lebens Idealist gewesen, er glaube an die Erfüllbarkeit der Ideale, von denen das eine die Schaffung des Gänsehäufels als wirksamste Naturheilstätte für die Wiener sich bereits verwirklicht habe"* (Neues Wiener Tagblatt, 29. Oktober 1913).
Nach seiner Delogierung vom Gänsehäufel fand Florian Berndl auf dem Bisamberg eine neue Wirkungsstätte. Er baute sich eine einfache Hütte und bewies mit seinen Ideen neuerlich soziales Engagement: Berndl wollte den Bisamberg zu einem, wie er es nannte, „Volkssemmering" für die ärmeren Bevölkerungsschichten machen. Allerdings hatte er hier mit seinen Luft- und Sonnenkuren, wahrscheinlich wegen der fehlenden Bademöglichkeiten, weniger Erfolg als auf dem Gänsehäufel. Seine Pläne zur Errichtung großer Liegehallen und anderer Bequemlichkeiten fanden während der siebenundzwanzig Jahre, die Berndl auf dem Bisamberg lebte, keine Verwirklichung.
Am 20. November 1934 starb Florian Berndl im Alter von 78 Jahren. Das Neue Wiener Tagblatt schrieb in einem Nachruf: *„Dieser Tage ist hier ein alter Mann gestorben, der Jahrzehnte hindurch ein Wiener Original war, aber eines, das gerade für seine Originalität Anerkennung gefunden, ja sogar eine bescheidene Ehrenpension*

von der Stadt Wien erhalten hatte: Florian Berndl, der ‚Entdecker‘ des Gänsehäufels, der Mann, der schon vor mehr als einem Vierteljahrhundert für das heute so selbstverständliche, gesunde Vergnügen des Badens am freien Donaustrand, des Aufenthaltes in Licht, Luft, Sonne und Wasser praktisch eingetreten ist. (...) Die Idee Berndls ist Allgemeingut geworden, der Badestrand der Wiener an der Donau erstreckt sich heute von Tulln bis weit stromabwärts über den Praterspitz hinaus, und vom einfachen, auf ein paar Holzstangen befestigten Tischtuchzelt der ‚Wildbäder‘ bis zur mondänen Strandbar entfaltet sich zur Sommerszeit im modernen, luftigen Schwimmtrikot das ganze gesellschaftliche Leben der Weltstadt" (Neues Wiener Tagblatt, 4. Dezember 1934).

KINDHEIT AM GÄNSEHÄUFEL

Herbert Steiner

Nur wenige Erinnerungen an die Sommer meiner Kindheit sind nicht mit dem Gänsehäufel verbunden: In Niederösterreich besuchte ich mehrmals Pottenstein, wo meine Großeltern und andere Verwandte wohnten. Nach Hainfeld, zu meiner Tante, durfte ich öfter mit der Südbahn reisen. Das dauerte damals fast vier Stunden. Noch jetzt kenne ich die Namen der zahlreichen Stationen bis Kaumberg, wo dem Zug eine zusätzliche Lokomotive vorgespannt wurde, damit er die Steigung der Gerichtsbergtrasse bewältige ... Zum Besuch anderer österreichischer Bundesländer reichte das Geld nicht. In Ungarn war ich zweimal. Mit einem Donauschiff war die Reise am billigsten. Dort verbrachte ich jeweils einen Monat in einer ungarischen Familie. Im Austausch nahmen meine Eltern einen ungarischen Buben bei uns auf.
Meine Eltern teilten die Saisonkabinen Nr. 137 mit einer Familie Raab aus der Glasergasse. Das begann im Jahre 1926 und endete recht abrupt im Jahre 1938. Wir durften das Gänsehäufel nicht mehr betreten. Juden war der Eintritt in öffentliche Bäder behördlich untersagt worden.
Mein Vater war ein echter Tschusch. Im Jahre 1906 kam er im Alter von sechsundzwanzig Jahren aus Bjelovar in Kroatien als

Gastarbeiter nach Wien. Vielleicht hat ihn das Gänsehäufel ein wenig an die heimische Adria erinnert. Jedenfalls besuchte er regelmäßig die Insel, seit sie von ihrem Entdecker Florian Berndl seinen Sonnen- und Wasseranbetern empfohlen wurde. Mein Vater erzählte mir viel von Berndl. In meiner Kindheit lebte Berndl als Einsiedler auf dem Bisamberg, wo wir ihn einige Male besuchten. In einer kleinen Holzhütte verkaufte er Postkarten und Andenken. Wir wohnten damals in der Alserbachstraße, unmittelbar bei der Friedensbrücke. Vor dem Haus fuhr die Straßenbahnlinie Nr. 5 bis zum Praterstern, an Sonntagen sogar bis zur Reichsbrücke. Dort mußte man in einen Vierundzwanziger umsteigen, der seine Endstation vor der Brücke zum Gänsehäufel hatte. An heißen Tagen während der Schulferien oder wenn die Menschen vor einem Gewitter flüchteten, waren die Straßenbahnen überfüllt und von den Trittbrettern hingen Leute wie Trauben. Bei der Endstation Kaisermühlen gab es dann eingeschobene Straßenbahngarnituren. Diese durften aber erst knapp vor der Abfahrt bestiegen werden. Den Luxus einer Straßenbahnfahrt gab es für viele Leute nur bei sehr schlechtem Wetter. Größere Familien konnten sich die Fahrt nicht leisten.

So wie wir, gingen die meisten Besucher des Gänsehäufels von ihren Wohnungen aus zu Fuß. An schönen Wochenenden drängten Zehntausende über die Reichsbrücke. Besonders arg war es bei den Abgängen zum Überschwemmungsgebiet. Auf beiden Seiten der Brücke waren in Türmen Wendeltreppen eingebaut, die die Menschenmassen nur schwer fassen konnten. Im Überschwemmungsgebiet herrschte schon am frühen Vormittag reges Leben. Viele ließen sich hier auf Decken nieder, andere badeten in den zahlreichen Tümpeln oder in der Donau. Arbeitslose bemühten sich, mit originellen Einfällen etwas Geld zu verdienen. Zum Beispiel mit dem attraktiven, aber verbotenen Glücksspiel „Die Rote gewinnt": Wenn man aus einem Stoß gemischter Karten eine rote aufschlug, erhielt man den doppelten Einsatz. Die vorbeiströmenden Menschen wurden mit verschiedenen Tricks angelockt: Manche Spieler gewannen mehrmals den doppelten Einsatz, doch wußten die Zuschauer nicht, daß die Gewinner mit den Kartenaufschlägern „im Bandl" waren. Sobald sich andere, angelockt durch die vorgetäuschte Gewinnchance, zum Spiel verleiten ließen, war es um ihren Einsatz geschehen. Die Polizei versuchte erfolglos, dieses betrügerische Treiben zu unterbinden. Nicht selten wurden den Polizisten, die Kartenaufschlägern nachliefen, kunstgerecht „das Haxl" gestellt. Polizisten waren im Überschwemmungsgebiet nicht gerade populär!

Das alte Gänsehäufel war weitgehend naturbelassen und es gab für uns Kinder manche romantische Anziehungspunkte. Die heutige Uraniainsel, auf der nach dem Zweiten Weltkrieg die Uraniapuppenspiele abgehalten wurden, hatte vor sechzig Jahren fast Urwaldcharakter. Dort spielten wir Indianer, hatten gut getarnte Verstecke

„Im Wasser" (Gänsehäufel um 1900)

für „Waffen" und diverse „Schätze". Hinter den letzten Saisonkabinen auf der nördlichen Seite der Insel lagern heute auf einem eingezäunten Abstellplatz Holz und Steine. Damals gab es dort einen kleinen, wilden Teich mit herrlichen Seerosen, anderen Wasserpflanzen und seltenen Tieren. Nur der Bademeister hatte dort Zutritt. Diese geheimnisvolle, wild romantische Ecke des Gänsehäufels übte auf uns Kinder besondere Anziehungskraft aus.
Ungefähr an der Stelle, wo sich jetzt die beiden beliebten Warmwasserbecken befinden, standen nicht mehr benützte, wahrscheinlich noch aus der Gründerzeit stammende, verfallene Holzwäschekästchen. Nicht einmal an den Tagen, an denen die blaue Fahne gehißt wurde und das Gänsehäufel ausverkauft war, wurden diese Kästchen verwendet. Die Anlage eignete sich aber vorzüglich zum Fußballspielen. Man wurde von niemandem gestört.
Am Ende des Oststrandes stand ein langer, in die Alte Donau reichender, arg vernachlässigter Holzsteg, der zu einer aufgelassenen Schwimmschule gehört hatte. Man konnte öfter beobachten, wie Väter ihren Kindern das Schwimmen beibrachten: Die Kinder hatten einen Schwimmgürtel aus Korkteilen um ihren Leib gebunden und waren mit einer Schnur an einer Stange befestigt, die der am brüchigen Steg stehende Vater in der Hand hielt.
Nicht weit von diesem Steg entfernt gab es ein kleines Metallringelspiel im Wasser, das bei den Kindern fast so beliebt war, wie die in der Nähe befindliche Rutsche: Über eine Holzleiter erreichte man die obere Plattform und rutschte dann über ein Blech ins Wasser. Das Blech war jedoch meist durch den Sonneneinfall glühend heiß. Wenn man vergaß, vorher etwas Wasser auf die Rutsche zu spritzen, konnte man sich das Hinterteil regelrecht verbrennen.
Die attraktivere und modernere Elida-Rutsche war ungefähr zwanzig Meter hoch. Auf der Plattform erhielt man gegen Bezahlung ein Holzbrett mit Eisenrädern. Das wurde auf die steil angelegte

Schiene gelegt und mit rasender Geschwindigkeit, wie wir das damals empfanden, sausten wir weit in die Fluten der Alten Donau hinein. Einmal saß ein Freund vorne auf dem Brett und bevor ich hinter ihm sicheren Halt gefunden hatte, ließ uns der Mann ab. So rutschte mein Hinterteil über die ganze Schiene. Damals gab es noch ständig einen Arzt im Gänsehäufel, der mir die arge Wunde nähte. Der Arzt im Gänsehäufel hatte immer viel zu tun: eingetretene Glassplitter und Nägel, Verletzungen durch Baumwurzeln, Hitzschläge und nicht selten Ertrinkende in der Alten Donau.

Die „Badewascheln" ruderten bald nach Betriebsbeginn mit ihren Zillen zum Abgrenzungsseil und beobachteten von dort das Badegeschehen. Beim Ausfahren und Einfahren der Zillen durften wir Kinder helfen. Zu den „Badewascheln" gab es ein persönliches und familiäres Verhältnis. Mit langen Stangen, an denen Eisenhaken befestigt waren, säuberten sie das Wasser der Alten Donau regelmäßig von Schlingpflanzen, eine mühsame, immer wiederkehrende Arbeit.

Im Zentrum des Gänsehäufels, vor dem Wellenbad, ist heute eine baumfreie, große Grünfläche. Früher gab es dort fein gesiebten Sand — wie ein richtiger Meeresstrand. Die älteren Leute gruben sich bis zum Kopf ein und verbrachten einige Stunden im heißen Sand. Das soll gegen zahlreiche Krankheiten geholfen haben. Manche übergossen den Sand mit Wasser und bereiteten sich so Schlamm. Das Liegen im Sand war durchaus nicht eintönig: In einem gedeckten Holzpavillon spielte regelmäßig eine Kapelle, in den Pausen gab es schon erste Schallplatten- und Radioübertragungen. Beliebte Wiener Künstler und Sänger traten am Gänsehäufel regelmäßig auf. Besonders die Wunschkonzerte beeindruckten mich. Ich erinne mich an Hermann Leopoldi und Armin Berg, die öfter auftraten. Mehrere Fotografen knipsten am Wasser, auf den Wiesen und im Sand. Die Fotos wurden schon eine Stunde später ausgestellt und an Interessenten verkauft. Liegestühle und Strandkörbe konnten gegen geringe Gebühr entliehen werden. Natürlich auch Badeanzüge, Handtücher und Badehauben. Ebenso aufblasbare Gummitiere für Kinder und Bälle für Sportler. Offensichtlich war es damals doch wirtschaftlicher, diese Dinge auszuleihen als zu kaufen.

In meiner Kindheit und Jugend war das Gänsehäufel noch dreifach unterteilt. Es gab ein Familienbad, ein separates Herrenbad und ein Damenbad. Hohe Holzwände trennten die drei Bäder. Das Damenbad barg für uns Buben besondere erotische Geheimnisse und regte unsere Phantasie stark an. Wenn wir uns unbeobachtet fühlten, schlichen wir uns an die Wände des Damenbades und spähten durch die zahlreichen Astlöcher im Zaun, um den Mysterien auf die Spur zu kommen. Meist waren wir enttäuscht, denn im Damenbad kleideten sich die Frauen nicht anders als im Familienbad. Nur im Sonnenbad ließ man die Hüllen fallen. Der Weg dorthin war für uns nicht ungefährlich. Man mußte sich ins Damenbad einschlei-

chen und die Strecke bis zur Einfriedung des Sonnenbades unbemerkt hinter sich bringen. Mehrmals wurden wir entdeckt und von wütenden Frauen verfolgt — doch wir Kinder waren schneller.
1937 gab es ein letztes großes Strandfest — es war das dreißigjährige Jubiläum des Bades. Eine Bühne wurde extra errichtet und alle unterhielten sich köstlich — niemand ahnte, daß einige Monate später die Katastrophe über Österreich hereinbrechen sollte. Nicht wenige, die an diesem Fest teilnahmen, wurden später als Soldaten Opfer einen unseligen Krieges und mußten ihr Leben auf einem der vielen Schlachtfelder lassen. Zahlreiche jüdische Gänsehäufelbesucher wurden in die Gaskammern von Auschwitz verschickt oder mußten ihre Heimat verlassen, um nicht mehr wiederzukehren.
Als ich im Jahre 1945 aus dem englischen Exil in Wien eintraf, führte mich einer meiner ersten Wege ins Gänsehäufel: verwüstet und zerstört. Ein Jahr später waren meine Frau und ich stolze Mitbesitzer einer alten Zille. Nun fuhren wir per Boot auf das verlassene Gänsehäufel — oft waren wir die einzigen Gäste. Ab und zu trafen wir damals ältere Leute, die Brennholz sammelten oder Altmetall suchten. Das Leben ging weiter ...
Fünf Jahre später wurde das neue Gänsehäufel feierlich eröffnet. Schöner als je zuvor wurde es von einfühlsamen Architekten geplant. Eine große, über eine Wendeltreppe erreichbare Uhr wurde im Zentrum des Gänsehäufels aufgestellt. Die Aussicht von der Höhe des Uhrturms über diese wunderbare Donauinsel werde ich nie vergessen. Ein paar Tage später wurde der Aufgang zur Uhr für immer gesperrt. Ein Lebensmüder war vom Uhrturm heruntergesprungen.
Meine Kinder verbrachten viele Tage im neuen Gänsehäufelbad. Später fanden sie andere Bäder, die ihnen mehr zusagten. Aber jetzt kommen sie wieder mit unserem kleinen Enkelkind, dem es am Gänsehäufel gut gefällt. So bleibt das Gänsehäufel jung.

„Strandleben" (Gänsehäufel um 1900)

IN EINEM „WIENER PUFF"

Peter Altenberg

„Du", sagte die süße Anschmiegsame zu mir, „du, der da drüben ist nicht normal; er lebt auf einer Sandinsel in der Donau, läuft halbnackt herum, du siehst, er ist ganz braun von der Sonne. Der kommt nur her, um uns zu verachten! Dich auch, Peter, dich auch. Was nützt dir da dein ganzes schönes Dichten?!?"
Der Herr drüben sah wirklich aus wie das Leben selbst. Oder wie ein Afrikareisender. Gegerbt von Licht und Luft, gegerbt!
Seine Freunde an seinem Tische hatten sich bereits „verliebt", wie der technische Ausdruck lautet.
Nun forderte sie ihn auf, sich ebenfalls doch endlich zu „verlieben".
„Soll ich mich schwächen?!?" erwiderte der Braune den Bleichen. Und alle lachten.
„Is dös deine Kraft, wenn du nix zum Ausgeben hast?!?" sagte die süße Anna.
„Laß ihn — — —", sagte Hansi, „ein jeder weiß, was er zu tun hat. Wahrscheinlich nutzt ihm die Sonne auch nichts mehr — — —."
„Verachten Sie mich auch?!?" sagte der Braungebrannte und wandte sich an eine, die einen Fünfkreuzerroman las und ganz darin vertieft war.
„Weshalb sollte ich Sie verachten?!? Ich kenne Sie gar nicht."
„Wie sind Sie überhaupt zu diesem Leben gekommen?!?" sagte der Naturgemäße sanft. Das ist die öde Frage aller Dilettanten des Lebens.
„Das wird den Herrn wohl wenig interessierten können —."
„Doch. Sie scheinen mir zu etwas Besserem geboren!"
Zweite Phrase des Dilettanten!
„Ich wurde verführt — — —."
„Aha, die Liebe!"
„Nein, nicht die Liebe!"
„Also die Sinneslust!"
„Nein, man gab mir zu trinken, auf einer Landpartie — — —."
„Also der Alkohol! Eines der drei Gifte mußte es ja sein — — —."
Er registrierte das Ganze unter die Rubrik „Alkohol".
Anna ging vorbei und sagte: „Sie, Herr Robinson Crusoe, verführen Sie mir diese Unschuld nicht —."
Der Donauinselsandsonnenmensch ging an das geöffnete Fenster, blickte in das Dunkel des Gäßchens, das nur durch die Lampe eines Pissoirs einen grellen Fleck erhielt, roch mit Widerwillen die schlechte Luft. Dann sagte er: „Zuwenig Respekt habt ihr vor Sonne und Luft, das ist es!"

Die Mädchen wurden momentan ganz verlegen bei dem Gedanken, daß sie wirklich vielleicht zuwenig Respekt hätten vor Sonne und Luft. Denn bisher hatten sie wirklich gar keinen Respekt gehabt davor.
Nur Friederike, die ihren Namen nie in „Fritzerl" abgekürzt hören wollte, weil sie derjenige welcher immer so genannt hatte, sagte: „Und doch haben wir einen besseren Humor als Sie — — —."
„Bst", sagten die anderen Mädchen, „tu ihn net beleidigen, dös g'hört sich net — — —."
„Adieu, Verlorene", sagte der Herr und ging.
„Wir empfehlen uns, Herr Robinsion Crusoe —", rief ihm Anna nach.
„Was habt's alle „bst" gerufen, wie i den faden Bimpf abg'stellt hab'?!?" sagte Friederike.
„Man darf niemandem so die Wahrheit sagen; vielleicht wär er doch noch mit einer aufs Zimmer gegangen — — —."
„Ah, der nöt, der Sonnenpritschler; dö san alle zu schwach vor lauter Kraft — — —."

GÄNSEHÄUFEL UNTER DER WOCHEN

Scho beim Einigehn kannst es fühln:
heut bist Kaiser in Kaisermühln.
Bei die Kassen sitzen sechs Mann
und schaun di erwartungsvoll an.
Für welchanen sollst di entscheiden?
Den rechts. Er lacht voller Freuden.
Du zahlst. Er bedankt sich recht schön
mit „Küss die Hand" und „Auf Wiedersehn".
Und drinnat is s' Paradies:
nur Wiesen und Wasser und Kies,
die Bam san so saftig und frisch,
in Reih und Glied Sesseln und Tisch,
ka Musi, ka G'schra, alles stad.
Denen Ang'stellten durten is fad,
sie stehn so valurn umadum.
Der Lautsprechermann bleibt heut stumm,
der Eismann bringt's Fahndl erst jetzt,
in d'Sunn hat die Milchfrau si g'setzt,
die Häuslfrau grüaßt „Guten Tag",
obwohl ma net muaß und net mag.
Na ja, mach ma ihr halt die Freud:
die erste Kundschaft von heut!

Die Wiesen, das Wasser, die Sonn,
das Wellenbad, d'Restauration,
die Turngerät, Bankerln und Tisch,
die Badewascheln, Badefraun, Fisch,
„Ja, das alles auf Ehr,
das g'hört dir und noch mehr..."
Jede Laune kannst dir erfüllen
für zehn Schilling — in Kaisermühlen!

Trude Marzik

Vorfrühling an der südlichen Alten Donau

DIE ALTE DONAU

Edith Dürrer

Die Urdonau floß nördlich des heutigen Hauptarmes und bahnte sich, bedingt durch die Erdrotation, langsam ihren Weg durch eine sich ständig verändernde Landschaft. In vorgeschichtlicher Zeit bildete sie im Raum des heutigen Wien bereits drei Arme. Der südlichste, der heutige Donaukanal, reichte unmittelbar an die Stadt heran und wurde früh schiffbar gemacht. Die beiden anderen Donauarme flossen durch schwer passierbares, wildes Augebiet. Durch das geringe Gefälle des Stromes und die starke Verästelung war immer Hochwassergefahr gegeben: bedingt durch Regenfälle, Schneeschmelze oder — besonders gefürchtet — durch den Stau von Eisschollen bei der Stromenge von Hainburg, sodaß der Rückstau meterhohe Überflutungen verursachte.
Ab dem Mittelalter gab es immer wieder Versuche, den Strom unter Kontrolle zu bekommen. Endlich wurde am 14. Mai 1870 der erste Spatenstich am Kaiserwasser von Kaiser Franz Josef für die große Donauregulierung vorgenommen. Es waren an die tausend Arbeiter verschiedener Nationalitäten beschäftigt: Italiener, Polen, Tschechen, Slowaken ... Grabungsmaschinen und Schiffsbagger, die sich schon beim Bau des Suezkanals bewährt hatten, wurden eingesetzt. Der mittlere Arm wurde begradigt und zum schiffbaren Hauptstrom gemacht. Durch den nach Norden hin errichteten Damm wurde der äußerste Arm zu einem stehenden Gewässer, zur Alten Donau, der Donaukanal verlor gänzlich seine wirtschaftliche Bedeutung. 1875 waren die Regulierungsarbeiten beendet, die Hochwassergefahr im wesentlichen gebannt, die meisten kleinen Donauarme verschwunden und die Alte Donau, ein stehendes Gewässer von sechzig Kilometer Länge geschaffen. Unterirdisch steht sie mit dem Hauptstrom in Verbindung und wird dadurch ständig gereinigt. Nördlich der Kagraner Brücke wird sie Obere, südlich Untere Alte Donau genannt. Im Gebiet des heutigen Wasserparks gibt es unterirdische Quellen; friert die übrige Wasserfläche der Alten Donau jährlich zum größten Natureislaufplatz Wiens, bleibt der Wasserpark auch bei tiefen Temperaturen eisfrei.
Die Besiedlung der nach der Regulierung nun nicht mehr ständig durch Hochwasser bedrohten Gebiete wurde stark forciert, das nördliche Donauufer rückte näher an die Stadt. Der Plan, den alten Flußlauf zu einem Industriehafen umzugestalten, wurde glücklicherweise nicht verwirklicht; Wien wäre sonst um eines seiner schönsten Erholungsgebiete ärmer. Die Stadt wurde durch zwei Brücken mit dem nördlichen Ufer verbunden: mit der Franz-Josefs-

Brücke, der heutigen Floridsdorfer Brücke und der Kronprinz Rudolf-Brücke, der heutigen Reichsbrücke.
Für die Schiffahrt und die am Strom wohnende Bevölkerung brachte die Regulierung Vorteile. Floridsdorf erlebte einen wirtschaftlichen Aufschwung. Der rege Personen- und Warenverkehr nach Böhmen und Mähren führte über die später ersatzlos abgebrochene Taborbrücke, die eine direkte Verlängerung durch die Franz-Josefs-Brücke bekam.
Für das Gebiet des heutigen Kaisermühlen wirkte sich die Donauregulierung allerdings nicht positiv aus. Die Schiffmühlen, die ab dem 17. Jahrhundert als Hof- und Kaisermühlen bekannt waren, waren zu Beginn des 19. Jahrhunderts an Privatleute verkauft worden, bevor ihnen durch die Verlagerung des Hauptstromes die Antriebskraft, die Strömung des Flusses, genommen wurde. Damit war die Infrastruktur des Gebietes langfristig gestört: vom Stadtzentrum durch den Fluß abgeschnitten, vom verdienstbringenden Hauptstrom durch das Überschwemmungsgebiet getrennt. Die Schiffsanlegestelle, die von der Eröffnung der Dampfschiffahrt im Jahre 1830 bis zur Donauregulierung südlich des heutigen Gänsehäufels gelegen war und dem Gebiet wirtschaftlichen Aufschwung gebracht hatte, wurde an den nunmehrigen Hauptstrom verlegt. Erst in den letzten Jahrzehnten erholte sich das Gebiet allmählich von den strukturellen Veränderungen.
Die Verwaltung der Alten Donau wurde der DRC (Donauregulierungscommission), dem heutigen Bundesstrombauamt übertragen, die die damals noch wilden und ungepflegten Ufer in Obhut nahm und das Wasser nutzte. Von wirtschaftlicher Bedeutung waren allerdings nur die Fischerei und die Eisgewinnung: Von der im Winter zugefrorenen Alten Donau wurden Blöcke aus der Eisdecke herausgeschnitten und in tiefen Eiskellern für Wirte, Fleischhauer und Bierbrauer aus der näheren und weiteren Umgebung gelagert. Durch das Aufkommen der Kunsteisfabriken wurde diese Art der Eisgewinnung unrentabel. In den zwanziger Jahren sperrte das letzte Eishaus an der Oberen Alten Donau zu. Es gehörte der alteingesessenen Familie Birner. In ihrem Besitz befand sich auch das erste Freibad auf Floridsdorfer Boden, das nach der Höhe des Eintrittsgeldes benannte „4-Kreuzer Bad". Nach dem Ersten Weltkrieg wurde es von der Gemeinde Wien übernommen und als „Angelibad" weitergeführt. Das noblere „10-Kreuzer Bad" bestand bis 1972 als Birnerbad vor dem gleichnamigen Gasthof, der heute noch existiert. Das älteste und größte Bad an der Alten Donau ist das Gänsehäufel.
Ab den achtziger Jahren des vorigen Jahrhunderts begann sich das „Franz-Josefs-Land", das Augebiet am alten Kaiserwasser zwischen der Kronprinz Rudolf Brücke und der Kagraner Brücke zu entwickeln. Das alte Kaiserwasser wurde durch die Wagramer Straße in zwei Teile getrennt. Der kleinere Teil westlich der Straße wurde nach dem Zweiten Weltkrieg zugeschüttet. Auf diesem und auf

dem Areal des dahinter gelegenen Bretteldorfes, einem Elendsviertel, entstand der Donaupark mit der UNO-City, der 1964 als Ausstellungsgelände für die Wiener Internationale Gartenausstellung gedient hatte. Später wurde er der Öffentlichkeit zugänglich gemacht.
In den ersten Jahren war das neu entstandene Erholungsgebiet am Kaiserwasser schwer erreichbar. Man mußte zu Fuß gehen oder mit dem Pferdepostwagen fahren. Er war zweimal täglich vom Hauptpostamt in Wien am Laurenzerberg zur Alten Donau unterwegs, konnte aber außer der Post nur vier Personen mitnehmen. Die Verkehrssituation verbesserte sich, als die „electrische Localbahn" von der Kagraner Brücke nach Kaisermühlen, später bis zum Praterstern geführt wurde.
Am Kaiserwasser siedelte sich Johann Eppel an, der 1886 eine Lustschiffahrt mit fünfundfünfzig Zillen mietete. Später verlegte er seinen Betrieb in die Nähe der Kagraner Brücke. Der Union-Yacht-Club, der 1986 sein hundertjähriges Bestandsjubiläum feierte, wurde vom Engländer Edward Drury gegründet. Drury, der aus einer alten Seglerfamilie stammte, war auch eines der prominentesten Mitglieder des seit 1863 bestehenden „Ersten Wiener Ruderclub Lia", einer der ältesten Sportvereinigungen Österreichs überhaupt.

DER FISCHER UND DIE NIXE

Elisabeth Koller-Glück

Seit urdenklichen Zeiten beschäftigten sich die Menschen am Strom mit den Wesen, denen die gewaltigen Wassermassen untertan waren. Viel Gutes kam von dem Fluß, der die Völker verbindet und in ferne Länder führt: An seinen Gestaden reiften die Früchte früher als anderswo, seine Wasser brachten Schiffe mit Waren. Aber der Strom konnte auch zum gefürchteten Ungeheuer werden, wenn in den Frühjahrsstürmen das Eis barst und die Wassermassen aus den Ufern traten.
Der Mensch am Strom wußte um die guten und bösen Wassergeister, um den Flußfürsten und seine Töchter, die Nixen, die das Spiel liebten und den Tanz, die sich gern unter die Menschen mischten, ihnen oft halfen und weissagten, aber auch junge Burschen bezau-

Eisschollen

berten, um sie zu sich hinabzuziehen in die Flut. Der Nöckgeist hielt dort ihre Seelen unter umgestülpten Gläsern gefangen ... In graue Vorzeit reicht deshalb auch der Brauch, den Flüssen zu opfern. An bestimmten Tagen wurden Blumen, Kränze, auch Strohpuppen im Wasser versenkt.

„Daß ihr sterben müsset..."

Von Donaunixen hören wir zum erstenmal im Nibelungenlied. Als die Nibelungenhelden, angeführt von Hagen Tronje, zur Donau kamen, fand Hagen zwei Nixen, im Lied „Meerweiber" genannt: *„Sie schwebten wie Vögel vor ihm auf der Flut, / Drum deuchten ihre Kräfte ihm stark und gut."* (Strophe 1476.) Aber sie weissagten ihm Böses: *„Fürwahr, zurück nur kehre, noch ist es Zeit! / Denn ihr, mutige Helden, so gerufen seid, / Daß ihr sterben müsset in Etzels Land. / Wie viele hinreiten, alle haben den Tod an der Hand."* (Strophe 1480.) Man weiß, daß diese ersten Donauweibchen recht hatten ...

Und so wie hier erschienen die Donaunixen im Volksglauben oftmals als Warnerinnen vor Unwetter und Überschwemmung. Die Bewohner der Donauniederungen hatten solche Warnungen aber auch bitter nötig! Eisstöße und Überschwemmungskatastrophen haben immer wieder besonders das Wiener Becken gefährdet. Verwüstetes Ackerland, weggerissene Häuser und Fischerhütten, davongeschwemmte Holzbrücken gehörten zum regelmäßigen Jahresablauf und brachten unermeßliches Leid und Elend über die Bevölkerung.

Die Sage vom Donauweibchen

In einer Fischerhütte vor den Toren Wiens saß an einem kalten Winterabend ein armer Fischer mit seinem Sohn Friedrich. Der Alte erzählte, um die Zeit zu verkürzen, von dem Donaufürsten, der tief am Grund des Stroms einen gläsernen Palast bewohnte. Dabei warnte er seinen Sohn vor dem Donauweibchen, das gern junge Männer zu sich in den Strom zöge. Ungläubig hörte Friedrich zu, als plötzlich die Tür aufging und vor ihnen, von unwirklichem Licht umflossen, ein strahlend schönes Mädchen stand. Sein langes Blondhaar und das fließende Gewand waren mit rosa Seerosen geschmückt.
„Habt keine Angst", sagte die Erscheinung, den jungen Fischer verführerisch anblickend, „ich komme, Euch zu warnen: Nehmt Eure Habe und flieht, denn heute nacht noch wird die Eisbarriere brechen und das Wasser alles überfluten. Rettet Euch, so schnell ihr könnt!" Damit war die schöne Maid verschwunden, und nur einige Wassertropfen und eine Seerose blieben zurück. Sprachlos starrte Friedrich noch immer auf die Stelle, als der Vater ihn aufrüttelte: „Das Donauweibchen!", flüsterte er. „Schnell, wir müssen die anderen Fischer verständigen — und dann nichts wie weg!" Sprach's, raffte sein karges Hab und Gut zusammen, vor allem die wertvollen Netze, und rannte von Hütte zu Hütte. Und auch die übrigen Fischer liefen, was ihre Beine sie trugen: In der Ferne hörten sie bereits das Krachen des Eises. Als sich die eiskalten grauen Wassermassen über die Fischerhütten ergossen, waren ihre Bewohner längst in Sicherheit.
Wochen waren vergangen. Die Flut hatte ihnen Glück gebracht: Noch niemals war ihr Fang so groß, der Verkauf so ertragreich gewesen. Doch Friedrich focht das viele Geld nicht an, er dachte Tag und Nacht nur an das Donauweibchen, das ihn bezaubert hatte. Immer einsilbiger starrte er in den Strom und vermeinte, den lockenden Gesang der Nixe zu hören. Bis er — in einer hellen Vollmondnacht — heimlich aus der Hütte des Vaters schlich und mit dem Kahn hinausruderte auf den weiten Strom. Fischer wollten ihn gesehen haben, wie er dann, die Arme ausgebreitet, ins Wasser gestiegen war: Das Donauweibchen hatte ihn zu sich geholt...

WIEN, MEXIKOPLATZ

GESCHÄFTSBERICHT AUS EINER OSTEUROPÄISCHEN KOLONIE

Martin Pollak/Christoph Ransmayr

Iwan Tsirelmann sehnt sich seit neun Jahren nach Sibirien zurück. In Sibirien sind die Steppen bis an den Horizont blaugolden gestreift von Vergißmeinnicht und Trollblumen. Im Frühling fällt dort ein warmer, weicher Regen, und die Winter sind scheereich und windstill. Die Silberbirken entlang der Straße nach Tomsk, das tiefgrün dahinrollende Hügelland oder die morastigen Fuhrwege — Tsirelmann hat nichts vergessen und will nichts vergessen. In Sibirien hat er die schönsten Jahre seines Lebens verbracht. Aber nun ist er hier. In Wien hier, in einer engen, dunklen Wohnung in einem ersten Stock wartet er darauf, daß Rußland ihn wieder nimmt. Unter die vielen Bittschriften an die sowjetischen Behörden setzt Tsirelmann neben seine tiefste Achtung — *s glubokim uwascheniem* — jedesmal in sorgfältigen Buchstaben seine Adresse, die sich in den Jahren des Wartens nicht geändert hat und von der er manchmal fürchtet, daß sie sich nie mehr ändern werde: Wien, Zweiter Bezirk, Mexikoplatz Nummer 19.

Im Spätherbst und im Winter, wenn die Platanen, die diesen weitläufigen Platz an der Donau säumen, kahl und entlaubt vor Tsirelmanns Fenstern stehen, liegt *Mexiko* unverhüllt vor dem Sibirer, und dann betrachtet er diesen Ort manchmal müde und grimmig: Es regnet. Es ist ein Freitagvormittag im November. Lehmfarben und winterlich tief unter ihrem Normalwasserstand zieht die Donau an der Kirche des Heiligen Franz von Assisi vorüber, die sich wie eine dunkle Festung und weithin sichtbar über die Platanen erhebt. Vor den Eingängen der Läden, die den Platz an zwei Seiten begrenzen, warten Händler und Schlepper unter aufgespannten Schirmen auf Kundschaft. Polnische Rompilger, Insassen zweier Busse, die seit dem frühen Morgen unter den Bäumen stehen, schlendern ungerührt durch den Regen oder drängen sich vor den vollgeräumten Schaufenstern. Die Pilger tragen schwer an verschnürten Paketen und Einkaufssäcken, kaum einer hat die Hand für einen Schirm frei. Vor dem Geschäft von David Tzachvashvili ist eine Gruppe Bulgaren in den Anblick einer Galerie goldgerahmter Madonnenbildnisse versunken. Hinter den Madonnen türmen sich Stapel von Jeans. Zbigniew Nadler, Händler mit Waren aller

Art, bedient in seinem Laden drei wortkarge sowjetische Donauschiffer, und Tobiasz Zilberszac, sein Geschäftsnachbar, beschreibt einer rumänischen Reiseleiterin die Vorzüge eines Regenmantels. Im Fond eines himmelblauen Polski Fiat liegt zusammengerollt ein Schläfer; das ist der Schlossermeister Andrzej Tomaszewski aus Krakau, ein weitgereister Kunde, der vor einer Stunde in Rosenbergs Laden erzählt hat, er habe an den polnischen und tschechoslowakischen Grenzübergängen insgesamt zwei Tage gewartet. Pater Mario Maggi, der Prior des Trinitarierklosters, das schmal und grau an den Mauern der Kirche des Heiligen Franz von Assisi

lehnt, geht grüßend über den Platz und wird gegrüßt. Iwan Tsirelmann hat seine Wohnung verlassen, steht nun wie jeden Tag vor der Bankfiliale neben seinem Haustor und prüft die Kurse der Ostwährungen: Forint stabil, Rubel stabil, Dinar gefallen... Kurz, es ist ein normaler, wenn auch kalter Geschäftstag am Mexikoplatz im zweiten Wiener Gemeindebezirk.
Der Mexikoplatz und die umliegenden Straßen, eine zwischen Donauhafen, Prater und den Kohlehalden des Nordbahnhofes gelegene, abgewohnte Gegend Wiens, gleicht einem vorgeschobenen Stück Osteuropa. In diesem Viertel hat sich in den letzten Jahrzehnten und in mehr als hundert kleinen Läden ein Handel mit Waren aller Art etabliert, von dessen Schaufenstern man sich noch in Sofia und Warschau Wunderdinge erzählt. Waschpulver, Strumpfhosen, bedruckte Plastiksäcke, Kaffee, Taschenrechner, Quarzuhren, Kaugummi, Rasierklingen..., alles in grellem Durcheinander gehäuft und getürmt: In diesen Schaufenstern wird gezeigt, woran in Osteuropa Mangel herrscht. Es sind Emigranten, Durchreisende, Tagestouristen und Heimatlose, die sich hier treffen. Gemeinsam ist ihnen, daß sie aus den Ländern des realen Sozialismus kommen. Und so war das Geschäftsleben um die Kirche des Heiligen Franz von Assisi immer auch ein Barometer des politischen Klimas in der anderen Hälfte Europas und eine Spiegelung realsozialistischer Schattenwirtschaft. Was immer seit den Nachkriegsjahren *drüben* geschah, fand unter den Platanen des Mexikoplatzes seinen Niederschlag — Truppenaufmärsche an der ukrainisch-tschechischen Grenze, die Verschärfung der Devisenbestimmungen in Rumänien oder Streiks in den Ursus-Werken bei Warschau... „Sie umkreisen die Gestirne und schießen Hunde in den Weltraum", pflegt der Händler Zbigniew Nadler über seine russische Kundschaft zu sagen, „sie können einfach alles. Aber am Mexikoplatz bestaunen sie, was ihnen ihr Land nicht schenkt, die billigste Quarzuhr und eine Puppe, die Mama sagen kann."
Zbigniew Nadlers *Mexikobasar* zählt zu den ältesten Läden am Platz. Nadler führt alle Waren und spricht alle Sprachen, Polnisch, Slowakisch, Tschechisch, Ukrainisch. Er hat in den fünfziger Jahren den Aufstieg dieser Handelsenklave als seinen eigenen Aufstieg erlebt. Lastwagenchauffeure und Donaumatrosen, die sich hier, an der Anlegestelle der Donaudampfschiffahrtsgesellschaft mit Mangelware en gros eindeckten, waren die ersten Kunden und halfen mit, den billigen Glanz des Sortiments im Osten zu verbreiten. Im Wirtschaftsteil westlicher Zeitungen wurden damals nicht einmal die Kurse der Ostwährungen notiert, aber auf dem Mexikoplatz konnte man mit Złoty, Lewa, Rubel oder Forint bezahlen. So brachten der tschechische Touristenstrom während der Dubček-Ära und das kleine polnische Wirtschaftswunder in den siebziger Jahren die Geschäfte unter den Platanen zum Blühen. Aber die zähe Krise im Osten, die dem kurzen Frühling der Konjunkturen folgte, ließ es schließlich auch in Nadlers Basar wieder still werden.

„Nadler? Zbigniew Nadler? Kenne ich nicht. Gibt's hier nicht. Das ist ein polnischer Name. In Mexiko gibt es nur Israelis." Der Georgier Elieser Grimashvili, Verkäufer im Laden des David Zonenashvili rollt den gestickten Wandteppich ein, für den sich einer der polnischen Rompilger nach langem Zögern entschieden hat. In Zonenashvilis Laden herrscht großes Gedränge. Elieser bedient mehrere Kunden gleichzeitig und in wechselnden Sprachen. Wie fast alle georgischen Juden am Platz ist auch Elieser Grimashvili vor Jahren aus seiner Heimat im Süden der Sowjetunion nach Israel emigriert und erst von dort nach Wien gekommen. Die Georgier begannen Ende der siebziger Jahre die alteingesessenen polnischen Händler allmählich abzulösen, die bis dahin das Geschäftsleben bestimmt hatten. Nicht nur die Kundschaft kam hier und ging, es kamen und gingen auch die Händler selbst. Die osteuropäische Kolonie am Mexikoplatz war seit je ein Vielvölkergebilde und wie alle Vielvölkergebilde disharmonisch, voller Spannungen und böser Erinnerungen. Auch zwischen den Polen und den Zuwanderern aus Georgien herrscht eine stille Feindschaft. Man kennt einander nicht, interessiert sich nicht füreinander, spricht nicht miteinander. Gegen die Konkurrenz der mit winzigen Gewinnspannen kalkulierenden Neulinge scheinen die Polen machtlos. Elieser Grimashvili nimmt vielleicht nur die Zukunft vorweg, wenn er hinter dem Ladentisch unwillig noch einmal bekräftigt, daß es in *Mexiko* keinen Zbigniew Nadler und keine Polen gäbe. „Wir kommen alle aus Israel".
Zonenashvili, Davidashvili, Koziashvili, Nanikashvili, Biniorashvili oder Tzachvashvili — die georgischen Endungen auf vielen Ladenschildern spiegeln nicht nur die gegenwärtigen Mehrheitsverhältnisse im Viertel, sondern haben auch dem Feindbild der Alteingesessenen den Namen gegeben: *Die Schwilis*. Nicht jeder distanziert sich so vornehm von den übermächtigen Fremden wie Zbigniew Nadler, der nur resigniert die Achseln zuckt, wenn das Gespräch auf die Georgier kommt. Iwan Tsirelmann, der sich selbst zu den europäischen Juden zählt, zu den *weißen Juden*, wie er sagt, empfindet für seine sowjetischen Landsleute nur Verachtung. „Die Schwilis", sagt Tsirelmann, „sie allein haben Mexiko in Verruf gebracht; sie stehlen, sie betrügen, und alle ihre Geschäfte sind schwarz. Die Schwilis haben doch mit uns weißen Juden überhaupt nichts zu tun, sie haben hier nichts zu suchen und nichts zu reden."
Wenn Iwan Tsirelmann über die Georgier ansetzt, dann urteilt er immer härter als selbst die nicht eben fremdenfreundlichen österreichischen Behörden, die den Mexikoplatz seit jeher streng überwachen, und sei es nur, weil die Wiener Zeitungen immer wieder scharfe Kontrollen im sogenannten Basarviertel fordern. Von einem El Dorado der Schmuggler ist bei jeder Gelegenheit die Rede, von einer orientalischen Halbwelt inmitten der Bundeshauptstadt und vom Sicherheitsbedürfnis der Wienerinnen und Wiener, ein Bedürfnis, das sozialdemokratischen Kommunalpolitikern und Journali-

sten besonders am Herzen zu liegen scheint. Aber welche Klischees und Gefahren auch immer beschworen werden, die Wirklichkeit ist kaum bedrohlich und wenig bunt. Berichte von Mafiamethoden, großen Schiebergeschäften, Waffen- oder Devisenschmuggel entpuppen sich regelmäßig als wienerische Großstadtträume. Was für ein Aufruhr, als eine zivile Zollstreife an diesem Freitagvormittag eine regennasse Warschauer Touristin dabei ertappt, wie sie einem braven österreichischen Rentner zwei Stangen polnische Marlboro und eine Flasche Wodka zum Kauf anbietet. Die Streife fordert über Funk Polizeiunterstützung an, die zwanzig Minuten später erscheint, drei Mann stark und mit Blaulicht. Die unglückliche Polin wird perlustriert. Ihre Tränen bleiben wirkungslos. Sie wird abgeführt. Die zusammengelaufenen Rompilger werden angeherrscht, die Amtshandlung nicht zu stören und weiterzugehen. Allein der Rentner und eine Wurstkocherin, die von ihrer Bude aus den unerhörten Schwarzhandelsversuch der Polin beobachtet hat, werden als Zeugen einvernommen.

Über die Herkunft des Namens Mexikoplatz werden in Wien zwei Geschichten erzählt. Die erste gilt dem unseligen Bruder Kaiser Franz Josephs — Maximilian von Mexiko —, der von mexikanischen Nationalisten in Querétaro hingerichtet wurde. Der Platz unter den Platanen, heißt es in dieser Geschichte, sei dem Habsburger zum Andenken so benannt. Die zweite Geschichte gilt den Mexikanern selbst, sie wird seit November 1985 auch von einer Gedenktafel am Platz bestätigt: Der Name erinnere an das Jahr 1938 und an die standhafte Weigerung der Vereinigten Staaten von Mexiko, den Anschluß Österreichs an Hitlers Deutschland anzuerkennen.

„Der Mexikoplatz ist ein Niemandsland, eine neutrale Zone, ein Land zwischen allen Grenzen", sagt Pater Mario Maggi, der Prior des Trinitarierklosters, und wendet sich dann wieder einem slowakischen Gast zu. Der Prior sitzt mit drei Mönchen und drei Gästen an der langen Mittagstafel im Refektorium des Klosters. Unter dem Tisch hockt Lew, der Sohn der ukrainischen Köchin; er hält eine Spielzeugpistole im Anschlag und spricht halblaut auf einen imaginären Gegner ein. In den Gängen des Klosters riecht es nach Fisch. Pater Mario Maggi kommt aus dem Bergdorf San Genario in den Abruzzen und ist mit dem Leben des Mexikoplatzes seit zehn Jahren vertraut. Er verschließt eine Büchse Rosmarin und reicht einem der Gäste ein Stück Honigmelone. Miroslav Kapusta verbeugt sich verlegen und linkisch und fährt dann fort, dem Prior das Unglück der vergangen Tage zu schildern. Kapusta, ein Berufsschullehrer aus Trenčín in der Slowakei, ist erst vor drei Tagen nach Wien gekommen, um hier Werkzeug zu kaufen. Noch in der Vorstadt hat er einen Unfall gehabt. Seither hat er die Nächte im Wrack seines Skoda verbracht und tagsüber vergeblich auf einen Mechaniker gewartet.

Ein Windstoß trägt den Geruch der Donau durch ein offenes Fenster in den Klostersaal. Als diente sie allein dem Zweck, die silbernen Türme des Internationalen Zentrums am anderen Ufer mit der Kirche und dem Kloster zu verbinden, überspannt die Reichsbrücke den Strom. Dem ratlosen Slowaken wird nach dem Essen von einem Trinitarier ein Zimmer im Erdgeschoß zugewiesen, in dem bis zum Tag davor zwei Ingenieure aus Ungarn gewohnt haben. „Ich habe mit einem Ungarn in Rom studiert", sagte Pater Mario als er sich von seinen Gästen verabschiedet. „Ich mag die Leute aus dem Osten. Ich habe noch keinen von ihnen nach seiner Weltanschauung gefragt. Am Mexikoplatz sind Osten und Westen nur Himmelsrichtungen. Alles andere ist Politik.

Obwohl an der Uferländer einer kalten, trüben Donau die südliche Heimat des Priors oft nur wie ein Gerücht und unerreichbar fern erscheint, fühlt sich Mario Maggi unter den Emigranten und Touristen aus der anderen Hälfte Europas zu Hause. Anders als das Wiener Gemüt, das in den Fremden aus dem Osten eher Feinde als Verwandte vermutet, vermag der Prior des Trinitarierklosters am Mexikoplatz nur Menschen zu sehen, Lebensläufe, Gesichter. Es sind vor allem jüdische Lebensläufe, die über diesen Platz führen oder sich auf ihm kreuzen. Und so verschieden ihre Gesichter sind, für die Menschen, die hier arbeiten, ist *Mexiko* oft die einzige Verbindung zwischen ihrer Vergangenheit und ihrer Zukunft.

Für Judit Kowalska, die sich an diesem Freitag mit einem durchreisenden Bekannten im Laden des Tobiasz Zilberszac verabredet hat, war es das Kriegsrecht in Polen, das sie zum Flüchtling und schließlich zu einer Verkäuferin ohne Arbeitsgenehmigung am Mexikoplatz werden ließ. Die gebürtige Ungarin hatte in Budapest einen polnischen Künstler kennengelernt, ihn geheiratet und war ihm nach Warschau gefolgt. Dort hatte Kowalska für den Schriftstellerverband und den Polnischen Film als Übersetzerin gearbeitet und war den Sicherheitsbehörden wegen ihrer Kontakte zu widerspenstigen Intellektuellen mehrmals aufgefallen. Nach ihrer Emigration in den Westen war der Mexikoplatz ihre erste Station. Hier fand sie einen Job, hier blieb ihr Polen nahe. Ihr erster Dienstherr in Wien war ein Händler mit Waren aller Art aus Tarnów, für den sie Kaffee und Waschpulver abfüllte und Warenpakete für Polen schnürte. Aber Judit Kowalska hat den Mexikoplatz mittlerweile hinter sich. Sie arbeitet nun auch in Wien wieder als Dolmetscherin und übersetzt für eine Flüchtlingsorganisation Asylansuchen. Auf den Mexikoplatz kehrt sie nur als Kundin zurück.

Im Schaufenster des Tobiasz Zilberszac zeigen Dutzende Quarzuhren Dutzende Zeiten an. Kowalskas Bekannter ist nicht gekommen. „Für mich sind die Geschäfte hier eine Erinnerung an die Zeiten vor dem Krieg", sagt die Ungarin später im Gespräch mit zwei Tischnachbarn im Speisezimmer des *Brückenbeisel*, dem Stammlokal der Donauschiffer, Kunden und Händler des Mexikoplatzes, „...eine Erinnerung daran, wie es damals in Ungarn, in Polen oder in Rumänien gewesen ist. So wie hier haben die Läden im Osten ausgesehen, als ich noch ein Kind war; so gemütlich, so vollgestopft und nicht so blank und steril wie heute." Warum so viele Menschen aus dem Osten hierher kommen? „Vielleicht, weil sie sich in Mexiko an bessere Zeiten erinnern, daran erinnern, was sie verloren haben."

In den Ladenzeilen an der Donau ist nicht nur die Erinnerung an ein verschwundenes, bürgerliches Osteuropa lebendig geblieben. Viele der jüdischen Lebensgeschichten reichen in die Zeit der Verfolgung und des Massenmordes zurück. Geschichten wie die des Iwan Tsirelmann.

Es ist später Nachmittag, die meisten Schaufenster des Platzes sind bereits erleuchtet, und die polnischen Rompilger verstauen pralle Plastiksäcke und Pakete in ihre Busse, als Iwan Tsirelmann in der dunklen Küche seiner Wohnung von seiner Kindheit und Jugend in Bessarabien erzählt. Er erzählt in Jiddisch, seiner Muttersprache, vom wütenden Antisemitismus der rumänischen Faschisten, die sich Eiserne Garde nannten, von den Pogromen und vom Entschluß seiner Familie, vor den Rumänen nach Rußland zu flüchten.

„Wir waren damals auf dem Weg zur Grenze", sagt Tsirelmann. „Dann ist das rumänische Militär gekommen, hat mit Maschinenpistolen auf uns geschossen und uns nach Bukarest zurückgetrieben. Wir sollten nicht zu den Russen. Am 21. Jänner 1941 hat man meine ganze Familie und zweitausend andere Juden genommen und auf der Hauptstraße von Bukarest erschossen. Ich bin mit meinem Bruder zwischen den Leichen am Leben geblieben; mit ihm bin ich dann auch endlich über die Grenze nach Rußland geflüchtet. Die Russen haben uns als rumänische Spione eingesperrt. Im Juni

dieses Jahres, als der Krieg zwischen Hitler und Stalin begann, ist eine Bombe auf unser Gefängnis gefallen. Mein Bruder war verletzt. Wir sind geflüchtet. Wir haben beide fremde Namen angenommen, Russisch haben wir ja gekonnt. Dann wurden wir von einer Streife der Roten Armee aufgegriffen: Wir sind aus Bessarabien, haben wir ihnen gesagt, aus der Moldau. Das war ihnen gleichgültig. Sie haben uns zum Militär gesteckt und nach neun Monaten waren wir zwei Offiziere der Roten Armee. Dann sind wir in den Krieg gezogen. Dann habe ich den Bruder in Polen verloren. Dann war ich allein. Von zwei Schwestern und vier Brüdern bin nur ich übrig geblieben, einer allein."
Aber gegen Rußland, sagt Tsirelmann, habe er nichts zu reden. Rußland habe ihm nichts Schlechtes getan. Nach dem Krieg ist er nach Sibirien gegangen, nach Nowosibirsk. Dort hat er Busse und Lastwagen gefahren und ist über Krasnojarsk, Irkutsk und Ulan Bator bis nach China gekommen. In Nowosibirsk hat er eine eigene Wohnung gehabt und Freunde und ein eigenes Auto. Siebenhundert Rubel hat er im Monat verdient und das Kilo Brot hat nur zwölf Kopeken bekostet. Alles hat er gehabt, der Tsirelmann. Und was hat er getan? Er hat auf Nessja gehört, seine Frau, eine geborene Goldfarb. Rußland ist nicht unser Land, Iwan, hat Nessja gesagt, wir gehen nach Israel. Und so ist Iwan Tsirelmann nach all den glücklichen Jahren in Sibirien mit der Frau, der Schwiegermutter und der Tochter nach Israel gegangen. Seine zwei Söhne, beide Offiziere der Roten Armee, sind zurückgeblieben. Das war 1976. Aber nach eineinhalb Jahren in Haifa sind die Enttäuschung über Israel und die Sehnsucht nach Sibirien so groß geworden, daß er noch einmal alles aufgegeben hat und hierher gekommen ist, nach Wien. Am Mexikoplatz weiß er sich Rußland näher. Irgendwann, hofft er, werden ihn die sowjetischen Behörden doch nach Sibirien gehen lassen, nach Hause. Im Krieg hat Iwan Tsirelmann einen Panzer der Roten Armee kommandiert. Im Frieden hat er einen Autobus gelenkt. In Israel war er Lastwagenchauffeur. Erst jetzt, in Wien, am Mexikoplatz, nach so vielen Grenzen, nach so vielen Toten und nach so vielen Jahren, scheint er sich in ein Bild zu fügen, mit dem man die Juden seit jeher verfolgt hat: Iwan Tsirelmann hält sich mit Geldgeschäften über Wasser. Von der Volksbankfiliale neben seinem Haustor kauft er Forint, Lewa, Lei oder tschechische Kronen und hofft auf einen Kursanstieg der Ostwährungen, um sie dann mit Gewinn wieder an die Bank zu verkaufen. Seit acht Jahren lebt Tsirelmann so, und vor seinem Fenster stehen unverändert die Platanen. Aber an diesem späten Nachmittag in seiner Küche, groß und schön, liegen die blaugolden gestreiften Steppen Sibiriens, liegt Nowosibirsk.

Der Händler Zbigniew Nadler aus dem ostgalizischen Tarnopol hat kein Land, nach dem er sich zurücksehnt. Als polnischer Emigrant hat er den Mexikoplatz zwanzig Jahre vor Iwan Tsirelmann

erreicht und feiert seither alljährlich am 29. Juni den Tag seiner Ausreise. Nadler ist längst österreichischer Staatsbürger und hat von seinem Urlaubsort im Tiroler Innerötztal für seine jahrelange Treue eine Ehrenurkunde erhalten. Die Urkunde hängt gerahmt und unter Glas über dem Schreibtisch im Hinterzimmer seines *Mexikobasars*. Als einer der angesehensten Geschäftsleute des Viertels bereitet sich Nadler nun allmählich auf den Ruhestand vor. Über seinen Weg nach Wien und die Jahre in Galizien spricht er nur zögernd. Während sein kroatischer Angestellter mit einem russischen Schleppermatrosen ein langwieriges Verkaufsgespräch führt, erzählt Zbigniew Nadler im Hinterzimmer von Tarnopol. In seiner Geburtsstadt haben bis zum Einmarsch der Deutschen 24 000 Juden gelebt. Den Holocaust überlebt haben vierundsechzig. Nadler ist einer von ihnen.
„Mein Vater war Altösterreicher", sagt Nadler, „ein ehemaliger Feldwebel in einem k. u. k. Bosniakenregiment. Er wollte damals nicht wahrhaben, was aus Deutschland auf die Juden von Tarnopol zukam." Bedächtig und leise wiederholt Zbigniew Nadler die Worte seines Vaters: „Wir flüchten nicht. Was dieser Anstreicher aus Braunau daherredet, wird bald verweht sein." „Und so", sagt Nadler nach einer langen Pause, „sind wir in Tarnopol geblieben. Mein Vater hat den Krieg im Keller eines Offiziers der polnischen Untergrundarmee überlebt und ist vor sieben Jahren in Israel gestorben. Meine Mutter ist im Vernichtungslager Belzec umgekommen. Meine beiden Schwestern waren auf zwei weit auseinanderliegenden Gehöften verborgen und ich war als ukrainischer Knecht verkleidet bei einem reichen Obstbauern. Die SS war oft auf dem Gut. Meine blonden Haare haben mich gerettet. So sind wir bis auf meine Mutter entkommen. Wenn ich träume, höre ich noch jetzt manchmal die Mutter schreien. Wenn ich an diesem Tisch die Augen schließe, sehe ich, wie sie fortgezerrt wird. Vierzig Jahre sind nichts, sage ich manchmal zu meiner Frau, ich träume immer das gleiche."
Als Nadler aus dem Hinterzimmer an den Ladentisch zurückkehrt, ist der kroatische Verkäufer allein.
„Und?"
„Nichts hat er gekauft", sagt der Kroate.

Einer der Kunden, die Nadlers Bazar und die anderen Läden am Platz seit vielen Jahren besuchen, ist der Krakauer Schlossermeister Andrzej Tomaszewski. Der Schlossermeister ist nach einem kurzen Schlaf steif und zerzaust aus seinem Polski Fiat gekrochen. Nun sitzt er lamentierend an der Theke des neumodischen ungarischen Restaurants *Admiral Tegetthoff* im Hafengebäude der Donaudampfschiffahrtsgesellschaft. Das Gebäude an der Peripherie des Mexikoplatzes ist das architektonische Abbild eines mächtigen Schiffes in Glas und Stahl; sein utopischer Glanz läßt die Ladenzeilen noch billiger und armseliger erscheinen. Das Lokal ist an diesem

Freitag fast leer. Tomaszewski spricht in lautem Deutsch und mit vielen Gebärden auf den ungarischen Kellner ein. Wohin sind die Zeiten, in denen der Schlossermeister Jahr für Jahr mit langen Einkaufslisten nach Wien kam? Die großen Passagierschiffe aus Budapest und Bratislava waren damals bis auf den letzten Platz besetzt und in den Läden drängte sich die Kundschaft aus Osteuropa so dicht, daß man kaum Platz zur Kleideranprobe fand. Mit den bei Nadler, Zilberszac oder Spiegel kartonweise gekauften Kugelschreibern, Taschenrechnern oder Sturmfeuerzeugen konnte man sich in Polen eine goldene Nase verdienen. Seine private Schlosserei in Krakau verdankt Tomaszewski nicht zuletzt den verrückten Preisen, die man dort für die Mangelware aus dem Westen zahlte. Die siebziger Jahre waren Tomaszewskis große Zeit. Und heute?
„Was die Russen in vierzig Jahren nicht geschafft haben", sagt Tomaszewski, „bringen jetzt unser General und seine Krähen mit ihren neuen Zollbestimmungen, Devisengesetzen und Ausreisebeschränkungen zu einem Ende: Polen ist verloren. Die Regale in unseren Kaufhäusern sind leer, aber wenn ich ein Gros Unterhemden über die Grenze schaffe, um ein paar Złoty zu verdienen, werde ich als Spekulant vor Gericht gestellt." Ungar müßte man sein! Die Ungarn, setzt Tomaszewski dem gelangweilten Kellner nun schon zum dritten Mal auseinander, hätten eben bei Profit nicht gleich an Sünde gedacht; sie hätten ihre Grenzbalken gehoben und den Privatmann ordentlich verdienen lassen.
„Noch einen Großen?", fragt der Kellner, als Tomaszewski ihm sein leeres Glas zuschiebt.
„Noch einen Großen", sagt der Schlossermeister, „wódka grzeje, wódka chłodzi, wódka nigdy nie zaszkodzi." Wodka wärmt, Wodka kühlt, Wodka schadet nie.
Das Unglück Polens hat den Händler Nadler, Zilberszac oder Spiegel also die Kundschaft entzogen und den Markt schrumpfen lassen. Wer in *Mexiko* bestehen will, muß sich dazu gegen die Konkurrenz der Gegner behaupten. Der wirtschaftliche Aufschwung Ungarns hat zwar neue Käufer in Scharen nach Wien gebracht, aber die Busse aus Budapest oder Györ, an manchen Tagen sind es dreißig und mehr, erreichen den Mexikoplatz nie. Denn die ungarischen Händler Wiens haben schon vor Jahren erkannt, daß das große Geschäft mit der Kundschaft aus dem Osten weiter im Westen gemacht wird, an der Mariahilferstraße, einem der Einkaufszentren der Stadt.
Menachem Morgenstern aus Budapest und sein Partner Aron Bagdadli waren unter den ersten, die in den Magyaren die neuen Wirtschaftswunderkinder des realen Sozialismus erkannten. Morgenstern und Bagdadli eröffneten schon Mitte der siebziger Jahre in Mariahilf, weitab vom Mexikoplatz, das inzwischen legendäre Hi-Fi-Geschäft *Radio Budapest*. Diese Pioniertat, die von der biederen Geschäftswelt im Zentrum der Stadt zunächst als Kuriosität abgetan wurde, wirkte für viele ungarische Kaufleute schließlich wie ein

Zeichen zum Aufbruch. Sie ließen das Getto an der Donau hinter sich, streiften die Armseligkeit eines Handels mit Waren aller Art ab und übernahmen in den Seitengassen der Mariahilferstraße einen Laden nach dem anderen. Und die Kundschaft kam nach.
Als wäre aller Ramsch unter der Kirche des Heiligen Franz von Assisi zurückgeblieben, glänzen in den Schaufenstern der neuen Läden nun die Indizien des magyarischen Aufstiegs: Heimcomputer statt billiger Armbanduhren, Videorecorder statt bunter Plastikleuchten, Farbfernsehgeräte und Stereotürme. Die Ungarn haben es offensichtlich geschafft und den Osten fern und grau unter den Platanen zurückgelassen.
„Ein Geschäft wie das unsere ist den Entwicklungen in Osteuropa bedingungslos ausgeliefert", sagt Aron Bagdadli vor einem Regal mattschimmernder Verstärker. „Ein solches Geschäft verlangt Beweglichkeit und die Gabe, das Rauschen der Zeit zu deuten. Die Polen haben diese Gabe verloren. Sie sind in Mexiko geblieben. Vielleicht sind sie müde und wollen nicht mehr wandern."

DER NABEL DER WELT

Klaus Wildner

Herabhängende Zweige streifen mein Gesicht, der hölzerne Bootsrumpf läuft mit einem leisen Knirschen auf Grund. Mächtige Bäume, deren Wurzeln bis ins tiefgrüne Wasser reichen, spenden dem Ufer Schatten, Sonnenstrahlen finden vereinzelt ihren Weg zwischen den Blättern und tanzen als Lichtreflexe über die Wellen. Ich liege im Boot und fühle mich wohlig schwer, vollgesogen mit Sonne und viel zu faul für jede Bewegung. Von der Bucht vor uns dringt Lärm herüber. Fröhliche, nackte Eingeborene balgen um einen bunten Plastikball. Martin, durstig vom Rudern, läßt mich nicht in Ruhe: „A G'spritzter is angsagt." Da ist jede Diskussion zwecklos. Wir machen uns zu Fuß und mit Sonnenbrillen bekleidet auf den Weg.
Der rostige Stachelzaun stellt ein rein symbolisches Hindernis dar, aber schon naht ein Inselwächter. Alle hier sind nackt, er jedoch trägt eine weiße Short, die mit dem rot-weißen Gemeindewappen bestickt ist — Garant seiner Autorität. Er tritt uns entgegen: Ausschließlich der Erwerb einer Eintrittskarte bei der Kassa am anderen Ende der Insel legitimiere das Betreten. Da nützt kein Schmähführen und auch nicht das Argument, daß wir nur ganz kurz Ausschau nach Freunden halten wollen — der unbestechliche Mann hat ja wirklich hundertprozentig Recht. So bleibt uns der Besuch des Gänsehäufl-Buffets verwehrt.
Ich übernehme das Paddel, Martin darf rasten. Mit stilecht unterschlagenen Beinen habe ich mich am Heck niedergelassen und treibe das Boot durch bogenförmige Schläge an einer Seite voran. Nicht die effizienteste Methode, aber ich mag den Bewegungsablauf. Die Zille ist mein Einbaum und ich bin der Indianer. Übrigens gehört dieser Einbaum mir, und es hat seine eigene Geschichte, wieso ich den mit recht hohen Einstellgebühren belasteten Privatbesitz dem relativ billigen Verleih vorziehe:
Vor ein paar Jahren verführte mich ein anmutiges Wesen nach Kaisermühlen. Ich sehe es nur mehr hin und wieder, aber in Kaisermühlen bin ich mittlerweile fest verwurzelt — ich wohne hier. Erschien es mir in der ersten Zeit auch etwas abgelegen, so habe ich es mittlerweile liebgewonnen — es ist für mich die beste Gegend der Stadt. Nur finde ich die Wiener City etwas abgelegen. Kaisermühlen, im Nordosten Wiens, wird auf zwei Seiten vom Wasser umschlossen und ist im Süden nur durch einen Steg zwischen Alter und Neuer Donau mit dem übrigen Festland verbunden. Hinter der Nordgrenze ragen ein paar mächtige Türme in den Himmel — das

Wiener Internationale Zentrum. Neben ihm nehmen sich sogar die nahen Parade-Hochhäuser klein aus, die das Beamtenimperium hatte errichten lassen. Wenn die UNO-City auch ein imposanter Grenzstein ist, so war das Wirtshaus „Mondschein" in dieser Funktion doch wesentlich anheimelnder. Mittlerweile ist es dem Verkehr gewichen.
Städtische Bezirksgrenzen werden meist nur durch den Nummernwechsel auf blauen Straßenschildern markiert. Sie sind eine schwache Erinnerung daran, daß hier Dörfer zur Stadt verschmolzen sind. Kaisermühlen hingegen grenzt sich klar ab. Man kann es nach zwei Richtungen überhaupt nur schwimmend verlassen. Mir gefällt die Nähe des großen Stroms und der Auwälder. Ich fühle mich hier wohler als dort, wo ich von einer kilometerweit ungebrochenen Kontinuität betonierter Wirklichkeit umgeben bin.
Kaisermühlen kann als Vorstadtpflaster beschrieben werden, hat aber dörfliche Grundzüge bewahrt. Der Durchzugsverkehr brandet draußen vorbei und läßt Raum zum Leben. Viele Leute kennen einander. In den Gassen werden häufig Grußworte gewechselt oder Gespräche geführt. Kaisermühlen ist durch seine unmittelbare Nähe zum Wasser geprägt, Wohn-, Arbeits- und Erholungsraum überlagern einander. Die Freizeitkultur der Zwischenkriegszeit hat die Alte Donau mit dem Gänsehäufl für sich erschlossen. Man propagierte die Möglichkeit geistiger und körperlicher Erholung in natürlicher Umgebung für alle. Dementsprechend ist hier eine Infrastruktur entstanden, die auf das leibliche und gefühlsmäßige Wohlbefinden des Einzelnen, beziehungsweise der großen Masse von Einzelnen abzielt. Der Stil, in dem dieses Wohlbefinden vermittelt wird, ist proletarisch, die Tendenz zur zwanglosen Gemütlichkeit dominiert. Wer die ganze Woche hart schuftet, legt Wert auf mühelose Freizeitgestaltung. Die rastlose Jugend entdeckt auf ihrer Suche nach Neuem das Alte, führt eine Wiederbelebung durch und idealisiert und stilisiert es — die fünfziger Jahre, das Beisl, die Lederjacke und den Rock'n Roll, den Böhmischen Prater, die einfachen Umgangsformen oder die grenzenlos angenehme Freikörperkultur.
Obwohl die Bezeichnung „proletarisch" im Allgemeinen nur mehr historischen Wert besitzt, lebt sie hier in regionaler Gültigkeit weiter. Das Bild ist in sich viel zu stimmig, um den Begriff einzumotten: Kaisermühlen als Arbeiterbezirk mit dörflich-ländlichen Charakterzügen, als Tagesausflugs-Sommerfrische für die Masse, alte und neue Zinskasernen direkt am Wasser, Schwänefütterung, Arbeiter-, Eisenbahner-, Strassenbahner-, Polizistenstrandbäder, eine Unzahl von Sport- und Privatvereinen, Beisln, Schenken und Kaschemmen, solidarisches Brüten unter der Sonne — zu Lande und auf dem Wasser, eine groteske Formenvielfalt von bunt bemalten Booten, die man mieten kann oder solchen aus Gummi, die man aufblasen muß, ganz einfache Spielweisen der Glückseligkeit — ungenierte Leiblichkeit, Picknick am Ufer zwischen Schwan, Pap-

pel und Gemeindebau, Wochenend-Festessen im Strandrestaurant, Trunkenheit, lautes Lachen. Junge, schneidige Burschen in Elektrobooten verfolgen Tretboote mit jungen kichernden Mädchen — oder umgekehrt. Menschen drängen an heißen Sommertagen aus jedem Bus und streben der Alten Donau oder dem Entlastungsgerinne zu (letzteres wird so genannt, weil es das Gänsehäufl von zu großem Andrang entlastet).

Nichts für sich, aber alles zusammen ergibt das spezielle Flair von Kaisermühlen. Widersprüchliche Formen sind hier zusammengewachsen und überleben als naiv-altmodische Großstadt-Idylle, die von Wassergräben beschützt wird. Manchmal sitze ich in meinem Boot, die Sonne legt eine goldene Straße zu mir herüber, alles glit-

Abendstimmung an der Alten Donau — „UNO-City" im Hintergrund

zert — sogar die Fenster im UNO-City-Berg —, das Geschnatter um mich herum verschmilzt mit dem entfernten, dumpfen Brausen der Südost-Tangente und womöglich fliegt gerade ein Flugzeug durch den blauen Himmel oder sonst ein Vogel — dann fühle ich mich am Nabel der Welt. Die alte Zille aber habe ich deswegen gekauft und repariert, weil Boote nur bis längstens neun Uhr abends verliehen werden. Ich will schließlich auch wissen, wie der Nabel der Welt bei Nacht aussieht.

Martin träumt vom Uferbeisl, ich paddle. Fünf dunkle, vermummte Gestalten in einem Elektroboot ziehen an uns vorbei — verschleierte Frauen aus dem Orient. Gleich darauf barbusige Tangagirls im Ruderboot, der surreale Kontrast hebt die Eigentümlichkeit widersprüchlicher Sitten reizvoll hervor. Apropos Sitten — wir nähern uns dem Ufer und sollten etwas anziehen. Ich habe zwar den Hoheitsbereich des Nacktbadens weit über die Grenzen der FKK-Bucht hinaus ausgedehnt, indem ich mein Boot zum eigenständigen FKK-Gelände erklärt habe, aber das kann ja nicht jeder wissen. Ehe das Werbefernsehen als moralisch-sittliches Regulativ der Nation den Unterleib nicht freigegeben hat, braucht man noch die Badehose, soviel ist klar. Vor der Landung wird gebadet.
Ich springe — go between — der Körper taucht ins Wasser, der Sprung geht in einen Unterwassergleitflug über, führt mich durch einen Schlingpflanzenhain. Im Gegensatz zu verbreiteten Ängsten sind Schlingpflanzen nicht annähernd so gefährlich wie Haifische, sie kitzeln nur ein wenig am Bauch. Nach dem Bad liege ich auf den Bootsplanken und lasse mich von der Luft trocknen. Die vielen wohligen Sensationen, die die Haut erfährt — Wasser, Sonne, Wind —, lassen Wunschbilder aufsteigen: Ein Mädchen müßt' jetzt bei mir liegen und sich eng an mich schmiegen. Der Hunger, der plötzlich den Durst ergänzt, ist nicht nur Kompensation. Der hölzerne Bootsrumpf läuft mit einem leisen Knirschen auf Grund, und die Kellnerin wirft einen einladenden Blick zu uns herüber.

RETTUNG
(sehr frei nach Goethe)

Gestern is ma d'Mizzi apascht.
Kannst da vuastelln, wiar i feu?
Und i denk ma, vua Verzweiflung:
schmeiß di eini in Kaneu!

Wiar i mia des Sackl ausziag,
biagt a Mentscherl grad ums Eck.
Schreit: Sans deppert? Herr, was tuans denn?
's Wassa is ja volla Dreck!

Alsdern, d'Klane is net ohne.
„Fräulein", sag i, „wolln S' an Tschick?
Fräulein", sag i, „glauben Sie an
Liebe auf den ersten Blick?"

Sie ziagt Farb auf. Langsam samma
hamzua gangen, i und sie.
Und des graue, kalte Wassa,
des rinnt weita — ohne mi.

Trude Marzik

DER FRIEDHOF DER NAMENLOSEN IN ALBERN

Werner Nachbagauer

Die Donau hat seit jeher ihre Opfer gefordert, sie hat sie seit jeher wieder freigegeben. Die Leichen werden an bestimmten Stellen, häufig bei Kehrwassern, ans Ufer getrieben. Beim Sauhaufen bei Albern ließ ein solches Kehrwasser im Lauf der Jahrhunderte viele Wasserleichen stranden. Nach den Totenbüchern der Gemeinde Kaiser-Ebersdorf wurden zwischen 1784 und 1896 über 660 Ertrunkene aus dem Wasser geborgen. Die ursprüngliche Begräbnisstätte befand sich direkt am Donauufer. Um die Mitte des vorigen Jahrhunderts wurde dieser Friedhof von den Braugesellen des nahen Großschwechater Brauhauses betreut und gepflegt. Da aber die Gräber regelmäßig durch Hochwasser zerstört, die Leichen manchmal der Erde entrissen wurden, hat man den Friedhof der Namenlosen im Jahr 1900 hinter den Hochwasserschutzdamm verlegt. Seit der letzten Beerdigung im Jahr 1940 fallen die hundertzwanzig Gräber hinter den Getreidespeichern, den markanten Silotürmen am Albener Hafen, allmählich in Vergessenheit.
Die Wasserleichen wurden meistens von Fischern entdeckt, mit Netzstangen aus der Donau geholt, auf dem Schubkarren des Uferwirtes, später auf einer Tragbahre zum Friedhof gebracht und in der Leichenhalle aufgebahrt und gereinigt. Wenn ein Verbrechen ausgeschlossen werden konnte, wurde die Leiche zur Beerdigung

freigegeben. Diese Aufgabe übernahm der Totengräber der Gemeinde Albern. Josef Fuchs ist der letzte, der diese Funktion ausgeübt hat. Im Hauptberuf war er Gemeindewachmann, eine Art Dorfgendarm. Josef Fuchs hat zwischen 1932 und 1940 an die fünfzig Leichen begraben, Verunglückte, Selbstmörder, Opfer grausamer Verbrechen.

Unter einem der Grabhügel ruht ein zwölfjähriges Kind, „ertrunken von fremder Hand"; ein anderes Grab beherbergt einen Wirt des nahegelegenen Gasthauses, der hier die letzte Ruhestätte gefunden hat. Er ist in diesem Friedhof der einzige, der eines natürlichen Todes gestorben ist.

Das Gemeindeamt Albern erhielt von der Stadt Wien Abgängigkeitsanzeigen und Beschreibungen von Personen zugesandt, die Selbstmordabsichten geäußert hatten. Wenn also eine Leiche aus der Donau gefischt wurde, hat Josef Fuchs die Zettel durchgeblättert ... Unter all den Leichen war nur eine, die nicht identifiziert werden konnte. Albern bekam alljährlich von der Stadt Wien einen Pauschalbetrag erstattet, mit dem anfallende Unkosten bei den Beerdigungen abgegolten wurden.
Als Josef Fuchs seine Arbeit als Totengräber begann, standen auf den Gräbern des Friedhofes einfache Holzkreuze. Der Totengräber besorgte vom Zentralfriedhof gußeiserne Kreuze, welchen der Friedhof in seiner Gesamtheit seinen besonderen Reiz verdankt. Auch die Durchnumerierung der Gräber besorgte er. 1935 wurde der Friedhof mit einer Steinmauer umfaßt und um die Auferstehungskapelle erweitert. Durch den Bau der Getreidesilos und der Hafenanlage im Jahre 1939 änderte die Strömung der Donau ihre Richtung, und der Fluß behielt an dieser Stelle fortan seine Opfer. Josef Fuchs ist auch nach dem Zweiten Weltkrieg für seinen Friedhof ehrenamtlich tätig geblieben. Er pflegt die Gräber bis zum heutigen Tag. Angehörige und nahe Verwandte der Toten sind auf dem Friedhof der Namenlosen selten zu treffen. Viele von ihnen sind verstorben, andere leben im Ausland, wieder andere wollen von den Toten in Albern nichts wissen. Aber es gibt eine Gruppe von Menschen, die sich dem Gedenken an die Opfer der Donau annimmt: die Mitglieder des lokalen Arbeiter-Fischer-Vereins. Früher legten die Fischer alljährlich auf dem Friedhof einen Allerseelenkranz nieder; seit den zwanziger Jahren wird ein origineller Brauch gepflegt: Am Nachmittag des ersten Sonntags nach Allerheiligen gedenken die Fischer der Toten der Donau. Vereinsmitglieder bringen ein Floß mit Kränzen, einem Modell eines Grabsteins und der Aufschrift „Den Opfern der Donau" in drei Sprachen auf einer einfachen Holzzille in die Mitte des Stroms, wo es ins Wasser gelassen wird. Manchmal soll dieses Floß sehr weit treiben, bis es sich auflöst ... An diesen Sonntagen herrscht reges Treiben in der Alberner Au, hunderte Menschen nehmen an den Gedenkfeiern teil. Der Friedhof erblüht in diesen Tagen in reichem Blumenschmuck, in der Auferstehungskapelle findet — das einzige Mal im Jahr — eine Meßandacht statt, und die Zeremonie am Strom wird von den Märschen einer Blasmusikkapelle umrankt.
Sträuße und Bukette, Spenden der Wiener Gärtner, verdorren, bald verdeckt das abgefallene Laub die Grabhügel und es kehrt wieder Ruhe ein am Friedhof und am Ufer der Donau. Still wird es in der Au, nur das Signalhorn eines Frachtkahns tönt vom Wasser her. Erst der nächste Mai bringt mit dem frischen Grün der Bäume und den zauberhaften Schwertlilien auf den Gräbern wieder Leben auf den Friedhof der Namenlosen.

dod en wossa

waun s me aussezan
waun s me aussezan
aus da donau
untan wintahofm
bei oewan
wiad ma des monogram
wos ma mei muta r amoe
en s hemt zeichnt hod
lenx fawoschn sei:
a monogramdintn
is aa nua r a mendsch
und hoet ned ewech...

waun s me aussezan
waun s me aussezan
aus da donau
untan wintahofm
bei oewan
en heabst
how e a neix monogram
a leichz und a schweas
wäu s me amoe auffedrad hod
und amoe owe aum grund
und hii und hea
wia s en wossa scho is...
und da suma woa laung
und de schdrömung ned schdoak
und de wassreche gengd
hod es iwreche gmocht...

a fisch fia de wön
und a r aunka fia n grund
oes monogram unta d aung
is bessa r oes kans —
owa drozzdem ka easoz
fia des schene blaue
wos ma mei muta seinazeid
en s hemad einezeichnt hod...

waun s me aussezan
waun s me aussezan
en herbst
bei oewan
untan wintahofm...

H. C. Artmann

III. ALLTÄGLICHE GESCHICHTEN

EIN LEBEN AN DER DONAU

Maria und Ludwig Kotal sind an der Donau aufgewachsen. Nachdem Ludwig Kotal nach dem Ende des Krieges aus dem KZ heimgekehrt war, hat er mit seiner Frau und ihrem Bruder an der Donau einen Überfuhrbetrieb aufgebaut. Seit 1984 ist Ludwig Kotal in Pension, Maria Kotal ist inzwischen verstorben.

Ludwig Kotal:
Der Vater meiner Frau war im Winterhafen Hafenaufseher, heute ist das der Freudenauer Hafen. Sie hat acht Brüder gehabt, und die haben alle die Schiffsführerprüfung gehabt. Die sind alle bei den Überfuhren gefahren. Einer ist dann Kapitän geworden, der lebt heute noch. Und einer hat dann nach dem Zweiten Weltkrieg da die Überfuhr angefangen, hat aber zuwenig Geld gehabt. Und ich bin aus dem KZ heimgekommen und hab dann so ein bißchen gefuhrwerkt. Und er hat mich gefragt, ob ich dabei mittun will. Habe ich gesagt, na gut.
Mein Vater hat einen Schrebergarten gehabt. Wie er gestorben ist, haben wir den Garten verkauft und haben um das Geld einen Außenbordmotor gekauft, einen uralten Kralmotor. Das war nämlich auch sehr interessant, der Kral war ein ganz unscheinbarer Mensch, aber ein Genie. Der hat die Motoren selber gebaut, mit ganz primitiven Maschinen, wie sie seinerzeit waren die Drehbänke, das gibt es ja heute alles nicht mehr. Und jede Schraubenmutter hat er selber gedreht und alles. Und den Motor haben wir gekauft und dann haben wir im Winter von 1946 auf 1947 im Garten vom Lindmayer das Boot gebaut — das gibt es heute noch — bei einer Kälte von minus neunzehn Grad, aus altem Flugzeugblech. Damals hat es ja nichts gegeben. Und in der Eisenhandlung haben wir eine Handvoll Nieten aufgetrieben. Bitte, das sind Sachen, die sich heute gar niemand mehr vorstellen kann. Mein Schwager ist dann gestorben und ich habe weitergemacht. Also im Winterhafen habe ich mit der Überfuhr angefangen. Dann habe ich noch ein Boot gebaut. Dann haben wir ein Schleppboot gebaut für die March. An der March haben wir den Winter über gearbeitet, wie sie die Regulierung gemacht haben, die Begradigung. Früher war das ja ein Urwald, und die March hat sich da geschlängelt durch die Wälder.
Wir haben dann weitergearbeitet, wie die Brücke dort gebaut worden ist über den Hafen. Und jetzt ist ein enormer Aufschwung durch die Donauinsel, ganz ein gewaltiger Aufschwung. Wir kommen mit der Arbeit jetzt fast nimmer nach an einem Sonntag. Vorher sind wir oft dagesessen beim herrlichsten Badewetter und kein Mensch ist gekommen, und wir haben uns ziemlich durchgehun-

gert, meine Frau und ich. Ich bin froh, daß sie so tüchtig war. Sie war die erste Frau nebenbei bemerkt, die die Schiffsführerprüfung, das Schiffsführerpatent auf der Donau bekommen hat, die erste Frau überhaupt in Österreich. Durch das haben wir uns sozusagen durchgewurstelt. Und jetzt, wo wir alt sind, jetzt geht das Geschäft. Jetzt brauchen wirs nimmer mehr.

Maria Kotal:
Ich habe müssen bei der Prüfung eine Dieselpumpe zerlegen und ihnen alles erklären ... Aber jetzt sind sie wenigstens schon von der Intelligenzprüfung abgekommen. Mich haben sie gefragt, warum der Leopoldsberg Leopoldsberg heißt und solche Sachen ...

Ludwig Kotal:
Das Häusl da haben wir uns im zweiundfünfziger Jahr gebaut. Früher hat es sehr viele Fischer mit Kranzillen gegeben, so heißen die Boote mit Netz, die im Wasser stehen. Und die Leute haben eine Landhütte dazu gehabt. Das waren eben die Kranfischer. Heute stehen die Hütten da, aber die meisten interessiert das Fischen gar nicht.

Maria Kotal:
Mein Vater ist Hafenaufseher vom Winterhafen gewesen. Wir haben in der Hafenverwaltung gewohnt. Und anfangs war ja keine Überfuhr, da mußten wir mit der Zille rüberfahren. Händisch natürlich. Da hat man sich vorgestoßen, das nennt man stangeln, am Ufer entlang. Wir haben so Ausleger gehabt, und da sind wir rübergefahren. Der eine ist am Steuer gesessen und der andere hat gerudert. Auf so eine Siebenmeterzille sind schon sechs bis acht Leut raufgegangen. Dann haben wir am Hafen auch so was ähnliches wie eine Zille gehabt, solche Boote haben Plätten geheißen — sie waren breiter als eine Zille, für sechzehn Personen. Die haben wir auch händisch betrieben. Aber auch mit Auslegern.

Ludwig Kotal:
Meine Frau hat genauso gerudert wie ich. Ich habe es allerdings auf einundzwanzig Ruderschläge gebracht im Laufe der zwei Monate, die wir das gemacht haben. Mit einundzwanzig Ruderschlägen den Winterhafen überqueren. Der war aber damals noch viel breiter als heute. Damals waren ja massenhaft Menschen da, das war ein Badeparadies, außer wie die Russen da waren.

Maria Kotal:
Ich bin herunten geboren und auch aufgewachsen in der Hafenverwaltung. Wir haben praktisch dort einen kleinen Bauernhof gehabt. Wir haben sechs Ziegen gehabt, mindestens zwanzig bis dreißig Gänse, Hühner und Tauben und Bienenstöcke. Das haben meine Mutter und mein Vater betrieben, und wir Kinder haben natürlich

mithelfen müssen. Wir waren neun Geschwister, ich das einzige Mädchen, sie haben auch „Michel" zu mir gesagt, statt Mitzi. Ich habe da herunten die schönste Kindheit gehabt. Da haben mich Leute, die herunter baden gekommen sind, mitgenommen in die Stadt, damit ich in der Stadt auch was sehe. Ich bin eben am Wasser aufgewachsen. Das Rudern war für mich immer schon ganz selbstverständlich. Da gab es eine Bootsbauerfamilie, die habe ich einmal sehr verärgert. Da war ein großes Hochwasser, und ich bin mit dem Kajak durch das Fenster in die Wohnung hineingefahren. Damals war ich ungefähr sechs Jahre alt. Oder ich bin mit dem Waschtrog gefahren. Das war eine schöne Zeit.

Ludwig Kotal:
Vor dem Krieg, da war die Brücke noch intakt, und da ist die Bundesbahn von Atzgersdorf herüber gefahren. Auch über die Vorortelinie und von Heiligenstadt herunter sind die Leute gekommen. Da sind einmal an einem Sonntag zwölftausend — hat der Fahrdienstleiter uns gesagt — da heruntergekommen. Blechmusik hat gespielt am Strand, und Eisverkäufer, Gurkenverkäufer und Wasserverkäufer waren da, ja da war ein Leben! Der Strand war ja wunderschön, und das Wasser war so klar. In der Früh bei der ersten Fahrt hat man bis auf den Grund gesehen, das war noch nach dem Krieg so. In der Früh bin ich immer hinuntergetaucht und habe mir die Karpfen angeschaut, wie sie in den Schlingpflanzen gestanden sind. Das war wunderschön. Traurig war es, wie sie dann den Winterhafen

zugeschüttet haben. Das war in den fünziger Jahren. Da haben sie die Pestgrube ausgehoben bei der Oper und alles da hergebracht. Die Totenschädel sind nur so herumgekollert. Unsere Buben haben sich ein jeder einen schönen ausgesucht und haben sie auf unser Dach draufgesetzt.

Maria Kotal:
In der Zwischenkriegszeit, da waren alles lauter Arbeitslose. Die habe sich Höhlen ausgegraben, da haben sie die Küche drinnen gehabt, ein Zelt, wo sie geschlafen haben. Wenn einer davon in die Stadt gefahren ist, stempeln oder Geld holen, der hat halt dann ein Geselchtes mitgebracht, oder einen Sauschädel. Der war billig, der hat so achtzig Groschen gekostet. Das ist dann da herunten gekocht worden, und alle haben geteilt. Das war die ganzen dreißiger Jahre so. Bei mir in der Familie war niemand von der Arbeitslosigkeit betroffen. Einer meiner Brüder war bei der Gemeinde Wien Kranführer, ein anderer bei der Waagner-Biro beim Brückenbau, einer war bei der Eisenbahn, einer war Kapitän beim Strombauamt, und einer war bei der BP-Tankstelle. Ich bin in die Frauengewerbeschule der Gemeinde Wien gegangen, habe dort Schneiderei gelernt und das hat mir natürlich dann sehr viel geholfen, wie wir angefangen haben mit der Überfuhr, da hab ich im Winter halt genäht, im Pfusch natürlich. Im Winter waren ja keine Einnahmen. Der Mann ist nach dem Krieg immer in die Arbeit gegangen im Winter. In der Stadthalle hat er die Geländer gemacht, die Stiegenaufgänge.

Ludwig Kotal:
Ich bin von Ottakring hergekommen. Ich werde so acht, neun Jahre alt gewesen sein. Ich bin im Böhmerwald geboren, in Tachov, bin als zweijähriges Kind nach Wien gekommen. Mein Vater war Maurer und ist da her auf Arbeit gezogen. Der hat noch Maurerarbeiten gemacht, Figuren und das alles, Stukkaturen. Ich habe auch Geschwister, ein Bruder ist in Mauthausen umgekommen, genauer gesagt auf einem bestimmten Transport. Die haben ja Gasautos auch gehabt ... Der jüngere Bruder hat auswandern müssen, im vierunddreißiger Jahr. Er ist ausgewiesen worden, weil er sich in der Dollfuß-Ära auch exponiert hat. Politisch haben wir uns immer betätigt, zuerst im Arbeitersportverein, dort habe ich auch meine Frau kennengelernt. Und später, wie die Nazi gekommen sind, waren wir aktiv im Widerstand. Deswegen bin ich auch ins KZ gekommen. Mein Vater war auch sehr engagiert. Der Name Schuhmeier wird Ihnen ja was sagen, mit dem war er in Ottakring. Aber das waren andere Bedingungen, da haben wir müssen aufpassen, daß der Wachmann nicht hinten nachgeht.
Der jüngere Bruder hat Kürschner gelernt, und dann haben sie ihn geschnappt und ein paar Wochen eingesperrt, und dann hat er noch auslernen dürfen. Sein Meister hat ihm ein so gutes Zugnis ausgestellt, daß sie das bewilligt haben. Aber wie er ausgelernt hat, hat er sofort wegmüssen. Mit dem Fahrrad sogar. Er ist nach Prag gefahren zu einem entfernten Verwandten, einem Schneidermeister. Dort hat er dann weitergetan, dort hat ihn dann die SS gesucht. Und es war ja ein Zufall, ich bin von Mauthausen auf Transport gekommen, das war ein glücklicher Zufall, sonst wäre ich mit dem Leben auch nicht davongekommen. Ich habe mich gemeldet als Schlosser, Schweißer, da haben sie mich nach Deutschland, nach Oranienburg-Sachsenhausen gebracht. Acht Tage später haben sie meinen Bruder aus Prag nach Mauthausen gebracht. Unmittelbar nach dem Krieg ist er wieder nach Prag. Dort hat er dann eine Funktion gehabt. Seit dem Prager Frühling hat er keine Funktion mehr, und ist jetzt Betreuer bei den Radrennfahrern. Und fährt mit ihnen in der Weltgeschichte herum. Und alle Jahre, wenn die Steiermark-Rundfahrt ist, da kommt er wieder her. Und im Herbst kommt er helfen zusammenräumen. Auf das freut er sich immer, da hilft er uns immer.

Maria Kotal:
Nach dem Krieg sind da immer so „Staberlbuben" — haben wir sie genannt — gekommen, die haben sich aus Stecken und Zeltdecken so Hütten gebaut. Die Besucher, die hierhergekommen sind, waren auch gemischt, aus allen Kreisen. Der Thurn-Taxis hat einmal eine Paradeissoß gekriegt mit Grestl von mir. Er ist zu Fuß gekommen und hat gesagt, er hat halt so einen Hunger. Da hab ich gesagt Grestl und Paradeissoß habe ich noch da. Und da hat er gesagt: „Ja, wenn ich das haben kann." Ich habe ihm das gewärmt, und er

hat eingehaut. Er hat uns vor ein paar Jahren wieder besucht. Mit einer großen Gesellschaft ist er da gekommen.

Was wir schon an Menschen gerettet haben ... Wenn ein Boot vorbeigeronnen ist (das heißt abgetrieben wurde, Anmerkung des Verfassers) und er hat nur die Hand gehoben, haben wir schon gewußt, sind wir schon gerannt und haben ihn abgeschleppt und so. Und viele haben wir im letzten Moment vor den Schleppern gerettet. Die haben gar nicht gewußt,daß sie in Lebensgefahr sind, die haben das gar nicht mitgekriegt. Wenn die in den Schlepp hineinrinnen, kommen hinten nur noch die Trümmer heraus. Das war nicht nur einmal der Fall. Da haben wir einmal einen Doktor S. über die Slipanlage mit dem Boot reingelassen und von unten ist ein Schiff raufgekommen, und ich sehe, daß er rudert und nicht fahren kann. Ich habe dann einen Fahrgast drinnen gehabt im Boot und ein Bekannter ist mit ins Boot rein, und ich bin runtergefahren und die Matrosen sind schon alle vorgerannt aufs Vorschiff hin, weil sie gesehen haben, der rinnt da und kommt nicht weg. Im allerletzten Moment haben wir ihn weggebracht. Und der Fahrgast hat sich aufgeregt, der ist dann jahrelang nicht mehr bei uns gefahren. Habe ich gesagt: „Zwei Menschen habe ich gerettet, und Sie leben auch, was wollen Sie denn mehr?"

Es waren auch Ausbrecher aus Kaiserebersdorf da. Gesuchte. Dann haben wir auch Selbstmörder gefunden. Von Kaiserebersdorf sind öfters Sträflinge ausgebrochen, die sind über den Donaukanal rübergeschwommen und dann sind sie auf einmal am Landesteg runtergegangen. Ich fahre rüber und habe aber gleich gesehen, halt, die sind von Kaiserebersdorf. Ich habe das erkannt an den gleichmäßigen Schuhen, am gleichmäßigen Gewand und eine Letten (feuchte, klumpige Erde, Anmerkung des Verfassers) drauf, wie sie durch den Gatsch gegangen sind. Ich bin sofort rübergelaufen und habe meinen Mann aufmerksam gemacht. Da waren Schienenarbeiter, und ich habe ihnen gesagt: „Bitte gehen Sie gleich zum Überführer hin und sagen sie ihm, da kommen jetzt gleich drei Sträflinge. Die werden sicher zur Überfuhr und rüberfahren." Ich bin auf den Schienen weitergelaufen zum Wirt und habe die Polizei gerufen. Die sind dann wirklich gleich gekommen. Und die drei sind schon bei meinem Mann im Boot drinnen gewesen.

Ludwig Kotal:
Ich habe mich so gestellt, daß sie mit dem Rücken zum Ufer haben sitzen müsse. Ich habe gesagt: „Meine Herren, jetzt kommt gleich der Autobus, in zwei, drei Minuten." „Ja, macht nix, macht nix", haben sie gesagt. Und auf einmal war der Wachmann da.

Maria Kotal:
Es haben sich da oft Gesuchte versteckt.Es fällt aber sofort auf, ob einer ein Badegast ist oder nicht. In den letzten Jahren hat das alles aber ganz aufgehört. Da unten war einmal eine Kantine, da sind

richtige Gauner gewesen. Dort wo die Starkstromleitung ist. Da sind dann diese Strolche in der Nacht heraufgekommen, haben die Maschinen vom Entlastungsgerinne, Raupenschlepper, demoliert, Scheiben eingeschossen, die haben sich was geleistet. Da sind sogar zwei auf einen Lichtermast hinauf und wollten mit einem Stahlband abmessen, wie hoch der ist. Die haben gewettet; der eine ist gleich hängengeblieben oben, der andere ist herunter und gleich abgepascht. Früher ist überhaupt die Unterwelt viel in die Lobau gekommen, Zuhälter und andere. Jetzt ist fast gar nichts mehr.

Ludwig Kotal:
Wir haben da Betrieb vom 1. April bis 15. Oktober. In der ganzen Zeit wohnen wir auch hier. Und ruhig ist es da. Und in der Früh ist es hier herrlich. Wenn wir da frühstücken, was da alles kommt an Tieren. Die Fauna ist hier unwahrscheinlich. Rehkitz haben wir da, Füchse, alle Arten in der Vogelwelt, was sich da in der Früh immer im Schilf abspielt, und die Hasen kommen daher und Igel und alles mögliche. Es ist wirklich sehr schön da. Und warum: da wird nichts gespritzt, da ist nichts vergiftet, das spielt natürlich eine große Rolle. Da lebt alles.

Maria Kotal:
Unsere Hütte ist vom Strombauamt gepachtet. Aber die Gründe um die Hütte herum nicht, das ist nur geduldet. Die Leute tun da den Rasen mähen und so. Alle Hütten sind vom Fischereiverband, nur unsere nicht. Die gehört zum Überfuhrbetrieb.

Ludwig Kotal:
Fast wäre mir einmal was passiert bei einem Gewitter. Schlechte Sicht, und die jungen Leute haben einen Krawall gemacht drinnen im Boot, die haben sich eine Gaudi gemacht, weil sie waschelnaß waren. Und es war das Tragflügelboot hinter mir, das wäre eine Katastrophe gewesen, wenn mich das rammt. Aber es ist noch einmal alles gutgegangen. Es kommen schon Sachen vor. Die Tragflügelboote sind ja so schnell. Und auch die Sportfahrer, besonders die mit den großen Kajütenbooten. Die glauben, sie sind die großen Kapitäne, auf die muß man aufpassen.

Maria Kotal:
Es gibt aber lustige Episoden auch. Da haben Bootfahrer, die haben alle mit so kleinen Booten angefangen, und wenn sie vorgefahren sind, dann haben sie entweder die rechte oder die linke Hand rausgegeben und da unten beim Leuchtturm bei der Hafenausfahrt sind sie zusammengekracht. Ein mords Loch hat das eine Boot gehabt, vom anderen Propeller ausgefräst. Da haben sie das Boot im Trauerzug zurückgetragen. Oder sie sind mit dem neuen Gewand in so ein Boot eingestiegen und rausgefahren. Alle sind sie schön auf der Kante gesessen, und das Boot hat es gleich umgelegt. Einer wäre

Überfuhr, die von „den Kotals" 40 Jahre lang betrieben wurde

aber bald ersoffen. Da haben wir gleich wieder einmal nachfahren müssen und retten.
Aber das mit dem Zusammenfahren ist so: Der eine war ein Schiffsmann, der hat gewußt, Ausstrecken, das heißt, da fährt man vorbei, und der andere war ein Autofahrer, der hat da falsch verstanden und schon ist es passiert.

Ludwig Kotal:
Wir wollten einmal ein größeres Boot haben, das war so Anfang der fünfziger Jahre. Und da haben wir sechs Bürgen gebraucht für 12.000 Schilling. Das war im Winterhafen, es war eine große Plätte, die ehemalige Überfuhr von Krems, für fünfundsiebzig Personen. Wir sind damals nach Krems und haben das Boot mit Auslegern händisch geholt, im Winter. Und wir hätten einen Motor gebraucht. Da ist die Plätte im Winterhafen über den Winter gestanden, und da ist das Eis gebrochen und die ganze Plätte ist untergegangen. Waren 29.000 Schilling futsch. Damals war das viel Geld. Einen Dieselmotor habe ich eingebaut, und alles selber gemacht, die Welle hat ein Mechaniker gedreht; meine Frau hat sie geholt mit dem Fahrrad, eine vier Meter lange Welle. Unter Wasser habe ich gearbeitet mit einem Schlauch im Mund. Aber da war das Kondenswasser, na schiach. Aber es ist gegangen. Es war ein Totalverlust. Das Boot war noch nicht fertig und daher auch noch nicht kommissioniert und auch nicht versichert.

Maria Kotal:
Damals waren wir froh, wenn wir an einem Sonntag eineinhalb- bis zweitausend Schilling gehabt haben. Es war kein Vergleich mit jetzt. Es waren weitaus weniger Leute wie jetzt. Wir waren die ärm-

ste Überfuhr von allen sechs, die da hintereinander waren. Wir haben uns oft vom oberen Überführer ein Boot ausgeborgt, der hat es ohne weiteres hergegeben, wenn wir mehrere Leute gehabt haben zum Führen. Wir haben schon zu kämpfen gehabt. Gleich am Anfang, die ersten Jahre war es am schlimmsten. Dann ist es noch einmal schlecht geworden, wie das Wasser so verdreckt war, da hat ja niemand mehr baden können. Ich kann mich noch gut erinnern, bei strahlendstem Wetter sind wir im Boot gesessen, und kein Mensch ist gekommen.

Ludwig Kotal:
1956 sind wir mit der Hütte herübergekommen. Die war zuerst am Winterhafen, da haben dann alle Bekannten mitgeholfen und da haben wir sie herübergebracht. Nur in vier Teile zerlegt aufs Boot drauf. Da haben wir sie ausgeladen, unter den ärgsten Bedingungen mit den Gelsen, wir haben uns nicht wehren können. Anfang der sechziger Jahre haben wir noch sehr wenig Verdienst gehabt. Seitdem die Rinne ist, geht das Geschäft; richtig verdienen tun wir erst seit dem vorigen Jahr (1982). Dieser Weg in die Lobau ist sozusagen erst so richtig entdeckt worden. Der Simmeringer Bezirksvorsteher schreibt immer im Bezirksjournal, daß es das gibt. Auch Schwechat macht Propaganda.

Maria Kotal:
Nach dem Ersten Weltkrieg ist es entstanden, das Nacktbaden. Da ein Stück weiter unten war ein herrlicher Sandstrand. In der Dollfuß-Ära haben sie aber dann das da hinten zugeschüttet, da ist dann die Versandung und Verschlammung entstanden. Die Eisenbahner waren unter den ersten, die Meidlinger und Margaretner, die da angefangen haben. Am Anfang waren es vorwiegend Sozialdemokraten, Arbeiter, viele Arbeitslose. Später sind andere dazugekommen.

Ludwig Kotal:
Die haben auch damals die „Linzer Schnecken", die schmalen Boote, Kajaks, gehabt. Es war richtig familiär damals, die haben sich alle zusammengefunden, mittags haben sie ihre Ruhezeit gehabt, da hat man nicht Ballspielen dürfen oder irgendwas anderes. Natürlich, wenn da so ein Spießer, ein Voyeur oder so was gekommen ist, der hat es nicht gut gehabt. Da hat es schwere Verletzungen gegeben. Die sind ordentlich verdroschen worden.

Maria Kotal:
Das war auch die Zeit, während der Dollfuß-Ära, wo immer auch ein Aufpasser war, wenn die Berittenen gekommen sind, die Polizei, weil das war eigentlich illegal, was die Leute da gemacht haben. Im vierunddreißiger Jahr sind die Berittenen gekommen, da haben die Badehosen sechsunddreißig Zentimeter lang sein müssen, die Poli-

zisten sind mit dem Maßstab gekommen. Wann die Aufpasser gepfiffen haben, dann haben sich die Leute schnell was angezogen oder sind verschwunden.

Ludwig Kotal:
Einen Wachmann haben sie ins Wasser gehaut. In der Presse ist da merkwürdigerweise nichts gestanden, die haben das total totgeschwiegen. Damit ja keine Propaganda dafür entsteht. Sie hätten zum Schluß noch das Gegenteil erreicht.
Dann gleich nach dem Krieg ist das Nacktbaden vereinsmäßig organisiert worden. Da war die Oase, der Swetlik, die Sonnenfreunde, es waren verschiedene Vereine, jeder hat sein Terrain gehabt, dafür haben sie müssen bezahlen, das war abgegrenzt. Drüben waren mehr die Bürgerlichen, da war ein Gastwirt, der Wanetschek; das hat sich dann aber irgendwie gespalten, und sie haben dann eine zweite Oase gegründet. Und die haben dort eine Halbinsel gehabt, eine wunderschöne Halbinsel, Au und Wiesen, Sand am Strand, phantastisch war das, wirklich ideal. Und anständige Leute waren das. Und unten bei der Schiletz waren die Eisenbahner. Die haben dort ihren Sportplatz gehabt, dort wo die Stromleitung ist. Die Eisenbahner haben dort Faustballschlachten geliefert, da haben sie gesportelt. Zum Großteil sind sie in der Donau baden gegangen.

Maria Kotal:
Da war vor kurzem ein Ingenieur da, der die ganze Insel da überhat, und der hat gesagt, wir sollten mindestens noch vier, fünf Jahre weitermachen. Gesagt ist leichter als getan. Vielleicht besteht die Möglichkeit, daß die Gemeinde das übernimmt, aber das weiß man nicht. Interessenten gibt es bestimmt. Mein Mann ist sechsundsiebzig, ich bin achtundsechzig, ... der Sohn geht nicht weg von der ÖMV. Da sind dann zwei Burschen, die sich vielleicht interessieren würden, wer weiß ...

Der Beitrag beruht auf einem Interview, geführt von Hubert Christian Ehalt und Gero Fischer.

DER DAUBELFISCHER FIKULKA

Otto Fikulka, 1931 im 15. Bezirk geboren, ist seit 1948 Daubelfischer an der Donau. Seit seiner Kindheit, in der er jedes Wochenende mit seinem Onkel an der Donau verbracht hatte, ist er leidenschaftlicher Fischer.

Daubelfischer

Leben Sie vom Fischen?
Von der Fischerei kann man in Wien nicht leben. Ich bin gelernter Zimmermann und arbeite jetzt beim Theater der Jugend.

Was hat sich an der Donau seit 1948 geändert?
Sehr viel; ich bin ja schon am längsten da, der dienstälteste Fischer an der Wiener Donau sozusagen. Ja, da hat sich viel geändert. Die Donauinsel ist sicher sehr schön für die Erholung, aber für die Fischer hat sie viele Nachteile gebracht. Fischer haben seinerzeit das Hochwasser sehr geschätzt, weil es da besonders viele Fische gab, viele Sorten.

Ist die Wasserqualität schlechter geworden?
Die Wasserqualität ist besser geworden, aber es sind weniger Fische, das ist das Komische. Wahrscheinlich haben die Fische früher durch den Schmutz vom Kanal mehr Nahrung gehabt. Auch die Aufstauungen an der Donau sind schuld.
Früher hat man aufgrund des Wasserstandsberichtes genau gewußt, wann das Hochwasser kommt, man hat sich darauf einstellen können. Jetzt stimmt die Vorhersage des Wasserstandes nicht mehr, weil die Schleusen der Donaukraftwerke oft geöffnet werden, ohne daß man es rechtzeitig erfährt und da ändert sich der Wasserstand oft innerhalb von acht bis zehn Stunden um ein paar Meter, bis zu vier Meter. Das wird aber nicht im Radio bekanntgegeben.

Wie sind Sie Fischer geworden?
Eigentlich durch meine Frau. Sie ist in der Lobau geboren; ihre Eltern waren schon immer da. Die Schwiegereltern haben eine

Kantine gehabt, zirka bei Stromkilometer zwanzig, die Hubertushütte. Das ist heute noch eine bekannte Hütte. Wir haben mit den Schwiegereltern neben der Kantine gezeltet. Da war auch ein Fischer, er ist inzwischen auch schon verstorben, der hat mich eingeführt in die Donaufischerei. Aber begeistert hat mich das immer schon. Weil das Angeln, das hab ich von meinem Onkel gelernt. Der hat mich jedes Wochenende mitgenommen zum Fischen.
Wenn man aber ein Daubel-Fischer werden will, muß man zuerst einmal zwei Jahre Schüler von einem Daubel-Fischer sein, man muß das Ganze lernen, man muß das ja beherrschen. Weil wenn zum Beispiel Hochwasser kommt, muß alles ordentlich fest gemacht werden, damit das Boot vom Nachbarn nicht beschädigt wird. Man haftet auch für alle Schäden, die das Boot eventuell verursacht. Dann braucht man für die Donau und auch für die Seitenarme eine Lizenz von einem Fischereiverein.

Schlafen Sie im Sommer an der Donau?
Wenn meine Schwester und mein Schwager, der ist Meister in der Staatsoper, da sind, schlafen die oben im Haus und ich auf dem Boot ... ich hab da alles, ein Bett, einen Kocher.

Wie war es in den fünfziger Jahren an der Donau?
Da waren auch sehr viele Leut. Da hat jede Überfuhr mindestens zweitausend bis dreitausend Leute am Tag herüber gebracht; es waren fünf Überfuhren: der Berger, der Lindmayer, der Stare, der Kotal und der Barzl. Aber mit der Motorisierung sind die dann alle mit den Autos hinübergefahren und es war kein Geschäft mehr. Zuletzt gab es nur mehr den Kotal. Der hat aber jetzt auch schon verkauft, es ist auch nur ein Sonntagsgeschäft. Und wenns Wetter nicht gut ist, gehts gar nicht. In den siebziger Jahren wurden die meisten Fähren dann eingestellt, da wurde mit dem Bau der Rinne begonnen. Oben war das Fischerdörfl, zirka acht Hütten, herunten das Dauberdörfl.
Die FKK-Anhänger haben ihr begrenztes Revier gehabt. Sie haben keinen belästigt und zum Strom durften sie nicht. Aber zwischen denen und uns Fischern hat es dann ein gutes Einvernehmen gegeben. Natürlich mußten sich die FKKler damit abfinden, daß die Fischer bekleidet waren. Ich kann ja net nackert fischen.

Was war der größte Fisch, den Sie in der Donau gefangen haben?
Das war ein Zwölf-Kilo-Wels. Jetzt gibt es nur mehr selten Welse. Wenn man in zehn Jahren einmal einen fängt, ist das eine Seltenheit. Ich hab aber schon auch andere seltene Fische gefangen. Ich hab einen sehr schönen Platz. Einen Sterling hab ich gefangen, das ist ein sehr seltener Fisch in diesem Wasser, einen Aal auch.

Wie, glauben Sie, wird das Leben an der Donau weitergehen?
Im siebenundachtziger Jahr werden wir wahrscheinlich von hier

weg müssen, weil die Staustufe Wien kommt ... da sind wir dann auch weg. Die Vermessungsarbeiten sind abgeschlossen. Auch in der Zeitung ist es schon gestanden, daß 1987 mit dem Bau begonnen wird; weil die Staustufe Wien wird jetzt wahrscheinlich vor Hainburg kommen. Zuerst müssen auf der anderen Seite die entsprechenden Dämme gebaut werden, dann kann mit den anderen Arbeiten begonnen werden. Aufgestaut wird auf zirka sechs Meter, dann sind die Wiesen und Bäume da auch unter Wasser.

Für uns ist das sehr traurig, das ist dann alles weg. Für uns zumindestens. Fast vierzig Jahre sind wir da. So was wird man in ganz Österreich nicht mehr finden. Ein Stück weiter oben sind schon Dämme gebaut, bei uns ist noch das letzte Stück mit Bäumen und so. Der Auwald wachst ja schnell wieder, nach sechs, sieben Jahren sind die Bäume wieder acht bis zehn Meter hoch. Die Insel wird sicher wieder schön in ein paar Jahren. Bei Albern in der Freudenau und nach dem Ölhafen ist ja noch der Auwald.

Das Gespräch führte Hubert Ch. Ehalt.

DER SEEBÄR

Franz Schneider, Bootsbauer, Bootsvermieter, Buffetier und Lebensretter.

Was meinen Sie, wie lange ich da bin auf der Alten Donau. Ich habe hier an der Alten Donau den Beruf gelernt, mein Onkel war auch Schiffszimmermann und Bootsbauer. Selbständig bin ich seit 1947, aber seit meiner Kindheit bin ich immer an der Alten Donau, habe hier gearbeitet, nicht immer in meinem Betrieb, sondern bei anderen Bootsbauern. Ich habe das Gewerbe erlernt, und ich habe auch die Meisterprüfung hinter mir.
Ich bin in Kavala gefahren auf einem Zweischonerboot mit Kriegseinwirkung. Man sagt mir nach, daß ich der Käptn Bens der Alten Donau bin, das sagt man mir nach, aber ich bin es nicht, ich habe keine Kapitänsprüfung, aber im Krieg war ich Segelmeister. Hier an der Alten Donau bin ich zu Hause und betreue meine Gäste, die immer kommen. Die lieben mich, und ich liebe meine Gäste.
Also bitte, ich habe von der Frau Bürgermeister Fröhlich-Sandner und von Herrn Bürgermeister Marek die fünffache Lebensrettung bekommen, die Lebensrettung nicht nur am Wasser, sondern am Eis.
Schauen Sie, wenn man einem Menschen das Leben rettet, ist das schon herrlich, bei fünf ist es noch herrlicher. Die letzte war eine Schweizerin, die ist von der Kagraner Brücke abgesprungen, und ich habe das gesehen, und ich bin dann kaltblütig in meinen jungen Jahren nachgesprungen. Da hat mir die Schweizer Botschaft auch eine Rettungsmedaille verliehen. Aber das mit den Lebensrettungen vergißt man. Einer tut fischen, paßt nicht auf, fällt ins Wasser, der andere geht ins Wasser, trinkt ein Coca Cola, das verträgt er nicht, der andere trinkt ein Glaserl Wein, das verträgt er auch nicht. Aber schauen Sie, die Augen sind überall vom Käptn Schneider. Es gibt soviele Geschichten im Leben. Fahrst mit an Mädchen im Boot, san a bißl verliebt, tun a bißl schaukln und a Hetz machn, fallt das Schinakl um, des spielt keine Rolle. Wenn es etwas herbstlich ist und wenn die Segler, die weißen Segler mit den braunen Mädchen kentern, holt man sie wieder raus, trocknet sie ab, trinkens an Tee und alles ist wieder in Ordnung.
Lebensretten kann man nicht lernen, das muß man so im Gefühl haben. Wenn man sitzt am Wasser, darf man die Augen nicht am Strand haben, sondern hinblicken aufs Wasser: was geschieht, was kann geschehen, was soll nicht geschehen.
Lassen wir die Lebensrettermedaillen beiseite. Ich habe den größten Wels gefangen zur Zeit in Österreich, daß i kan Fehler mach, hun-

dertachtundachtzig lang und sechsundvierzig Kilo schwer. Das war eine Tragik. Zweieinhalb Stunden haben wir da gekämpft. Das Schwere waren die vielen Zuschauer, der Regattaverein. Jessasmarandjosef, hoffentlich ist das Ungetüm heraußen. Sag ich, Kinder, plagt euch nicht, der macht euch eh nichts. Habe einen Batzen Applaus gehabt. Die Zeitungsberichte haben Sie gesehen. War ein nettes Erlebnis, und ich bin stolz darauf. Diesen Fisch können Sie heute bei mir im Buffet sehen, er ist präpariert und aufgehängt.

Wir haben siebzig Boote, Tretboote, Segelboote, Ruderboote. Dann habe ich eine Privatbooteinstellung mit siebzig Booten. Dann haben wir ein nettes Buffet. Ein billiges Buffet, die Preise sage ich nicht, sonst sind die Konkurrenten sehr böse, dann haben wir schöne Kabinengäste. Die Leute kommen immer gerne. Sie können am Rand des Wassers sitzen, können weiße Mädchen sehen, unter schattigen Bäumen, können ein gutes Achtel, an gutn Kaffee trinken, und da freu ich mich, wenn ich meine Gäste begrüßen darf.

Ich möcht noch eins sagen: Ich sehe die Berge gern von der Weitn, aber auffegangen bin ich nie. Das Wasser ist mein Leben, und da muß ich Ihnen noch eins sagen. Ich danke meinem Schicksal, daß ich am Wasser geboren bin. Und ich möchte meinen Lebensabend noch am Wasser erleben.

Und noch eins, nicht verzagen, den Käptn Bens der Alten Donau fragen.

Der Beitrag beruht auf einem Interview, geführt von Manfred Chobot.

FKK-Strand auf der südlichen Donauinsel

DER DONAU GIGERL

Fix Laudon Stern hallo,
Hipp hipp, jetzt bin ich da,
Ganz fein und elegant,
Mit'n Wassergigerl-Gwand,
Das Rudern ist mei Freud,
Das tu ich jederzeit,
Mit Eleganz und Schick,
Drum hab ich auch ein Glück.
Rudersport ist mei Freud,
Drum fahr ich voll Schneid
Auf die Donau hinaus,
Jedes Dampfschiff weicht mir aus,
Denn wenn ich g'fahren komm,
Herrscht a Leben rings herum.
Gar die Fisch schrein hallo,
Jetzt ist der Wassergigerl da.

/: Am Wasser, am Wasser, am Wasser bin ich z'Haus,
Beim Rudern, beim Schwimmen da kenn ich mich gut aus,
Von der Früh bis auf d'Nacht sitz ich im Schinakl drin,
Weil ich vom Donau-Karpfen-Klub der Obergigerl bin. :/

A Hoserl von Piqu'e,
A Röckerl, ka Gilet,
Von Hemed keine Spur,
A g'streiftes Jankerl nur,
A Kapperl auf dem Kopf,
Manchetten, großer Knopf,
Das ist das ganze G'wand,
Und dennoch elegant.
Statt am Ring promenier'n,
Mit die Weißfisch kokettier'n,
Kommt a Karpf g'schwommen her,
Grüßen tschau, serviteur,
Sollt mir etwas passieren,
Kann's mich niemals geniern.
Bricht auch mein Schinakl z'samm,
Fahr ich in meine Stiefeln ham.

/: Am Wasser, am Wasser, ... :/

Text: Carl Lorens   Musik: Georg Schiemer

FRANZ SULA, BOOTSMANN, HAFENMEISTER UND KAPITÄN, UND SEINE TOCHTER

Die Schriftstellerin Marianne Mayer-Sula verbrachte ihre früheste Jugend auf einem Donaufrachter, da ihr Vater den Beruf des Steuermanns ausübte. Um nicht ständig von seiner Familie getrennt zu sein, hat sich Franz Sula schließlich um den Posten eines Hafenmeisters im Ölhafen Lobau beworben.

Tochter:
Bis zu meinem sechsten Lebensjahr bin ich mit meinem Vater auf der Donau mitgefahren. Als ich in die Schule kam, war das vorbei, und ich bin ans Land verbannt worden, was mich sehr gestört hat. Unser Familienleben war äußerst reduziert: Ich bin vorwiegend mit Frauen aufgewachsen. Der Vater war immer weg. Er war oft monatelang auf dem Schiff, insbesondere im Winter, wenn das Schiff im Eis festsaß, wie zum Beispiel einmal in Braila, nahe am Schwarzen Meer.
Mein Vater war damals Steuermann, und da ein Steuermann das Schiff und die Fracht nicht verlassen darf, waren er und die anderen Besatzungsmitglieder oft wochen- und monatelang an das Schiff gefesselt, solange, bis es wieder getaut hat und Fahrt fortgesetzt werden konnte. Während dieser Zeit haben wir nahezu überhaupt keinen Kontakt gehabt mit unserem Vater, er war sozusagen verschollen. Pakete zu schicken wäre ziemlich sinnlos gewesen, weil es auf dieser Strecke so gut wie keinen Postverkehr gegeben hat, wir waren also von ihm abgeschnitten und er von uns.

Vater:
Die Schiffahrt ist ein Beruf, so schwer wie die Arbeit in der Fabrik oder in der Landwirtschaft. Man ist oft Monate unterwegs. Dadurch ist die Familie sehr benachteiligt. Man kommt nur als Gast. Für einen Tag oder zwei, dann ist man wieder für drei Monate weg. Der Schiffsmann muß, wenn er nach Hause kommt, erst seinen Ausweis zeigen, damit ihn die Familie erkennt. Meine Tochter hat direkt Angst vor mir gehabt. Familienleben leidet, die Frau muß sich damit abfinden, so ist nun einmal der Beruf, dementsprechend muß man leben.

Tochter:
Wenn ich mich erinnere an meine Donaureisen 1959: Wir haben kein elektrisches Licht gehabt, sondern Petroleumlampen; es hat natürlich auch keinen Eisschrank gegeben; man hat Lebendfutter mitgenommen, Hendln, Kaninchen in Verschlägen. Es ist sehr viel

geangelt worden, man hat hauptsächlich von Fischen gelebt.
Damals konnte man noch das Donauwasser trinken. Wir haben
einen Filterstein gehabt, durch den es gelaufen ist. Dann wurde das
Wasser abgekocht. So war Tee unser Hauptgetränk.

Vater:
Von 1960 bis 1963 bin ich nur zwischen Wien und Budapest gependelt. Ich habe mich auf die Strecke verlegt, damit ich nicht zu lange von daheim weg bin.
Das Leben auf dem Schiff ist monoton, aber man gewöhnt sich daran. Ich habe geglaubt, ich werde es nicht aushalten. Immer habe ich gesagt: Ein Jahr und noch ein Jahr und dann summiert sich das. Man gewöhnt sich und will dieses Leben nicht mehr missen. Eine gute Kameradschaft erschwert es, die Clique zu verlassen.

Tochter:
Des Abends haben sich die Schiffsleute in einem Ruderhaus versammelt, die Schiffe sind meistens im Konvoi gefahren, zwei oder drei Schlepper neben- oder hintereinander, es ist Schach gespielt worden, und man hat bei Petroleumlicht Geschichten erzählt.
Da sind alte Donauerlebnisse aufgetischt worden, spektakuläre Unfälle. Ich kann mich selbst erinnern, wir sind einmal bei St. Nikolo auf eine Sandbank aufgelaufen, da macht die Donau eine ziemlich starke Linkskurve. Wir haben dort zwei Tage und zwei Nächte verbracht, bis ein Dampfschiff vorbeigekommen ist und uns herausgezogen hat. Der Steuermann und der Kapitän müssen alle Sandbänke der gesamten Strecke auswendigkennen.
Ein anderer Auflaufunfall ist passiert in Moriac auf der unteren Donau, der Grund war ein recht lustiger. Schuld daran war eine playboyartige Zeitschrift, die „Venus", die der Steuermann im entscheidenden Moment vorgehalten bekam. Daraufhin sind sechs Schiffe auf Grund gelaufen. Mein Vater hat das damals aber nicht ins Logbuch geschrieben, sondern hat Schlechtwetter angegeben. Die ganze Mannschaft hat dann drei Tage hart gearbeitet, um die Schiffe wieder flottzumachen.

Vater:
Heute ist die Verpflegung sehr einfach, heute hat man Tiefkühltruhen. Nach dem Krieg war das ein ziemliches Problem, man hat alles mitnehmen müssen, hat nichts können kaufen, insbesondere auf der unteren Donau gab es Gebiete, wo man nichts zum Essen gekriegt hat. Einmal hat mich der Winter überrascht, und ich war acht Monate unterwegs. Damals habe ich über dreißig Kilo abgenommen. Ich bin tausend Kilometer mit Lindekaffee und zwei Kilo weißem Mehl ausgekommen, sonst gar nichts.

Tochter:
Ich kann mich noch erinnern, daß mein Vater mit den Lippowanern

Tauschhandel getrieben hat, das sind Russisch-orthodoxe, die ganz nach der Religion leben, nichtsdestoweniger ein besonderes Vergnügen daran haben, die Leute übers Ohr zu hauen. Das ist nicht bösartig, das ist einfach ihre Lebensmentalität. Sie kamen immer mit dem Boot zu unserem Schiff gerudert und boten ihre Ware an. Von vierhundert Eiern, die mein Vater gekauft hat, waren nur hundertfünfzig gut, die restlichen waren alle faul. Oder er hat Schmalz in Kilogläsern gekauft, wobei nur die oberste Schicht Schmalz war, der Rest war Sand.

Im nächsten Jahr, als die Lippowaner wieder herangerudert sind, wollten sie Enten verkaufen. Mein Vater hat sie gefragt, was sie dafür haben wollen, und der Lippowaner hat ihm zu verstehen gegeben, er möchte dafür eine neue Herrenhose. Daraufhin hat mein Vater die Hose in zwei Hälften zerrissen. Für die eine Hälfte hat er eine Ente, für die andere die zweite Ente bekommen.

Vater:
Heute fahren die Schiffe viel schneller. Wir haben noch zwei bis zweieinhalb Monate gebraucht, manchmal sogar drei, bis zum Schwarzen Meer und retour. Heute schaffen sie das in achtundzwanzig Tagen.

Ein Schiffsmann hat große Verantwortung, weil ein Eisenbahner führt den Zug auf einer sicheren Strecke, aber ein Schiffsmann muß sich den Weg immer wieder frisch suchen, je nach Wasserstand.

Es gibt Schichtdienst bei den Schiffsleuten, vier Stunden Dienst, vier Stunden frei, solange die Reise dauert. Nach acht Monaten Dienst habe ich eineinhalb Tage Urlaub bei der Familie gehabt, dann war ich wieder für drei Monate weg. Urlaub hat es insgesamt

Rechtes Donauufer vor der Einmündung des Donaukanals

nur vierzehn Tage gegeben, und das nur, wenn die Schiffsgesellschaft dich nicht mehr gebraucht hat, zum Beispiel wenn Eisstoß war oder wenn wir im Winter irgendwo steckengeblieben sind. Man hat gesagt: Jetzt bist du im Urlaub. An Sonn- und Feiertagen war normale Arbeitszeit. Früher waren fünfundzwanzig Mann auf einem Schiff, heute fahren die Selbstfahrer mit vier Mann Besatzung.

Tochter:
Es war ziemlich gefährlich für ein Kleinkind auf dem Schiff, da es keine Reling gab und das Schiff in ständiger Bewegung war. Man konnte sehr leicht ausgleiten und ins Wasser fallen. Das wäre von niemandem bemerkt worden, da die Maschinen einen sehr großen Lärm vollführten. Meine Mutter hat mich deswegen mit einer langen Leine angebunden. Wir hatten nämlich über der Wohnung eine große Veranda, und dort habe ich mich als Kind meistens aufgehalten. Natürlich war ich in fünf Minuten befreit und bin trotzdem herumgelaufen. Ich habe eine Freundin gehabt, die mit sieben Jahren ertrunken ist.

Vater:
Ich war von 1948 bis 1963 bei der Schiffahrt. Angefangen habe ich als Heizer. Als sie für den Ölhafen Lobau einen Hafenmeister gesucht haben, habe ich mich gemeldet. Den Posten habe ich bekommen, weil ich beherrsche alle Donausprachen. Man muß sich mit den Leuten verständigen können, das ist von großer Wichtigkeit. Man braucht immer Unterlagen von den Schiffsleuten, und man erfährt viele Sachen über die ganze Donau, die man nirgends lesen oder hören kann, irgendeine Haverie oder sonst was. Der Donautelegraph ist ziemlich schnell.
Ein Hafenmeister muß alles in Ordnung halten, Verrechnung und Statistik machen. Im Ölhafen Lobau gibt es strenge Vorschriften, da muß man rigoros vorgehen. Wehe, wenn da Schlampigkeit oder Nachlässigkeit einreißt. Früher haben die Tankschiffe ihre Ölreste nämlich in die Donau gepumpt, es hat lange gedauert, bis das abgestellt wurde. Wir sind heute streng dahinter, daß nichts passiert, wobei wir selten jemanden strafen brauchen. Die wissen alle, daß wir gezwungen sind, allem nachzugehen. Es ist nicht schwer nachzuweisen, wenn man Praxis hat. Man kann eine Probe nehmen von dem, was im Wasser ist und von den Ölrückständen im Schiffskörper. Jedes Rohöl hat seine Besonderheit.

Tochter:
Als meine Schwester geboren wurde, hat sich mein Vater in den Innendienst versetzen lassen. Da war er bereits Kapitän. Er hat 1947 als Heizer angefangen. Das ist eine harte Arbeit. 1951 ist er Steuermann geworden und 1968 hat er die Kapitänsprüfung abgelegt. Er hat sämliche Donausprachen erlernt, Russisch, Rumänisch,

Ungarisch, Jugoslawisch sowieso, das ist seine Muttersprache, und natürlich auch Deutsch.

Vater:
Ich habe ein paar aus dem Wasser gezogen, nicht weil sie nicht schwimmen konnten, sondern weil sie in Not waren.
Einmal habe ich zwei Slowaken herausgezogen, die waren besoffen und sind mit dem Boot gekentert, aber die Strömung war dort nicht so stark. Ich habe sofort mein Boot runtergelassen, zu dritt sind wir rausgefahren. Einen haben wir leicht gekriegt, weil der hat einen Rucksack gehabt und der hat ihn getragen. Der zweite war weg. Wir sind ein paar Meter weitergerudert, plötzlich habe ich ihn gesehen in einem Wirbel, er hat noch Luft ausgelassen. Ich habe hineingegriffen und ihn an den Haaren erwischt. Ich habe ihn herausgezogen, ihn über eine Bank gelegt, das Wasser rausgedrückt und nach zehn Minuten habe ich ihn wieder zum Leben erweckt gehabt. Als ich ihn zurückgebracht habe auf seinen Schlepper, hat seine Frau mit ihm geschrien. Ich habe ihm an Bord geholfen — und dann hat er seine Prügel bekommen. Anständig hat sie ihn geschlagen, die Frau.

Das Gespräch führte Manfred Chobot.

DER MATROSE

Georg Groß lernte bei der DDSG das Schiffshandwerk, durchzog auf Personen- und Frachtschiffen den Donauraum, besuchte dann die Mittelschule und studierte später, beeindruckt von den architektonischen Kunstwerken an der Donau, Kunstgeschichte. Er arbeitet heute als Reiseleiter und Journalist.

Die Schiffahrt war eine Art Jugendtraum. Ich bin öfters mit meinen Eltern auf dem Schiff nach Passau gefahren, und das hat mir sehr imponiert ... Kappen, Uniformen und so. Und dann habe ich lustigerweise die ganzen sechs Jahre keine Uniform gehabt und habe mir auch keine Uniformmütze gekauft, im Gegensatz zu den meisten anderen; Uniformen sind mir heute überhaupt ein Greuel. Ein weiterer Grund, daß ich mit fünfzehn zur Schiffahrt gegangen bin, war, daß ich so rasch wie möglich aus der Schule wollte.

Aufs Meer zog es mich nie. Ich wollte immer nur zur DDSG. Soweit ich mich erinnern kann, ist dann meine Mutter hingegangen und hat gefragt, wie das ist, wenn man einen Sprößling dort unterbringen will; man hat ihr auch sehr abgeraten. Da es viele Bewerber gab, hat man am Anfang versucht, die Burschen abzuschrecken. Auf dem Schulschiff herrschte ein paramilitärischer Drill, und man hat uns ausgesprochen schlecht behandelt. Schon zur Begrüßung, als uns der Kapitän noch gar nicht kannte, hat er uns klar gemacht, daß er keine romantischen Abenteurer brauchen könne ... er hat es etwas anders, primitiver, ausgedrückt ... es war im Grunde eine wüste Beschimpfung und Einschüchterung.

Manche Dinge, die wir gelernt haben, waren recht praktisch und haben mir später geholfen. Wir haben in der Schlosser- und Tischlerwerkstätte lernen müssen, und das hat mir großen Spaß gemacht. Und dann, was so zum Schiffshandwerk gehört: Seile spleißen, mit der Zille rudern ... und dann gab es noch die „theoretische Ausbildung": Rechnen und etwas Schreiben und Lesen. Das beherrschten nämlich nicht alle.

Auf dem Schulschiff waren wir internatsmäßig untergebracht. In einem Raum sechzehn Burschen in Stockbetten. Es gab eine feste Hackordnung: Die stärkeren haben sich immer durchgesetzt. Das Schulschiff ist in der Korneuburger Werft gelegen, war also fest verankert. Am Mittwoch und zum Wochenende hatten wir Ausgang, doch spätestens um neun Uhr mußten wir am Abend wieder auf dem Schiff sein. Ich weiß nicht, ob das heute in der Form möglich wäre, ob sich das die Burschen noch gefallen ließen; meine Ausbildungszeit liegt ja schon dreißig Jahre zurück.

Sie dauerte ein halbes Jahr und wurde mit der Schiffsjungenprüfung abgeschlossen. Beim praktischen Teil der Prüfung mußte man mit der Zille an Land rudern, eine Wurfleine werfen und wieder einholen, also es war wirklich sehr einfach. Im Anschluß daran war man ein Jahr Matrosenschüler, ist dabei voll eingesetzt worden, hat aber nicht soviel verdient wie die Matrosen.

Die letzten Reste der Donauromantik waren damals noch lebendig, das hat für manches entschädigt. Die Romantik, das waren vor allem die sogenannten „Zwa Röhrla", also die Zwei-Kamin-Zugschiffe. Das Maschinengestampfe war auch sehr beeindruckend. Jeder von uns, der Zeit gehabt hat, ist ab und zu im Maschinenraum gestanden und hat den Maschinen zugeschaut, wie sie sich bewegt haben ... das war ganz einfach schön. Die Technik, die auf mich sonst keine Faszination ausübt — mit einem Auto kann ich zum Beispiel gar nichts anfangen —, hat mich bei diesen Maschinen immer gepackt.

Nicht nur die Personenschiffe, auch die Schleppschiffe hatten noch sehr viel Personal — bis zu sechsundzwanzig Mann Besatzung. Heute sind es drei oder vier, die miteinander auskommen müssen, das ist schon viel schwieriger.

Mein erstes Schiff war die „Hebe", ein Personenschiff. Wir Schiffs-

jungen mußten hauptsächlich putzen und den Matrosen die Jause holen. Die Hierarchie mußte streng eingehalten werden, es wäre unmöglich gewesen, einen Matrosen, geschweige denn einen Offizier zu kritisieren. Andererseits haben uns die Matrosen aber auch irgendwie väterlich behandelt, obwohl die meisten nicht älter als neunzehn bis zwanzig Jahre waren.
Mit der „Hebe" fuhren wir den Donaukanal von der Wienflußmündung hinauf bis nach Nußdorf, durch die Schleusen hinaus in die Donau, dann stromabwärts bis zur Einmündung des Donaukanals und durch diesen wieder zurück, vorbei an den Simmeringer Gasometern, zur Anlegestelle bei der Wienflußmündung. Auf dem Schiff hat eine Musikkapelle gespielt, und man hat am Programm genau gemerkt, wo man gerade war — die haben nämlich jeden Abend das gleiche Programm gespielt. Für uns war das ziemlich langweilig. Da sind sicher nicht die „ganz feinen Leute" mitgefahren, aber Kleinbürger, die ihre Freundinnen zur Abwechslung einmal auf dem Schiff zum Tanzen ausführen wollten. Es waren hauptsächlich junge Leute und viele Touristen. Yul Brynner ist einmal mitgefahren und Vittorio de Sica. Da sind wir dann alle um ein Autogramm Schlange gestanden.
Als Matrosenschüler bin ich auf der „Budapest" gefahren. Das Schiff hatte noch seine Jugendstileinrichtung und wurde mein Lieblingsschiff. Wir sind um elf Uhr abends von der Reichsbrücke weggefahren, da mußten wir bei allen Brückendurchfahrten den Kamin umlegen und dann wieder aufstellen. Die Nordbahnbrücke wurde kurz vor Mitternacht passiert, und so ab halb eins konnten wir schlafen. In der Früh waren wir dann gegen sechs Uhr in Krems, und da mußten wir bei der Brücke wieder den Kamin umlegen. Nach dem Aufstehen wurde geputzt, was ziemlich überflüssig war, denn es war ohnehin alles blitzsauber. Und dann ist auf den Schiffen pausenlos irgend etwas gestrichen worden, sinnlose Verschwendung von Farbe. Wir waren auch richtige Profis im Putzen, die Hausfrauen und die Anstreicher hätten von uns lernen können. Und zwischendurch hat man halt den Fahrgästen die Fahrkarten gezwickt. Auf der Bergfahrt waren recht wenig Leute, und es war meist sehr gemütlich — wenn die Fahrgäste nicht besoffen waren. Am Nachmittag sind wir gegen vier Uhr in Linz angekommen. Das Schiff war wieder zu reinigen. Am nächsten Vormittag wurde noch einmal geschrubbt. Vieles war eigentlich nur Beschäftigungstherapie für die Besatzung. Durch den Turnusdienst hat es sich so ergeben, daß ich immer in Linz frei war und in Wien Wache hatte, sodaß ich während dieser Zeit nie heimgehen konnte. Dafür hatte ich Gelegenheit, Linz sehr gut kennenzulernen.
Als Schiffsjunge mußte ich oft Lebensmittel einkaufen gehen. Bevor ich auf den Markt ging, um diese Besorgungen zu machen, habe ich mir immer nebenbei die Sehenswürdigkeiten angesehen. So auch in Budapest, meiner Lieblingsstadt. Aber die meisten von uns sind über das Saufen nicht hinausgekommen. Saufen und Prostituierte, das

gehörte zum Bild des Matrosen. Die Freizeit am Schiff verbrachten die meisten mit Kartenspielen. Mich hat das allerdings nie gefreut, mich mußten sie dazu überreden, aber dann hab ich immer prompt gewonnen. Es waren nur ein paar, die kulturelle Interessen hatten. Ich bin damals sehr viel ins Kino gegangen, ansonsten habe ich immer versucht, mit den Leuten zu reden, aber es waren wenige, mit denen das möglich war. Da hat es zum Beispiel einen recht interessanten Mann gegeben, einen Geschäftsführer, der mit fünfundvierzig Jahren seinen Beruf aufgegeben hat und gemeinsam mit seiner Frau zur Schiffahrt gegangen ist. Er war so eine Art Aussteiger, er hat sich seinen Jugendtraum erfüllen wollen und wurde Schleppsteuermann.

Der Lebensrhythmus am Schiff wurde sehr stark von den Funktionen, die man ausübte, mitbestimmt. Als Zahlmeister zum Beispiel mußte ich oft mitten in der Nacht aufstehen, um die Grenzpapiere vorzubereiten. Schleppschiffe sind oft auch acht Tage gefahren, ohne irgendwo anzulegen. Aber trotzdem ist man damals, weil es noch keine Tiefkühltruhen auf den Schiffen gab und man auf Frischwaren angewiesen war, öfter an Land und unter die Leute gekommen, als dies heute der Fall ist.
Aber nach einigen Jahren hat mich das alles nicht mehr so recht gefreut, andere Interessen machten sich bemerkbar. Der Anstoß für meine Kündigung war jedenfalls, daß ich es ablehnte, mit einem Kapitän, der als absolutes Ekel bekannt war, im Winter an die untere Donau zu fahren, wobei es ziemlich sicher war, daß die Donau dort zufrieren würde und wir ein paar Monate im Hafen festliegen würden. Ich fuhr damals bereits als provisorischer Zahlmeister; die Fahrtverweigerung bewirkte, daß der Prüfungstermin auf unbestimmte Zeit verschoben wurde. Ich zog daraus die Konsequenzen und fing mit meinen einundzwanzig Jahren als Hilfsarbeiter nochmals von vorne an.

Dieser Beitrag beruht auf einem Interview, geführt von Hubert Ch. Ehalt.

Die Donau gegen den Bisamberg

LEBEN IM STELZENHAUS

Der Musiker Peter Schleicher lebt in einem eigenwilligen Haus im Augebiet Kritzendorf oberhalb von Wien.

Sofern man am rechten Donauufer vor Wien lebt, lebt man sehr angenehm. Das ist von Bergerln und den angenehmen Höhen des Kahlenbergs und den angrenzenden Hügeln umgeben, wo die Donau sehr schön anzuschauen ist, weil nirgendwo der Übergang einer Aulandschaft in die waldigen Gegenden des Wienerwaldes so gegeben ist wie hier.
Ich bin auf diesem Fleck großgeworden. Mein Vater hat, da ich ein asthmaleidendes Kind war und man ihm angeraten hat, er soll mich in Baumgegenden bringen, dieses Grundstück gepachtet. Und dann hat er vom Schrott eine Schiffskajüte günstig erstanden, denn er war in der Korneuburger Schiffswerft beschäftigt, die er dann kurzerhand hier in der Wildnis auf Pfeiler gestellt hat.
In meiner späteren Jugend habe ich natürlich andere Dinge im Kopf gehabt als irgendeine Hütte in der Au. Aber vor fünfzehn Jahren habe ich den Ausbau dieser Schiffskajüte in Angriff genommen. Zuerst habe ich den Garten rund um die Hütte kultiviert, dann habe ich einen Stock draufgebaut mit schrägem Dach. Im Zuge meiner sprunghaften Kinderzuwachsrate ist mir der Platz zu klein geworden, und ich habe einen dritten Stock untergebaut. Das heißt, ich habe das Bestehende gehoben. Jetzt wuchert ein dreistöckiges, seltsames Haus mitten in der Au. Mir gefällt es. Die Leute sind meist entsetzt, aber das Haus entspricht voll meinen Bedürfnissen und meinen Ansprüchen. Es ist zwar nicht so komfortabel, im Winter bläst es kalt durch, aber dem muß man Herr werden.

Ich lebe in einem Gebiet, das für Überschwemmungen vorgesehen ist, ständig am Sprung, soll ich hinausräumen oder nicht. Früher habe ich gewußt, jetzt habe ich sechzehn Stunden Zeit, um die Gegenstände, die sich in den unteren Räumlichkeiten befinden, in das Boot zu befördern, das Boot aufzublasen und mich auf das Arche-Noah-Erlebnis vorzubereiten. Das ist im Zeitalter der regulierten Donau irregulär geworden.
Bei einer Überschwemmung ist es unbedingt notwendig, ein Boot zu besitzen. Wenn ich Geld habe und über einen Außenbordmotor verfüge, ist das Ganze relativ problemlos. So ich schlecht bei Kassa bin, kämpfe ich mich gegen die Strömung mit Händen, Stöcken und Stricken vorwärts. Sobald man sich diesen Kilometer durchgewurstelt hat, ist man auf dem Trockenen und man kann auf konventionelle Verkehrsmittel umsteigen.

Stelzenhaus am südlichen linken Donauufer

Bei Hochwasser herrscht der Ausnahmezustand. Wenn man das aber richtig organisiert, geht auch dann alles seinen normalen Gang. Das letzte Hochwasser hat mich schwer getroffen, da ist mir mein Klavier zur Tür hinausgeschwommen. Zu einem großen Teil war ich selbst daran Schuld. Ich habe mir gedacht, es geht nicht so geschwind. Und im übrigen war ich derart angefressen, daß ich, anstatt wie ein Irrer zu butteln, mir gesagt habe, jetzt gehe ich erst einmal ins Wirtshaus und trinke ein paar Tee mit Rum, und dann fange ich an. Als ich mit dem Ausräumen beginnen wollte, war es auf der einen Seite schon zu spät und auf der anderen Seite war ich nicht mehr so richtig in der Verfassung, die notwendigen vernünftigen Maßnahmen durchzuführen. Aber aus Schaden wird man klug. Ich habe das Klavier schließlich von einer Firma abholen lassen, und mit dem Kranwagen haben sie es zerquetscht. Es hat noch einmal „kloing" gemacht — dann war es aus. Das war schon irgendwie schmerzlich.

Das Hochwasser an und für sich ist halb so schlimm, manchmal sogar ganz lustig, vorausgesetzt man fällt nicht hinein oder es kommt nicht ausgerechnet im Winter. Einmal — ich bin mit dem Hund des Nachbarn bei Null Grad im Schlauchboot gefahren — da hat mich das Vieh umgeworfen, und ich bin im Wasser gelegen. Aber im Sommer, wenn der See vor meinem Fenster unendlich weit wird, schaut das recht schön aus. Weniger lustig ist, was danach kommt, wenn das Wasser sich verlaufen hat und der Dreck vor der Tür lagert. Dann stinkt es wochenlang.

Die Kraftwerke haben ein eigenes Säuberungssystem für ihre Becken entwickelt. Eigentlich sollten sie ihre Staubecken ausbaggern, dazu sind sie angehalten. Aber es gibt eine viel radikalere Methode, nämlich so lange zu warten, bis ein Hochwasser kommt, dann mit einem Ruck die Unterwehr öffnen und den ganzen Dreck mit dem Wasser ablassen. Die Freude haben dann die Anrainer, die sich nicht beschweren können, weil sie wohnen ja in einem Hochwassergebiet.

Wie man mit dem Schlamm fertig wird, da haben sich durch Generationen Tricks überliefert. Die einen sagen, man läßt den Dreck am besten liegen, läßt es wachsen. Dadurch hebt sich der Grund und alles gedeiht besser. Ich für meinen Teil bin dazu übergegangen, das ganze Zeug wegzuräumen, meinen Garten und die unmittelbare Umgebung zu säubern. Und die Straße, weil die gemeindeeigenen Einrichtungen sind da manchmal überfordert.

In der Au übernimmt der Briefträger die Versorgung mit Zivilisation. Die hat früher überhaupt nicht stattgefunden, sie ist mir auch — ehrlich gesagt — nicht abgegangen. Seit aber mehrere Leute auf die Idee gekommen sind, daß das ein relativ günstiges Wohngebiet ist, dazu kommt sicherlich eine Art Pioniergeist, ist der Versorgungsfall eingetreten — die Post wird zugestellt —, was mich nicht unbedingt freut. Ich bin jetzt mit sämtlichem Komfort der Neuzeit versehen. Früher habe ich nicht einmal Strom gehabt. Heute habe ich sogar eine Waschmaschine und eine Zentralheizung. Es fehlt mir also nicht an den Errungenschaften der Technik.

Der Beitrag beruht auf einem Interview, geführt von Manfred Chobot.

GESCHICHTEN AUS DEM INUNDATIONSGEBIET

Karl Prihoda ist in Jedlersdorf geboren und „am Land", im Inundationsgebiet, aufgewachsen. Er hat erlebt, wie die Spielplätze seiner Kindheit, die Rückzugsgebiete seiner Jugendzeit und das Erholungsgebiet für seine junge Familie von der ständig wachsenden Stadt zerstört worden sind.

Das Überschwemmungsgebiet war ein selbstverständlicher Teil meiner Kindheit, also seitdem ich überhaupt denken kann, war das immer da, das war der Abenteuerplatz für uns Gschrappn. Unsere normalen Expeditionen waren immer auf die Wiesn auße.
Die Dörfer Jedlersdorf, Strebersdorf, Floridsdorf und Stammersdorf sind zum 21. Bezirk zusammengefaßt worden. Ich bin in Jedlersdorf aufgewachsen. Diese Gegend war baulich von den übrigen Teilen total isoliert. Da waren Felder dazwischen. Meine ersten Erinnerungen waren halt, ich wachse am Land auf. Wenn ich von der Stadt heimgekommen bin, oder bloß von Floridsdorf, so habe ich das Gefühl gehabt, ich leb am Land. Jetzt ist da jede Wiese verbaut. Quasi immer ein Trumm nach dem anderen und auf einmal war es zu.
Wo ich gewohnt habe, in der Gartenstadt, dem heutigen Karl Seitz-Hof, das war das letzte Haus dort in der Gegend stadtauswärts. Zum Damm hin, wo heute noch Au ist, da waren Grundlacken, so haben wir sie genannt. Das waren Teiche mit unglaublich klarem Wasser, mit weißen Kieseln unten, nicht tief, vielleicht eineinhalb Meter die tiefste Stelle, die Ufer mit Schilf verwachsen, mit einem unglaublich reichen Leben drinnen, Frösche, Fische, Laiche. Ein völlig gesundes Wasser, verführerisch, es war eine richtige Urlandschaft. Man hat manchmal nicht geglaubt, daß es da auch Menschen gibt. Das war jenseits des Dammes. Der Damm hat diese Donauarme abgeschnitten, die sind verteicht, grundwassermäßig aber noch verbunden, wie die Alte Donau. Der Arm ist dann unterteilt worden durch Straßen, später haben sie aus diesen wunderschönen Teichen eine Gstettn gemacht, zugeschüttet mit Abfall, wahnsinnig grausliche Erlebnisse für mich. Da haben sie Sachen vernichtet, die für uns Gschrappn unheimlich wichtig waren. Damals habe ich schon, ohne daß ich den Ausdruck Umweltschutz gekannt habe, gewußt, daß da etwas Unwiederbringliches verloren geht. Das ist alles nach dem Krieg passiert.
Bevor man die Donauwiesen erreicht hat, hat die Gegend schon zu verwildern angefangen. Das ist eine Gegend, die es nur im Stadtbereich gibt, wo die Stadt aufhört, aber das Land noch nicht anfängt.

Inundationsgebiet mit Blick auf Kahlenberg und Leopoldsberg

So ein Niemandsland, kulturelles Niemandsland. Das Donaugebiet selber ist keine ursprüngliche Landschaft, sondern aufgeschüttet und dann aber nie kultiviert worden, einfach sich selbst überlassen worden, ist total verwildert, bis es zu einem Stück Natur geworden ist. Da habe ich halt die Erinnerung, wenn ich den Damm überschritten habe, von einer unendlichen Freiheit. Vor mir war nur mehr die riesige Wiese, mit zweiundzwanzig Kilometer Länge, wie ich heute weiß, damals war es für mich die unendliche Wiese, auf der haben wir Höhlen gebaut oder bei Überschwemmungen, wenn alles unter Wasser war, haben wir bis zum Bauch, bis zur Brust im Wasser alles überquert und ganz tolle Abenteuer erlebt, wie sich das heute keiner mehr von den Gschrappn vorstellen kann.

Diese Auen, heute sind nur noch winzige Flecken davon da, der Spitzer-Park, der Aupark, das sind Reste von ursprünglich gigantischen Auen, wie die Lobau heute noch ist. Die Auen haben sich auf die Wiesen über den Damm hinübergezogen und haben dadurch, daß sie zweimal im Jahr einer Überschwemmung ausgesetzt waren, einen echten Dschungel mit Unterholz, mit Lianen, mit mannshohem Gras entwickelt. Das findet man heute auch nicht mehr.

Die Größe des Inundationsgebietes hat es ermöglicht, daß sich die Leute verteilen, sich eigene Bereiche suchen, daß man keinen Menschen getroffen hat. Aber im Sommer war der ganze Donaustrand total bevölkert. Die Leute haben dort gebadet, da ist eine Decke neben der anderen gelegen. Die lächerliche Behauptung, man habe durch die Donauinsel Erholungsgebiete geschaffen, ist ein Scheiß, man hat ein Erholungsgebiet vernichtet. Interessant ist, daß ein Teil der Donauauen als Weideland genützt worden ist. Es hat einmal in Jedlersee einige Molkereien gegeben, da war ich auch einige Zeit beschäftigt. Wir haben die Kühe hinausgetrieben in der Früh und in

der Nacht wieder zurück. Das waren oft hundert bis hundertfünfzig Kühe von mehreren Meiereien, die da gegrast haben und die den Leuten oft die Hemden weggefressen haben. So eine Kuh ist ja für einen Stadtmenschen ein Ungetüm, und die sind ziemlich hilflos diesen Viechern gegenüber gestanden. Ich kann mich erinnern, daß bis zirka Mitte der fünfziger Jahre die Kühe noch draußen gestanden sind. Dann war das aber eines Tages aus.
Es hat einige Hütten gegeben, die sind hauptsächlich in der Zeit der Arbeitslosigkeit entstanden. Diese Erfrischungshütten waren zum Teil unglaublich zusammengeschustert, aus alten Eisenbahnwaggons und sechs, sieben Bretteranbauten aus billigstem Material, aber urgemütlich im Gesamteindruck. Fischerhütten haben wir sie genannt, obwohl sie nicht am Wasser gestanden sind. Nicht alle waren so prunkvoll wie die vom Swoboda-Rudl. Und überall hat man eine angestammte Partie getroffen, die die Hütte mehr oder weniger okkupiert hat, die haben einfach dazugehört, so wie die Stammgäste zu einem Lokal. Betrieben haben die kleinen Standln Pensionisten, bei den großen waren hauptberufliche. Dieser Rudl war ein ehemaliger Marktlieferant, der hat sich dabei gesund gestoßen. Die Marktlieferanten am Naschmarkt verdienen sich krumm und blöd. Der hat ein Kaffeehaus aufmachen wollen, hat es sich überlegt und dann diese Hütte gekauft. Er hat so eine Art Leibeigenen gehabt, der hat bei ihm gearbeitet, um einen Anzug im Jahr, so ungefähr. Der war wegen Alimentationszahlungen untergetaucht und hat sich nirgends anmelden dürfen. So ist er in ein fürchterliches Abhängigkeitsverhältnis zu dem Hüttenwirt gekommen.
Beim Rudl war immer Saison. In seinen Anbauten hat man sich auch in der kalten Jahreszeit aufhalten können. Die Hauptsaison war ab dem ersten warmen Tag. Ich bin auch im Winter immer draußen gewesen, weil ich habe einen Hund gehabt, und ich bin jeden Tag zumindest eine Stunde, aber oft stundenlang, auch beim Schneetreiben spazieren gegangen. Ich war auch immer bei der Hütte, auch im Winter. Wenn ich durchfroren war, habe ich mich hineingesetzt und habe Tee getrunken, mit Rum oder was. Sehr oft ist es mehr geworden, weil man ganz einfach immer leiwande Leute getroffen hat. Der Wirt, der war auch leiwand.
Du hast gewußt, um drei Uhr in der Früh, wenn du nicht schlafen kannst, gehst hinaus und da ist noch was los und die Leute sind dort gesessen und haben gesungen, waren besoffen und haben Schmäh geführt oder Fußball gespielt um zwei in der Früh. Da waren viele Originale, Fiaker sind hinausgekommen nach dem Geschäft und Obdachlose, Sandler, wie sie am Donaukanal sitzen, haben dort in den Bombentrichtern geschlafen. Die waren integriert in dem Haufen, zumindest dort auf dem Fleck hat es keine Klassenunterschiede gegeben.

Ich war dabei, wie meine Lieblingshütte verbrannt worden ist, mit der Schubraupe auf einen Haufen zusammengeschoben und ange-

zündet. Ich bin dabeigestanden und habe Abschied gefeiert von einem wichtigen Teil meines Lebens ... Es ist nichts geblieben davon. Man hat offensichtlich Ersatz zu schaffen versucht, sie irgendwie nachzuahmen. Man hat am Entlastungsgerinne auf der Landseite so eine Art Pusztadorf hingestellt, sechs Hütten mit Schilf gedeckt, wie sich der kleine Maxi vorstellt, daß es in der Puszta ausschaut, und dort kriegt man ein Dosenbier um achtzehn Schilling. In den alten Erfrischungshütten haben sie gekocht, Bohnensuppe, Gulasch und so, aber die Höhepunkte waren: der Wirt hat eine Fischerhütte gehabt, und wenn er einen Haufen Fische gefangen hat, dann hat es geheißen, es gibt Fisch übermorgen. Da hat es gegeben ein riesiges Lavoir Erdäpfelsalat und unglaublich knackige Weißfische, die normalerweise die minderwertigsten Fische sind, weil sie wahnsinnig viele Gräten haben, aber derart hergerichtet von der Frau Swoboda, der Chefin, daß man die Gräten gegessen hat wie Grammeln, in Mehl und Salz und Paprika.
Da kann ich mich erinnern, dieser Straßensänger, der auch bei der Hütte war, der wollte eines Tages per U-Boot die Donau hinunterfahren. Er hat sich ein U-Boot konstruiert aus Holz, und durch Lackierung hat er es wasserdicht gemacht. Er hat sich drinnen verkrochen, hat drinnen geschlafen, hat sich sehr wohlgefühlt, und eines Tages, bei der ersten Wasserung, ist es sofort umgefallen, weil es schwerpunktmäßig überhaupt nicht hingehaut hat. Also hat er es oben hingestellt und hat ein paar Monate drinnen gewohnt. Bei Regen hat er die Luke oben zugemacht. Eines Tages ist ihm dieses U-Boot abgebrannt. Irgendwer hat es ihm angezündet. Das war das Ende dieses U-Bootes.

Da ist mir eine Story in Erinnerung. Im Bruckhaufen, wo jetzt die WIG steht, da haben Zigeuner gewohnt und auch Jenische. Und da hat eine Familie mit sieben oder acht Kindern gewohnt, die hätten einrücken sollen. Die haben der Polizei und der SS ein Feuergefecht geliefert und sind alle erschossen worden.
Zum Bruckhaufen hat man auch Glasscherbeninsel gesagt. Irgendwann um die Jahrhundertwende sind da zehntausend Zigeuner angesiedelt worden. Die haben dann später Gründe erworben, Häuser gebaut und haben da ihr Leben geführt, das sehr farbig und romantisch war und ganz anders als unseres. Ich war ja so nahe daran. Ich bin in die Ostmarkschule gegangen, da waren auch viele Zigeuner. Ich habe Freunde unter ihnen gehabt, war oft bei ihnen daheim. Nach dem Krieg war beim Karlitz, das war ein Gasthaus, noch ziemlich lange eine Siedlung von Zigeunern. Da fällt mir jetzt ein, das waren befreite von irgendwelchen Vernichtungsaktionen, weil die waren vorher noch nicht dort. Sieben bis acht Jahre waren sie dort. Dann sind sie abgesiedelt worden, in Häuser ...
Das Kriegsende. Ich weiß, daß wir einige Tage im Keller geschlafen haben und daß ich da wenig hinausgekommen bin. Irgendwann hat die Mama mich aufgeweckt und hat gesagt, Karl, die Russen sind

da. Und dann waren sie da. Ich kann mich erinnern, daß bei Kriegshandlungen öfters Flugzeuge abgestürzt sind auf die Wiese, daß die Wiese total zerbombt war, weil dort haben sich Kämpfe abgespielt, die Deutschen haben sich da zurückgezogen und drüben waren die Russen, das Stadtgebiet haben die Russen schon erobert gehabt, und die Deutschen haben sich über die Brücken zurückgezogen nach Floridsdorf und haben die Brücken gesprengt. Und dann hat es einige Tage Widerstand gegeben. Es hat mich nicht besonders beeindruckt. Für uns hat das Gebiet einen zusätzlichen Reiz gehabt, weil wir eine Menge Waffen gefunden haben. Noch funktionstüchtig. Wir haben Brandbomben, Granaten gefunden, und wir waren neugierig und haben alle ausprobiert. Ja, und im Zinkerbachl haben wir einige Tote gesehen, Wehrmachtsangehörige. Und dann waren die Russen da und auf einmal ist nicht mehr geschossen worden, es war alles friedlich, und man hat gefahrlos fortgehen können und unter der Brücke, der Floridsdorfer Brücke, hat eine Abteilung Russen kampiert mit Pferd und Gulaschkanone, ein paar hundert Leute. Die haben gekocht und haben uns Gschrappen immer eingeteilt zum Erbsen ausnehmen. Dafür haben wir mitgegessen. Ziemlich gute Sachen, ich kann mich an so Eintöpfe erinnern, so eine riesige Schüssel Erbsen mit Hühnerteilen drinnen. Die Russen waren lieb zu uns, die haben uns herumspielen lassen. Ich kann mich erinnern, daß sie teilweise mit uns organisieren gegangen sind. Wir sind zu den nächsten Schrebergärten und haben geerntet, was sie gebraucht haben ...

Die Bombentrichter haben noch ziemlich lange das Überschwemmungsgebiet charakterisiert. Die haben dann auch eine wichtige Funktion gehabt, waren mit Sträuchern verwachsen und waren dann Möglichkeiten für Liebespaare. Wir haben von den Bombentrichtern aus Höhlen gegraben, mit Gängen oft recht lange komplizierte Höhlen mit kleinen Räumen.

Dieser Beitrag beruht auf einem Interview, geführt von Gero Fischer.

DIE DONAUPHILOSOPHIE DES GRAPHIKERS

Othmar Zechyr hat seine Jugend in Kinder- und Erziehungsheimen verbracht, wo er seinen Betreuern durch seine zeichnerische

Begabung aufgefallen ist. Volljährig, schlägt er sich mit Gelegenheitsarbeiten durch, bis ihm mit seinen Graphiken der Durchbruch am Kunstmarkt gelingt. Heute zählt er zu den international bedeutendsten Graphikern altmeisterlichen Stils. 1985 wurden seine Arbeiten mit dem Würdigungspreis der Stadt Wien ausgezeichnet.

Die Donau hat eine magische Anziehungskraft. Alles, was an der Donau liegt, ob das jetzt Wirtshäuser waren oder die Menschen, die dort gewohnt haben, die Fischer, die dort waren, hat immer das Gefühl von Sicherheit vermittelt. Die Menschen waren immer so lockere Leute. So hab ich damals den Eindruck gehabt. Da konnte man erwarten, wenn man an der Donau geht, wird man nicht verraten, auch wenn man eine „Krotzn" gehabt hat. Wenn du aber stadteinwärts gehst, also irgendwo weg vom Strom, in die bebauten Gebiete, da war das viel zu gefährlich. Aber die Donau war immer ein sicherer Zufluchtsort, und wenn es sehr kritisch geworden ist, hat man auch hineinhupfen können und wegschwimmen. Was ja auch passiert ist manchmal. Oder rüber zur Lobau schwimmen, auf die andere Flußseite. Niemand konnte da irgendetwas machen. Wenn die Polizei aufgetaucht ist, verstehst, und es war sehr kritisch, sind wir in die Donau hineingesprungen.
Bei Albern, beim Damm da bist du untergekommen und hast ein paar Wochen leben können. Nicht sehr lang, aber sagen wir die ersten vierzehn Tage, drei Wochen ist man da untergetaucht zwischen Blauem Wasser, Albern, Donau und Prater. Mit kleinen Ausflügen in den Prater hinein und dann wieder zurück. Und das war sozusagen das Terrain. Da hast dich verstecken können und nie-

Daubelfischerboot am rechten südlichen Donauufer „im Ausgedinge"

mand hat dich aufgetrieben. Man hat das Gefühl gehabt, die Donau, die Landschaft ringsherum, jederzeit konnte man untertauchen. Das ist ein gutes Gefühl gewesen irgendwie, daß das in der Nähe ist, daß es das gibt. Und daß es nicht bebautes Gebiet ist und du wahnsinnig lang brauchst, keinen Menschen sehen darfst. Das war ein Rückzugsgebiet und natürlich auch ein Aufbruchsgebiet. Das war dort angesiedelt, wo die Leute sehr starke Individualisten waren. Die haben bebaute Gebiete gemieden oder zu starre Gebiete, wo schon alles total seinen Platz hat und bestimmt ist.
Fischer lebten dort, dann gab es die paar Wirtshäuser, mit einem merkwürdigen Publikum, das man nirgendwo anders antrifft, sondern immer nur an der Donau. Leute, die sich abgeseilt haben von allem, die haben sich dort gesonnt, haben dort geschlafen im Freien, haben dort gegessen, haben sich getroffen, Karten gespielt oder was weiß ich. Die sind nicht verfolgt worden. Die Polizei hat sich da auch nicht so interessiert. Zu der Zeit war das nicht so wie heute. Wo man wußte, das sind so und so viel Häfenbrüder, die streunen da herum, machen sich einen guten Tag in der Gegend. Und dann noch die Zigeuner, wie sie auch noch waren vor zwanzig Jahren. Die Zigeuner an der Donau, mit dem Essen und Braten und so weiter, da hat sich schon einiges abgespielt. Das war ein herrliches Gebiet, immer ein herrliches, freies Gebiet.
Das waren Außenseiter, die Leute an der Donau, oder so Lebenskünstler. Die haben vom Fischfang gelebt und so ein paar linken Geschäften halt, ein paar Kleinigkeiten und haben einfach nichts gearbeitet. Man konnte ja damals noch von der Donau leben. Das Wasser war vor fünfundzwanzig Jahren nicht schlecht. War zwar nicht mehr so sauber wie vor vierzig Jahren, aber es war noch ein Wasser mit vielen Fischen, die man jederzeit essen konnte und das Wasser war auch zum Trinken. So merkwürdige Künstler waren natürlich auch dort, die gemalt haben, mit Staffelei, so altmodisch. Herrlich, so wie früher eben.

Weil die Donau ja am Rand liegt, ganz am Rand von Wien, und das ganze Gebiet ja nicht so ausgebaut war — es ist ja erst in den letzten zwei Jahrzehnten so irrsinnig gebaut worden —, hat man auch ein gutes Gefühl gehabt. Man hat weit schauen können. Weit und breit der Blick, da waren ein paar Häuser und sonst nichts. Diese Ungestörtheit und dieser eigenartige Lebensstil, den die Leute dort zelebriert haben, das konnte man wirklich nur an der Donau. Der Prater und die Donau, unser Wurstelprater, der kann ja nur in der Nähe der Donau liegen. Der atmet etwas von den Auen der Donau, von den tiefen Auen, das atmet. Der könnte nicht in irgendeinem anderen Bezirk diese Atmosphäre haben. Prater und Donau gehören natürlich zusammen. Das Publikum, das teilweise im Prater eine Heimstätte gehabt hat, das waren Spieler, kleine Ganoven und auch Huren und alles mögliche. Aber nicht schwere Kriminelle, sondern so harmlose eher. Was halt passiert so nebenbei

auch. Irgendwas mitgehen lassen, irgendwas aufstoßen, eine Kleinigkeit.
Bei den Leuten, die ich da unten kennengelernt habe, war es selbstverständlich, daß du gut aufgehoben gewesen bist. Nie hätte dort irgendwer jemals die Polizei geholt. Im Gegenteil, die Polizei, die dort war — da ist hin und wieder einer aufgetaucht, des waren Haberer. Die wußten ja, daß viele Haberer das tatsächlich auch als Zufluchtsort beansprucht haben. Die Polizei ist dort nie auf Suche gegangen.
Früher habe ich auch nie Anzeigen bekommen wegen Störung der öffentlichen Ordnung oder Lärmbelästigung, nie. Und ich habe wirklich immer gesungen. In der Nacht, überall wo ich gegangen bin. Und zumindest das war etwas, was ein Teil meines Lebens, meines Gefühls formt, das habe ich gebraucht, das war meine Begleitung, automatisch. Das kannst du heute kaum mehr machen, weil du kriegst Anzeigen. Stell dir vor, der Gesang ist eine Sache, die als Lärmbelästigung gilt, als Störung der öffentlichen Ruhe oder Ordnung. Trotz des gigantischen Lärms von Autos und so. Ich gehe oft spazieren. Ich kann nur sagen, wie oft die Polizei mich aufhält, wenn ich da unten im Wienerwald umhergehe in der Nacht. Und sing natürlich und mach alle möglichen Faxen, klar. Und jedesmal werde ich perlustriert. Stell dir das vor, da hast du nicht einmal in der Nacht eine Ruhe. Die glauben, ich hab einen Vogel. „Was singen'S denn da? Was schrein'S denn da herum?" Dann, wo ich wohn und ob ich nicht dort oder dort war. Diese ganzen blöden Frageeien jedesmal, ob ich nicht im Fischerhaus jemanden gesehen hab usw. So wollen die einen da in irgendetwas hineinjagen, einen Einbruch oder was, weißt ja eh.
Früher waren auch immer ein paar Polizisten an der Donau, die haben halt mitgetrunken ein bißchen, dann sind sie wieder abgehaut. Die haben ja die Leute gekannt, man wußte, wo sie wohnen. Der konnt sich da ja nicht wie ein Arschloch aufführen, das ist ja gar nicht möglich. Warum das heute geht, weiß ich eh nicht, warum das möglich ist, daß sich die Polizei aufführt, wie sie will.

Früher hat es nicht die Mädchen, also die guten Frauen, gegeben, die nackt in der Lobau herumgerannt sind. Es waren fast nur Männer; diese Art von alternativen Typen, die auf unheimlich gesund gelebt haben. Die haben die Lobau schon als ihr sommerliches Domizil betrachtet. Jeden Tag unten. Von der Früh bis in die Nacht. Und nackt auch. Undurchdringliche Sachen natürlich dort. Da ist ja auch niemand hineingekommen in die Lobau. Das waren ja nicht soviel. Die meisten davon waren ganz schöne Spießer. Also puritanisch ist nicht der richtige Ausdruck, aber die konnten ganz schön kleinbürgerlich sein. Sie waren kleinbürgerliche Individualisten. Aber sie waren keine Scheißer, so, daß sie die Polizei geholt hätten wegen irgendeinem Blödsinn. Aber sie haben kleinbürgerliche Ideale gehabt. Jeder hat geträumt vom großen Coup, der natürlich nie reingangen ist, der nie gemacht wurde, der große, der alles entscheidende. Der ist ja nie gekommen. Sie haben immer von der großen Marie geträumt, vom großen Geld. Das waren Träume, wo du jeden Tag stundenlang darüber reden konntest. Da blieb am Ende das übrig, was dann wirklich passiert ist: eine Jause, ein Wein und ein Bier und Ruhe haben. Und das am nächsten Tag wieder. Die Landschaft, im Sommer zumindest, die zwingt dir etwas auf. Wenn du in der Stadt bist, dann kriegst du von so vielen Dingen dauernd irgendwelche Impulse, oder irgendwelche Sachen werden an dich herangetragen und setzen sich fest und auf einmal kommt ein Ehrgeiz, unter diesen Leuten etwas Besonderes zu entwickeln. Wenn man in der Lobau lebt, und das monatelang, da entwickelt sich kein Ehrgeiz. Es ist eine Landschaft, ein Klima und ein Licht und eine Atmosphäre, die das gar nicht zuläßt. Alles, der Tag, der Abend, das vereinfacht sich, wird immer weniger und immer weniger und da sind alle zufrieden mit den Geschichten, die da tatsächlich passieren. Daß die verschiedensten Leute irgendwie auf einen Nenner kommen, ist schon auch auf das Fluidum zurückzuführen. Weil es ist keine aggressive Landschaft. Da gibt es nichts, was in irgendeiner Weise Aggressivität entfachen würde. Oder Dynamik. Da hat keiner den Chef spielen können, da ist der Schmäh gerannt, Tag und Nacht der Schmäh.

In der Zwischenkriegszeit, da war ein kleines politisches El Dorado wie in der Schweiz, wo anarchistische oder andere Geschichten gelaufen sind. Die Leute haben eigentlich nur Frieden wollen, und ein bißchen was, das Notwendigste zum Essen, natürlich eine Wohnung, oder irgendwas. Die meisten Leute waren sehr, sehr anspruchslos, was politische Sachen betrifft.

Sicherheitsorgan im Dienst an der Donau

Langsam ist dann ab den sechziger Jahren dieses Klima der Ordnung und Sicherheit entstanden, das auch die Polizei immer mehr herausgespielt hat, immer mehr hervorgehoben hat. Ja, ich glaub bis in die sechziger Jahre war das nicht so. Da war das überhaupt nicht so, daß die Leute nach Ordnung riefen. Ich kann mich gar nicht erinnern, aber daß sie wegen jedem Schas nach Ordnung riefen, nach Ordnung überall, in den Zeitungen und was weiß ich wo, in den Medien, daß Ordnung und Recht und Ruhe, Strafe und tausend Dinge, Einschränkungen die immer mehr wurden, Einschränkungen für jeden. Also das wollt ich schon dazusagen, daß die Leute früher viel mehr machen konnten und auch mehr gemacht haben. Weil jetzt werden sie ja angezeigt wegen jedem Blödsinn. Wenn sie ein Blumenkisterl rausstellen, werden sie angezeigt. Und ich kann mich auch nicht erinnern, daß die Leute so geil drauf waren, auf den anderen zu schauen, den anderen anzuzeigen oder diese Art von ... Na, sie waren wahrscheinlich noch so arm, die Armut der Leute nach dem Krieg, ... Es gab schon reiche Leute, aber die Armut hat die Leute auf eine ganz andere Weise unaggressiv gemacht. Erstens haben sie keine Autos gehabt, die paar Sachen, die da herumgerannt sind. Viele Sachen fördern Aggressivität und ich glaub, daß eine gewisse Art von Armut oder bescheidenem Leben auch toleranter macht. Da bin ich sowieso sicher. Weil je mehr einer hat — das muß alles abgesichert werden.
Wenn fünf Leute etwas Reichtum entwickeln, die fünf Leute werden versuchen, diesen Reichtum zu schützen. Dann beschützt man ihn. Da gibt es alle möglichen Instrumente: Gesetze, Organisationen, alles mögliche ... Wenn es immer mehr Leute gibt, die einen gewissen Reichtum haben, dann wollen sie immer mehr. Je mehr also die Leute haben, desto mehr wollen sie, daß es auch gesichert ist. Der Wahn des Schützens, Zusperrens, Aufsperrens und Beleuchtens und da sein müssen Tag und Nacht und dort viel Polizei und jeder Winkel muß ausgeleuchtet sein überall. Also der Wahnwitz, den hat es ja nicht gegeben. Es hat unzählige Straßenzüge gegeben, die im Dunkeln lagen. Und war klass, gigantisch, selbstverständlich.
Es hat keiner dauernd die Polizei gerufen. Dieses Klima hat es nicht gegeben. Also: wir brauchen mehr Polizei zum Beispiel, oder es regen sich Leute auf, wenn sie keine Polizisten sehen. Die waren erstens viel gemütlicher. Weil die Polizisten früher, die waren ja mit dir saufen auch. Die haben ja auch ein Bier trinken können in einem Wirtshaus, ganz klar. Die sind ja auch in den Kaffeehäusern im Prater gesessen. Angesoffen nicht, aber haben auch mitgetrunken ohne daß ... selbstverständlich. Das ist so wie in Italien, kannst ja auch mit einem Kaffee trinken oder eine rauchen. Aber daß die Polizei kommen kann ins Haus, wenn dich jemand anzeigt, daß die einfach ins Haus kommen können, das gab es ja früher nicht. Da mußte schon irgendwas los sein, was Echtes, also ausgeschrieben, daß sie dich suchen. Aber daß sie dich anrufen und die Polizei

kommt und du kriegst tatsächlich eine Anzeige, dieses Denunziantentum, diese Art von ... das ist ja grauenhaft, aber das gibt es. Das gibt es in unerhörtem Ausmaß und zwar so, daß es eben immer stärker wurde und immer stärker wurde, das hat es in den sechziger Jahren nicht gegeben. Aber überhaupt nicht. Der Lärm, der damals von so und so vielen Typen gemacht worden ist, in der Nacht, die Rock'n'Roll Zeit, der Lärm, Musik usw. Da war schon etwas los auf den Straßen und Plätzen. Da hat sich keiner aufgeregt, das hat zum öffentlichen Leben gehört. Es ist auf eine merkwürdige Weise bei uns ein Faschismus entstanden und eine miese, falsche Kleinbürgerlichkeit, eine miese puritanische Haltung. Die Häuser werden immer größer, die jeder baut, die Autos, die Spitäler, die Fabriken, — alles, tausende Dinge werden immer größer und immer härter, immer perfekter. Und natürlich, die Leute haben immer mehr Wohlstand, auf Schulden oder nicht, eine gewisse Schicht hat einen Wohlstand und viele plagen sich halt. Aber der Preis ist sicher der, daß alles auf eine gewisse Weise kontrolliert werden muß, kontrollierbar sein muß, daß nichts mehr unüberschaubar sein soll. Jeder muß erfaßt werden können, was er tut, auf welche Art und Weise. Das ist der Preis, den wir zahlen.

Dieser Beitrag beruht auf einem Interview, geführt von Hubert Ch. Ehalt.

Überschwemmung im südlichen Teil der Donauinsel

IV. FREIZEIT AN DER DONAU

ANREISEN

„Die Straßenbahnlinie Nr. 5 fuhr bis zum Praterstern, an Sonntagen sogar bis zur Reichsbrücke. Dort mußte man in einen 24er umsteigen, der seine Endstation vor der Brücke zum Gänsehäufel hatte. An heißen Tagen oder wenn die Menschen vor einem Gewitter flüchteten, waren die Straßenbahnen überfüllt, und von den Trittbrettern hingen Leute wie Trauben."
Herbert Steiner

Alte Donau

Schnellbahnstation Strandbäder
U1 Station Alte Donau
U1 Station Kaisermühlen
Straßenbahnlinien 31 und 32
Autobuslinien 20B, 90A, 91A, 93A

Neue Donau/Donauinsel

Nordteil:
Schnellbahnstation Strandbäder
Straßenbahnlinien 31 und 32
Autobuslinie 33B
Fähre Felsterl (bei der DDSG-Schiffahrtsstation Nußdorf)
Parkplätze am linken Ufer und auf der Donauinsel bei der Floridsdorfer Brücke
Mittelteil:
U1 Station Donauinsel

U1 Station Kaisermühlen
Schnellbahnstation Lobau
Autobuslinien 18A, 80A, 91A, 92A
Fähre Kreutner (bei der Friedenspagode), Tel. 75 50 655
Parkplätze am linken Ufer
Südteil:
Schnellbahnstation Lobau
Autobuslinien 80B, 91A
Fähre Gruber, Tel. 48 29 18
Parkplätze am linken Ufer

Prater

Schnellbahnstation Wien-Nord
U1 Station Praterstern
Straßenbahnlinien 1, 5, 21, O, N, 18
Autobuslinien 11A, 79A, 80A, 80B, 81A

RADFAHREN

„Wenn sich sonntags bei schönem Wetter die Radlermassen mit jenen der Fußgänger durchmischen, Hybridradler zu Dutzenden ihre teuren Renner vom Autodach hieven und sich die wochentags ‚ersessene' Bürounbeweglichkeit aus dem Leib strampeln, dann erlebt man sie in Reinkultur: die Donauinsel als Radfahrerparadies."
Christian Höller

Donaukanal im Stadtzentrum

Im Donauraum gibt es ein weitläufiges Netz von Erholungswegen, auf denen man den Prater, die Donauinsel und das linke Ufer der Neuen Donau sowie die Lobau durchradeln kann. Verbindungsrouten in das Zentrum, nach Floridsdorf und Kagran machen die Erholungsgebiete im Donauraum leicht mit dem Fahrrad erreichbar. An Samstagen ab 14 Uhr, an Sonn- und Feiertagen ganztägig und in den Sommermonaten Juli und August auch werktags von 9 bis 15 Uhr und ab 18.30 Uhr dürfen Fahrräder in der U-Bahn transportiert werden. Wer mehr über das Radfahren in Wien erfahren will, kann sich an die Arbeitsgemeinschaft umweltfreundlicher Stadtverkehr (ARGUS) wenden. Jeden ersten Mittwoch im Monat lädt die ARGUS zum Stammtisch zum Kennenlernen ins ARGUS-Fahrradbüro, 1040 Wien, Frankenberggasse 11, ein. Dort kann man auch den Stadtplan für Radfahrer erwerben, der alle Radwege und Radrouten in Wien deutlich ausweist.

Radverleih

Donaukanal:
Salztorbrücke, rechtes Ufer. Verleih und Einstellmöglichkeit
DDSG-Anlegestelle Nußdorf. Verleih und Einstellmöglichkeit. Tel. 37 45 98
Donauinsel-Nordteil:
Intersport Luef, Donauinsel beim Parkplatz Floridsdorfer Brücke. Tel. 38 86 98
Radverleih Gmeiner, Überfuhrstraße
Donauinsel-Mittelteil:
Sport- und Freizeitzentrum Reichsbrücke (Schuh-Ski), Am Kaisermühlendamm. Tel. 23 11 71
Am Kaisermühlendamm beim Wasserskilift. Verleih in geringem Umfang. Tel. 23 11 71
Donauinsel-Südteil:
Freizeitzentrum Neue Donau,

Steinspornbrücke, linkes Ufer. Verleih und Einstellmöglichkeit. Tel. 22 05 911
Prater:
Radverleih Prater, Praterstern (im Schnellbahngebäude neben der Straßenbahnhaltestelle. Verleih und Einstellmöglichkeit. Tel. 26 85 57
Radverleih Hochschaubahn, Prater, Jantschweg. Verleih und Einstellmöglichkeit. Tel. 26 01 65

Für ganz sportliche Radfahrer steht auf der Donauinsel bei der Steinspornbrücke ein Radrundkurs zur Verfügung. Das 1500 Meter lange Cyclodrom verfügt über eine elektronische Zeitmessung, in der die Rundenzeiten von Weltklassefahrern gespeichert sind: hier kann jeder ein Privatrennen mit Freunden organisieren oder sein persönliches Rennen gegen die Weltelite fahren. Auch für Rollschuh- und Rollstuhlrennen ist das Cyclodrom geeignet.
Auch für zwei BMX-Kurse (einer bei der Steinspornbrücke im Südteil der Donauinsel, der andere im Nordteil bei der Floridsdorfer Brücke) wurde gesorgt, um das Angebot für Radfahrer zu vergrößern.
Auskünfte und Anmeldung: Koordinationsstelle Donaubereich Wien, Tel. 42 800/3102 DW

WASSERSPORT

„Fahrst mit an Mädchen im Boot, san a bißl verliebt, tun a bißl schaukeln und a Hetz machn, fallt das Schinakl um, des spielt keine Rolle. Wenn es etwas herbstlich ist und wenn die Segler, die weißen Segler mit den braunen Mädchen kentern, holt man sie wieder raus, trocknet sie ab, trinken an Tee, und alles ist wieder in Ordnung."
Der Seebär

Alte Donau

Vom Segel- bis zum Ruderboot und zum Surfbrett kann man an der Alten Donau alles mieten. Denjenigen, die Surfen oder Segeln lernen wollen, stehen entsprechende Surf- bzw. Segelschulen zur Verfügung, wo nach Ablegung einer Prüfung der Segelschein (Voraussetzung, um ein Segelboot mieten zu können) erworben werden kann:

Dorothea Auzinger
1220 Wien, Laberlweg 19
Tel. 23 57 88

Mathilde Dragan
1220 Wien, Schüttauplatz 11
Tel. 23 57 57

Ing. Friedrich Eppel
1220 Wien, Wagramer Straße 48
Tel. 23 51 68

Rosemarie Fox
1220 Wien, Kaisermühlen,
Untere Alte Donau

Komm.-Rat Karl Gehr
1220 Wien, Fischerstrand 21
Tel. 23 52 155

Jutta Hofbauer
1220 Wien, Wagramer
Straße 49
Tel. 23 67 33

Dkfm. Karl Hofbauer
Segel- und Surfschule
Segelbootverleih
1220 Wien, An der oberen
Alten Donau 184
Tel. 23 67 33

Ing. Wolfgang Irzl
Segel- und Surfschule
Segelbootverleih
1220 Wien, An der unteren
Alten Donau 29
Tel. 23 67 43
Florian-Berndl-Gasse 34
(Zufahrt mit dem Auto)

Johann und Peter Kukla
Surfschule
1220 Wien, Wagramer
Straße 48d
Tel. 23 22 33

Aloisia Maurer
1220 Wien, Laberlweg 1
Tel. 23 62 203

Robert Newrkla
1210 Wien, An der oberen
Alten Donau 20
Tel. 38 61 05

Margarete Schneider
1220 Wien, Wagramer
Straße 48b
Tel. 23 67 82

Hubert Weilharter
1210 Wien, An der oberen
Alten Donau
Tel. 30 31 00

Norbert Wolf
1220 Wien, Wagramer
Straße 12
Tel. 30 49 313

Panozzalacke

Neue Donau/Donauinsel

Nordteil:
Segelhafen am linken Ufer; hier befinden sich das Segelzentrum Wien, eine Windsurfschule und der Bootsverleih Gmeiner. In der Surfgarage Gmeiner können Surfbretter eingestellt werden.

Mittelteil:
Segelhafen und Segelsee, Segelboot-, Surfbrett- und Bootsvermietung sowie Kanu- und Segelschule Hofbauer (bei der Reichsbrücke), Tel. 23 67 33

Die Tauchschule „Peters Club" ist unter der Telefonnummer 23 06 18 und das Aquarium-Wasserskidorf (Wasserskilift) unter der Nummer 23 11 71 zu erreichen.

Südteil:
Im Freizeitzentrum bei der Steinspornbrücke bieten die Surfschule Hawaii, die Surfschule Schistek und das Freizeitzentrum Neue Donau Surfgaragen und je einen Surfbrettverleih an.

Donau/Donaukanal

Österreich ist zwar ein Binnenland, aber die Schiffahrt hat hier eine große Tadition, wohl noch aus den Zeiten der Monarchie, als Österreich eine große Flotte im Mittelmeer hatte. Reisen mit den Schiffen der Donaudampfschiffahrtsgesellschaft (DDSG) versprechen eine abwechslungsreiche Fahrt zwischen Flußauen, eindrucksvollen Taldurchbrüchen und kunstgeschichtlichen Sehenswürdigkeiten, verbunden mit einem angenehmen Bordsevice. Mit den Linienschiffen der DDSG kann man täglich einen Ausflug in die Wachau (Dürnstein, Melk) unternehmen. Zwischen Wien und Budapest bzw. Bratislava gibt es eine tägliche Expreßverbindung mit dem Luftkissenboot „Donaupfeil".
Und für alle jene, die die Donau bei Wien vom Schiff aus erleben möchten, bietet die DDSG Rundfahrten und Abendfahrten mit der „Vindobona" an. Die Rundfahrten dauern ca. drei Stunden, und die Abfahrt erfolgt von der Anlegestelle Schwedenbrücke. Bei den Abendfahrten gibt es jeden Donnerstag einen „Schiffsheurigen", jeden Freitag einen Tanzabend mit Evergreens und jeden Samstag Disco. Gefahren wird in der Zeit vom 4. Mai bis 26. Oktober.
Mit Motorbooten (über 3,7 kW = 5 PS benötigt man ein Schiffsführerpatent) darf man nur auf der Donau, nicht aber auf der Neuen oder Alten Donau fahren. Auskünfte über die Zulassung von Motorbooten auf der Donau erhält man bei folgenden Stellen:

ALTE DONAU

Magistratsabteilung 58
1., Volksgartenstraße 3
Tel. 42800/4215 DW
(8.00—12.00)

Wasserski- und Motorbootclub
Wien, nur für ARBÖ-Mitglieder
19., Kuchelauer Hafenstraße 135
Tel. 37 35 53

Wasserski- und Motorbootclub
Floridsdorf
ARBÖ-Prüfzentrum Nord

nur donnerstags 10—12 Uhr
21., Brünner Straße 64
Tel. 38 41 73

Motorboot-Club Vindobona
(ÖAMTC)
2., Erlaufstraße 4
Tel. 24 58 185

Wiener Strompolizei
2., Mexikoplatz 4
Tel. 33 65 41/61 35 oder 61 24
2., Freudenauer Hafenstraße 23
Tel. 74 22 24, 33 65 41/61 23
Notruf: 133

BADEN

„Es ist angezeigt worden, daß das Baden in der Donau oder in anderen flüssenden Wässern, wie auch das Füßwaschen auf den Holzflößen neuerlich überhand nehme, und sich dieses Unfugs so, als ob gar kein Verbot bestünde, mit aller Freyheit angemasset werde. Derjenige, welcher sich, dieß hiemit neuerlich bekannt gemachte Verbot zu übertreten, erfrechen möchte, wird von Polizey, allenfalls von der Grundwache ohne alle Nachsicht, oder Betrachtung seines Amts, Dienst, oder Standes, gleich auf der Stelle gefänglich angehalten, öffentlich in das Polizeystockhaus geführt, und daselbst durch 3 mal 24 Stunde angehalten; im mehrmaligen Betrettungsfalle aber, oder bey einem sonst mit unterwaltend bedenklichen Umstande auch auf eine noch strengere Art vorgenommen werden."
Öffentliche Bekanntmachung, 1781

Alte Donau

Hier gibt es eine Reihe von Strandbädern, von denen einige auch zusätzlich mit Schwimmbecken und Kinderplanschbecken ausgestattet sind. Hier ist Eintritt zu bezahlen; dem Besucher stehen neben Umkleidekabinen/Kästchen, Duschräumen etc. auch Gaststätten und verschiedene Sportanlagen zur Verfügung:

Angelibad:
An der Oben Alten Donau
Tel. 38 12 71

DONAUINSEL NORD

NORDTEIL | **MITTELTEIL** | **SÜDTEIL**

*) Voraussichtlich ab Sommer 1987

Segelhafen, Buffet, Surfgarage, Zubehör, Segelzentrum Wien, Telefon 587 86 88 (Österr. Segelverband)

*) Für Gäste des Segelzentrums

Bootsverleih, Windsurfschule und -verleih, Surfgarage Gmeiner, Radverleih

Buffet Böhm

Buffet Preissig

Eissalon da Ponte, Telefon 30 41 31

Buffet Knödler, Telefon 30 86 04
Radverleih, Radgarage Luef, Telefon 38 86 98

Eissalon Breckner, Buffet

Wasserrutsche, Gaststätte Paulas

*) Voraussichtlich ab Sommer 1987

Piano Express Wiener Beisl, Discothek, Telefon 35 07 77

Radverleih, Radgarage, Buffet Hammermayer, Telefon 37 45 98

Gaststätte Kaserer, Telefon 37 12 06

Fähre Felsterl

Gaststätte Donaurast Motorboothafen, Telefon 37 16 57

Legende:

- Badestrand, Badebucht
- U-Bahn
- S-Bahn
- Parkplatz
- Fähre
- Wasserskilift
- DDSG-Anlegestelle
- WC B für Behinderte
- ÖBB-Bahnhof
- Straßenbahn
- Autobus
- Erste Hilfe
- Grillplatz, Feuerstelle
- Polizei
- Freizeitbetriebe
- Trinkwasser
- Fußgänger-Abgang
- Telefon
- Behinderteneinrichtung
- Radweg — Rad-Zufahrt
- Aussichtspunkte
- Ökozelle
- im Bau

FKK
SEGELREGATTASTRECKE
NIEDERÖSTERREICH / LANDESGRENZE WIEN
Kuchelauer Hafen
SEGELHAFEN
GPL. MARCHFELDKANAL
ÜBERFUHRSTRASSE
NEUE DONAU
WASSERSCHUTZGEBIET NORD
DONAUSTROM
DONAUINSEL
BUNDESSTROMBAU
DDSG-SCHIFFSSTATION
MOTORBOOTHAFEN
Alte Donau

Arbeiterstrandbad:
22, Arbeiterstrandbadstraße 87
Tel. 23 53 50

Gänsehäufel:
22, Moissigasse 21
330.000 m², Wellenbecken,
Warmwasserbecken, Sonnenbad, Oben Ohne, FKK-Strand
Tel. 23 53 92

Bundesbad Alte Donau:
22, Arbeiterstrandbadstraße 93
Sonnenbad, Tischtennis, Kegelbahn
Tel. 23 53 02

Straßenbahnerbad:
22, Dampfschiffhaufen 189
Tel. 23 57 10

Städtisches Strandbad Alte Donau:
22, Arbeiterstrandbadstraße 91
„Oben Ohne" verboten,

Sonnenbad
Tel. 23 53 64

Es gibt an der Alten Donau auch frei zugängliche Badestrände, an denen kein Bademeister für Ordnung sorgt, wo man aber auch kein Entree zu entrichten hat. Folgende Wildbadeplätze stehen offen:

Badeplatz beim Angelibad

Dragonerhäufel (ebenfalls in der Nähe vom Angelibad)

An der Oberen Alten Donau (bei der Mühlschüttelgasse)

Am Kaiserwasser (Wagramer Straße)

Rehlacke (an der Unteren Alten Donau zwischen Lagerwiesenweg und Industriestraße)

Neue Donau/Donauinsel

Hier steht ein Badestrand von über 40 km Länge zur Verfügung. Neben zahlreichen Stiegen, über die man das Wasser erreichen kann (in der als Hochwasserschutzbau angelegten Neuen Donau mußten die Ufer gegen Abschwemmungen mit Steinen und Rasengittern gesichert werden), wurde eine Reihe von Badebuchten mit kinderfreundlichen Bereichen angelegt. Hier können Kinder im seichten Wasser der Uferzonen ungefährdet planschen. Viel Badespaß gibt es auch mit der Wasserrutsche bei der Brigittenauer Brücke, die mit 207 Meter die längste der Welt ist.
FKK-Strände gibt es im
Nordteil: Erste Badebucht nach dem Einlaufwerk, linkes Ufer
Südteil: unterste Strände des linken und rechten Ufers
Alle Strände sind kostenlos benützbar. Bei Hochwasser besteht ein Badeverbot, das in den Medien und vor Ort bekanntgegeben wird.

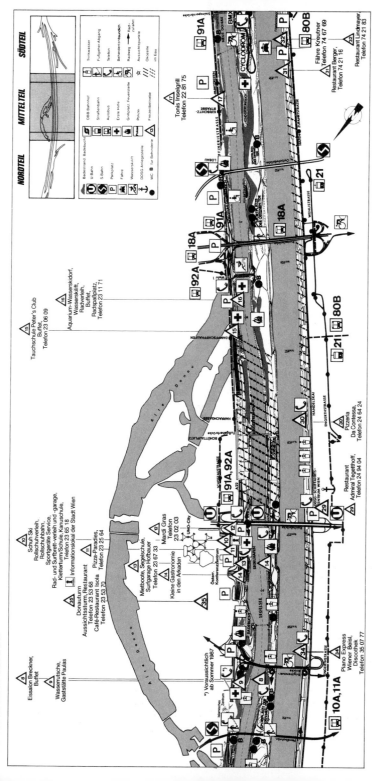

Lobau

Hier gibt es ebenfalls eine Reihe frei benützbarer Badestrände:

Panozzalacke
von der Steinspornbrücke stromabwärts, auf der linken Seite vom Hubertusdamm

Donau-Oder-Kanal
Becken II und III (von Groß-Enzersdorf über die Lobaustraße erreichbar)

Am Mühlwasser
zwischen Husarenweg, Kapellenweg und Biberhaufenweg

Dechantlacke
FKK-Strand; erreichbar über Roter Hiasl/Biberhaufenweg

Herrenhäufel
FKK-Strand; erreichbar über Roter Hiasl/Biberhaufenweg

WANDERN

„Zu den Reisenden, die sich an der Donau orientierten, gehörte auch Josef Kyselak, der um 1795 in Wien geboren worden war und 1831 dort verstarb. Kyselak, der seinen Ehrgeiz darein setzte, seinen Namen im Reich berühmt zu machen, wettete, innerhalb von drei Jahren im ganzen Land bekannt zu werden, ohne durch ein Verbrechen auf sich aufmerksam zu machen."
Roland Girtler

All jenen, die Donauinsel, Prater oder Lobau zu Fuß erkunden wollen, stehen ausgedehnte, gut markierte Wanderwege zur Verfügung. Die Ausgangspunkte sind mit öffentlichen Verkehrsmitteln erreichbar, Wanderkarten sind eine gute Hilfe. Hier seien einige Wanderwege als Beispiel angeführt.

Stadtwanderweg Prater

Länge: 13 Kilometer. Gehzeit 3—4 Stunden.
Route: Praterstern — Lusthaus (entlang Mauthnerwasser) — Maria Grün — Hauptallee — Endstation Liliputbahn — Wurstelprater — Kaisergarten — Praterstern.

Die Lobau und die östlich angrenzenden Donauauen bilden die letzten geschlossenen Flußauen dieser Größe in ganz Westeuropa. Sie sind Lebensraum und wichtiges Rückzugsgebiet für eine große Anzahl bedrohter Tier- und Pflanzenarten. Hier stehen auf einer Gesamtfläche von 2160 Hektar 40 Kilometer markierte Wanderwege zur Verfügung, die zum Teil auch mit dem Rad befahren werden können.

DONAUINSEL SÜD

NORDTEIL | **MITTELTEIL** | **SÜDTEIL**

Legende

Symbol	Bedeutung	Symbol	Bedeutung
	Badesandstrand, Badebucht		Trinkwasser
	U-Bahn		ÖBB-Bahnhof
	S-Bahn		Straßenbahn
	Parkplatz		Autobus
	Wasserskilift		Erste Hilfe
	Fähre		Grillplatz, Feuerstelle
	DDSG-Anlegestelle		Polizei
	WC, B für Behinderte		Freizeitbetriebe
			Fußgeher-Abgang
			Telefon
			Behinderteneinrichtung
			Radweg
			Ausstichpunkte
			Okozelle
			in Bau
			Rad-zufahrt

Einrichtungen

- △17 **Tonis Inselgrill** Telefon 22 81 75
- △18 **Buffet Barl**
- △19 **Freizeitzentrum Neue Donau** Radverleih, Surfverleih, Surfgarage, Buffet, Safari Bar, Restaurant Safari Lodge, Fischbraterei Barl, Telefon 22 77 30
- △18 **Surfschule Hawaii** Surfbrettverleih, Surfgarage, Telefon 22 77 30
- △20 **Surfschule, Surfbrettverleih, Surfgarage** Telefon 22 77 30
- △18 **Buffet Barl**
- △21 **Gaststätte Appel** Telefon 22 77 61
- △22 **Gaststätte Weidinger, WALU/USO-Fähre**
- △23 **Buffet Hofstätter** Milchbar Göschl
- △25 **Buffet Geiger** Telefon 77 21 34
- △31 **Restaurant Berger** Telefon 74 21 16
- △22 **Fähre Kreutner** Telefon 74 67 69
- △ **Restaurant Lindmayer** Telefon 74 21 83
- △ **Fähre Gruber** Telefon 48 29 18
- △33 **Restaurant Ronesch** Telefon 74 52 47

91A, 80B, 91A, 80B

WASSERSCHUTZGEBIET SÜD
ROTKREUZSTÜTZPUNKT
FKK
LOBGRUNDTOR
SEESCHLACHT
BAHNHOF LOBAU
DONAUSTROM
RUDERREGATTASTRECKE
Steinspornbrücke

Naturlehrpfad Lobau

Länge: 2 Kilometer
Route: Eßlinger Furt bis Lobaumuseum.

Auf den naturbelassenen Waldwegen wurden die wichtigsten einheimischen Bäume und Sträucher mit Holztafeln versehen, auf denen der wißbegierige Waldbesucher interessante Informationen über die jeweilige Pflanze findet.

Vogelschutzlehrpfad Donaupark

(bei der Arbeiterstrandbadstraße)
Länge: 1 Kilometer
Vogelfreunde können sich hier während des Spazierengehens über den richtigen Vogelschutz informieren. Schaukästen, ein großer Vogelschutzkalender und über 120 Objekte zeigen, auf welche Weise den Vögeln am wirkungsvollsten geholfen werden kann.

SPORT-PLÄTZE

„Wer im Sport große Leistungen vollbringen will, muß sehr früh — schon als Kind — damit beginnen. Solche Kinder werden in einem größeren Maß von ihrem Sport als von ihren Eltern erzogen. Die Gemeinschaft auf dem Sportplatz und der Anspruch auf Leistung prägen die Charaktere dieser jungen Menschen. So bringt der Sport die unterschiedlichsten Typen hervor: Einzelgänger und Schmähführer, Stille und Freche, Bescheidene und Größenwahnsinnige, Ehrliche und Intriganten."
Teddy Podgorski

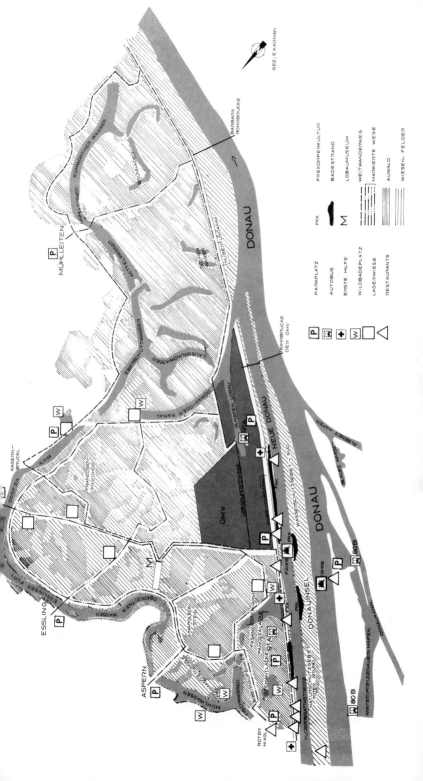

Rollschuhlaufen

Für Rollschuhfans gibt es bei der Reichsbrücke eine eigene Rollschuhbahn. Ausleihen kann man Rollschuhe bei Schuh-Ski bei der Reichsbrücke (Tel. 23 65 18) oder im Freizeitzentrum Neue Donau bei der Steinspornbrücke im Südteil (Tel. 22 05 911).

Sportstätten der offenen Tür

Auf der Donauinsel steht — besonders im Mittelteil — eine Reihe von Fußballfeldern in Turniermaßen unentgeltlich zur Verfügung.

Sport für Körperbehinderte

Für behinderte Menschen bestehen im Südteil der Neuen Donau entlang der Raffineriestraße besonders gute Zufahrtsmöglichkeiten, und speziell gestaltete Ufer ermöglichen auch eine Zufahrt direkt zum Wasser. Auch WC-Anlagen wurden behindertengerecht adaptiert.

ESSEN UND TRINKEN

„Aus kulinarischer Sicht ist die Donau einer der bemerkenswertesten Flüsse der Welt. An ihren Ufern geben sich die süddeutsche Küche, die ländlichen Küchen des Most-, Wein- und Waldviertels, die Wiener Küche, die ungarische Küche und die Küche des Balkans ein wohlschmeckendes Stelldichein. In Wien, am magischen Brennpunkt zwischen West und Ost, treffen Gegensätze aufeinander und vereinigen sich zu gaumenfreundlicher Harmonie, in der die ungarische Fischsuppe ebenso Platz hat wie der Waldviertler Knödel, wo die Wachauertorte so berühmt ist wie die Somloer Nockerl und wo Tafelspitz und Rasnici auf den Speisekarten friedlich nebeneinander vereint sind.
Die Geschichte mag den Donaustrom zum Schauplatz blutiger Scharmützel und Gefechte erwählt haben, das gute Essen und Trinken hat über feindliche Ufer jedoch so manche Brücke geschlagen."
Christoph Wagner

Im Wiener Donaubereich findet man von Fischspezialitätenrestaurants über Beisln, Cafés & Treffs, Discos bis zum Würstelstand für jeden Geschmack und jede Brieftasche etwas. Und wer mit Freunden ein Grillfest mit Selbstmitgebrachtem an einem lauen Sommerabend veranstalten will, dem stehen im Bereich

Fischrestaurant in Orth an der Donau

der Neuen Donau Grillplätze kostenlos zur Verfügung. Holzkohle muß man aber selbst mitbringen. Bei der Steinspornbrücke steht auf der Donauinsel außerdem ein Lagerfeuerplatz zur Verfügung. Anmeldung bei der Koordinationsstelle Donaubereich Wien, Tel. 42 800/3102 DW.

Fischrestaurants

Berger, 2., Dammhaufen 41, Tel. 74 21 16
Hickl, 22., Am Schutzdamm 75, Tel. 22 77 38
Landhaus Winter, 11., Albener Hafenzufahrtsstraße 262, Tel. 76 23 17
Lindmayer, 2., Dammhaufen 50, Tel. 74 21 83
Ronesch, 2., Praterspitz 65, Tel. 74 52 47
Zur alten Kaisermühle, 22., Alte Donau, Fischerstrand 6, Tel. 23 51 67

Restaurants/Beisln

Johann Strauß DDS. im Donaukanal, 1., Schwedenplatz, Abgang Marienbrücke, Tel. 533 31 63

Admiral Tegetthof, 2., Handelskai 265 (bei der Reichsbrücke), Tel. 24 94 04

Altes Jägerhaus, 2., Freudenau 255, Tel. 74 21 58

Butterfaß, 2., Prater Hauptallee 122, Tel. 24 41 05

Café-Restaurant Liane Neumüller, 2., Prater 28—29, Tel. 218 00 83 oder 24 14 37

Goldene Rose, 2., Prater 48, Tel. 24 93 83

Pizzeria Da Contessa, 2., Handelskai (Kafkasteg), Tel. 24 64 24

Praterfee, 2., Prater 121 an der Hauptallee, Tel. 26 23 16

Schweizerhaus, 2., Prater, Straße des Ersten Mai 116—117, Tel. 218 01 52 oder 24 23 17

Wieselburger Bierinsel, 2., Prater 11, Tel. 24 94 60

Zum englischen Reiter, 2., Prater, Straße des Ersten Mai 58, Tel. 24 71 47

Zum Walfisch, 2., Prater 71 b, Tel. 24 54 95

Gaststätte Donaurast, 19., Motorboothafen Kuchelau, Kuchelauer Hafenstraße 2, Tel. 37 16 57

Gaststätte Kaserer, 19., Donaupromenade (50 Meter stromabwärts der DDSG-Anlegestelle Nußdorf), Tel. 37 12 06

Piano Expreß (Wiener Beisl und Discothek), 20., Handelskai 127 (bei der Brigittenauer Brücke), Tel. 35 07 77

Gaststätte Paulas, 21., Neue Donau, linkes Ufer (bei der Brigittenauer Brücke)

Kadlez-Stuben, 21., Floridsdorfer Hauptstraße 9, Tel. 38 33 52

Donauturm, 22., Donauturmstraße 4, Tel. 23 53 68/32

Gaststätte Weidinger, 22., Raffineriestraße (bei der WALU-LISO-Fähre)

Isola, 22., Donauturmstraße 4, Tel. 23 53 70/20

Pizza-Keller, 22., Am Kaisermühlendamm 55, Tel. 23 56 033

Pizza-Paradies, Neue Donau, linkes Ufer (bei der Reichsbrücke, im Schuh-Ski-Haus), Tel. 23 25 64

Pizzeria Danubio, 22., An der Unteren Alten Donau 103, Tel. 23 25 33

Städtisches Strandbad Alte Donau, 22., Arbeiterstrandbadstraße 91, Tel. 23 05 22

Taverne am Sachsengang, Großenzersdorf, Schloßhoferstraße 60, Tel. 02249/2901

Tuttendörfl, Korneuburg, Tuttendörfl 6, Tel. 02262/2485

Buffet/Würstelstände

Buffet Hammermayer, 19., Donaupromenade (bei der DDSG Anlegestelle Nußdorf), Tel. 37 45 98

Buffet Böhm, 21., Neue Donau, linkes Ufer (bei der Jedleseer Brücke)

Buffet im Segelzentrum Wien,

Imbißbuden auf der südlichen „Copa Cagrana"

21., Segelhafen, Neue Donau, linkes Ufer

Buffet Knödler, Donauinsel (bei der Floridsdorfer Brücke), Tel. 30 60 04

Buffet Preissig, 21., Neue Donau, linkes Ufer (oberhalb der Nordbrücke)

Ski Nautika 2000, 22., Am Kaisermühlendamm, Neue Donau, linkes Ufer (bei Wehr 1), Tel. 23 63 47

Buffet Dreier, Neue Donau, linkes Ufer (beim Badestrand unterhalb der Ostbahnbrücke)

Buffet Geiger, 22., Neue Donau, linkes Ufer (Finsterbuschstraße)

Buffet Hofstätter, 22., Neue Donau, linkes Ufer (bei der Badebucht unterhalb der Hochspannungsleitung)

Buffet Peter's Club, 22., Am Kaisermühlendamm. Das Schiff liegt in der Neuen Donau am linken Ufer, bei Wehr 1, Am Kaisermühlendamm, vor Anker. Tel. 23 06 09

Fischbraterei Barl, Freizeitzentrum Neue Donau, 22., Steinspornbrücke, Am Damm 1, Tel. 22 77 30

Heuriger Zur Esslinger Furth, 22., Mühlhäufl 342, Tel. 22 52 21

Milchbar Göschl, 22., Neue Donau, linkes Ufer (am Anfang der Finsterbuschstraße)

Cafés/Treffs

Atelier, 21., Arbeiterstrandbadstraße 110, Tel. 30 25 78

Leuchtcafé, Donauinsel (bei der Brigittenauer Brücke

Safari-Lodge, Freizeitzentrum Neue Donau, 22., Steinspornbrücke, Tel. 22 70 30

Gasthaus an der südlichen Alten Donau

Zusammenstellung des IV. Teils (Freizeit an der Donau) von Silvia Ehalt.

DIE AUTOREN

BERTRAND MICHAEL BUCHMANN, geboren 1949 in Wien, Dr. phil. et Mag. rer. nat., Geograph und Historiker. Universitätsdozent für neuere österreichische Geschichte an der Universität Wien.
Zahlreiche Publikationen, darunter: „Der Prater. Die Geschichte des Unteren Werd" (Wien—Hamburg 1979), „Türkenlieder zu den Türkenkriegen und besonders zur zweiten Wiener Türkenbelagerung" (Wien—Köln—Graz 1983)

MANFRED CHOBOT, geboren 1947 in Wien, lebt hier nach dem Studium der Kulturtechnik als freier Schriftsteller. Seit 1972 erhielt er einige Preise und Stipendien.
Zahlreiche Buchveröffentlichungen und Arbeiten für den ORF, den Hessischen Rundfunk, den Süddeutschen Rundfunk, für die RAI und fürs Kabarett („Salto Mortale", Freie Bühne Wieden, Wien 1980)

BARBARA DENSCHER, geboren 1956 in Wien, Mag. phil., Studium der Germanistik und Anglistik in Wien, Dänisch in Kopenhagen. Freie Mitarbeiterin des ORF und Übersetzerin.
Veröffentlichungen zu literatur- und kulturgeschichtlichen Themen.

EDITH DÜRRER wurde 1947 in Wien geboren, schloß das Studium der Germanistik und Geschichte in Wien mit einer Dissertation über die Zeit von 1683 bis 1740 in niederösterreichischen Sammlungen ab.
Publikationen in „Die Presse", Wiener Zeitung, IBF; Mitherausgeberin der Ostnachrichten.

ANDREAS DUSL, geboren 1961, Mag. art., Absolvent der Akademie der bildenden Künste in Wien, Meisterschule für Bühnengestaltung bei Luis Egg. Arbeitete als Artdirektor beim Forum und bereitete den Spielfilm „Strombuli 926" vor.
Publikationen im Profil, im Forum, Wiener, Ikarus, Elastic Freeway Magazine und in der Boston Morning Post.

ERNST GERHARD EDER, Jahrgang 1956, Mag. phil., Studium der Geschichte und Sozialwissenschaften in Wien und Zürich, kulturwissenschaftliche Forschungen, animierende und aktivierende Kulturarbeit, Projekt- und Veranstaltungskoordination.
Publikationen auf denselben Gebieten.

HUBERT CH. EHALT, Dr. phil., Jahrgang 1949, Lehrbeauftragter für Sozialgeschichte und Anthropologie an der Universität Wien und Wissenschaftsreferent der Stadt Wien.
Zahlreiche Publikationen, unter anderem Herausgeber der Kulturstudien (Verlag Böhlau, Wien).

SILVIA EHALT, Studium der Theater- und Musikwissenschaften, in der Erwachsenenbildung tätig, lebt in Wien.

GERO FISCHER, geboren 1944 in Oberösterreich, Dr. phil., Studium der Slawistik und Sprachwissenschaften in Wien, Prag und

Skopje. Universitätsdozent an der Universität Wien. Verschiedene Publikationen und Fotoausstellungen.

ERNST GEHMACHER, geboren 1926 in Salzburg, Studium der Landwirtschaft, Soziologie und Psychologie, seit 1965 im IFES als Sozialwissenschafter tätig. Lehrbeauftragter an der TU-Wien für Architektursoziologie und an der Universität Wien für Kommunikationswissenschaften.
Arbeitsschwerpunkte: Wohnbauforschung, Wahlverhaltensforschung und Kommunikationsforschung.

ROLAND GIRTLER, geboren 1941, Studium der Völkerkunde, Urgeschichte und Philosophie. Seit 1979 Universitätsdozent für Soziologie an der Universität Wien.
Arbeitsschwerpunkte: Kulturwissenschaftliche und soziologische Untersuchungen diverser Subkulturen, zahlreiche Publikationen.

CHRISTIAN HÖLLER, geboren 1957, Mag. jur., Studium der Rechtswissenschaften in Wien. Überzeugter Alltagsradfahrer und Mitarbeiter der „Arbeitsgemeinschaft umweltfreundlicher Stadtverkehr" (ARGUS). Koordiniert dort u. a. das regelmäßige Erscheinen der Zeitschrift „Drahtesel". Lebt in Wien.

ELISABETH KOLLER-GLÜCK, Mag. art. et Dr. phil., Studium der Gebrauchsgraphik, Kunstgeschichte, Geschichte und Kommunikationswissenschaften. Seit fünfzehn Jahren freie Kulturpublizistin.
Publikationen (Auswahl): „Unbekannter Jugendstil in Wien", „Die Kirche am Steinhof", „Wiener Biedermeierhäuser" u. a.

WERNER NACHBAGAUER, geboren 1954 in Tirol, in der Steiermark aufgewachsen, arbeitet als freischaffender Volkskundler im Umfeld des Stroms und seiner Zuflüsse.

MARTIN POLLAK, Dr. phil., geboren 1944 in Bad Hall (Oberösterreich). Studium der Slawistik in Wien und Warschau. Seit 1983 freier Publizist. Lebt in Wien.

CHRISTOPH RANSMAYR, geboren 1954 in Wels, Studium der Philosophie, mehrere Jahre Kulturredakteur, Mitarbeit an verschiedenen österreichischen und deutschen Zeitschriften (u. a. Transatlantik, Merian, Geo).
Buchveröffentlichungen (darunter): „Die Schrecken des Eises und der Finsternis" (Verlag Brandstätter, Wien 1983)

LEOPOLD REDL, geboren 1948 in Wien, Mag. arch. Dr., Studium der Architektur an der Akademie der Bildenden Künste. Freischaffend mit städtebaulichen Studien und Projekten beschäftigt, Lehrbeauftragter für Städtebau an der Hochschule für Angewandte Kunst.
Buchveröffentlichungen u. a.: „Die Donauinsel" (Wien 1980), „Ein Stadtviertel verändert sich" (Wien 1987).

HERMANN SCHACHT, geboren 1938 in Bonn am Rhein, Dipl.-Ing., Studium der Biologie in Wien, Landschaftsplanung und Landschaftsökologie an der TU in München. Seit April 1986 Ordinarius für Landschaftsplanung und Landschaftsökologie an der

Universität für Bodenkultur in Wien und Vorstand des Instituts für Landschaftsgestaltung und Gartenbau.
Zahlreiche Buchveröffentlichungen.

DIETER SCHRAGE, geboren 1935 in Hagen (BRD), Dr. phil., Studium der Theaterwissenschaften in Köln und Wien. Kustos am Museum moderner Kunst, Universitätslehrer in Wien und Salzburg. Zahlreiche Veröffentlichungen zu den Themen Kunst, Kulturpolitik und Politik.

ELISABETH SPANLANG, geboren 1958, Studium der Germanistik, Anglistik und Politikwissenschaft in Wien, Dissertation über Elfriede Jelinek, Lektoratsarbeiten, Mitarbeit an Zeitschriften und Lexikas.

HERBERT STEINER, geboren 1923 in Wien, Dr. phil., Studium der Geschichte an den Universitäten in Prag und Wien; Universitätsprofessor, Mitarbeit im Dokumentationsarchiv des österreichischen Widerstands.
Zahlreiche Publikationen zur Geschichte der österreichischen Arbeiterbewegung.

MANFRIED WELAN, geboren 1937, Dr. jur., Studium der Rechtswissenschaften, Stadtrat von Wien und Universitätsprofessor. Zahlreiche Arbeiten zum Verfassungs-, Umwelt- und Agrarrecht.
Publikationen (u. a.): „Demokratie und Verfassung in Österreich", „Das österreichische Staatsoberhaupt".

KLAUS WILDNER, geboren 1958, Nachtportier und Student der Sozialgeschichte und Ethnologie in Wien. Lebt in Wien.

HANS WÖSENDORFER, Jahrgang 1949, Dipl.-Ing., studierte Raumplanung und Raumordnung. Gegenwärtiges Arbeitsgebiet: Biotopschutz und Landschaftsplanung.
Publikationen (u. a.): Hans Wösendorfer, Leopold Redl, Die Donauinsel. Ein Beispiel politischer Planung in Wien (Wien 1980).

Bildnachweis

Die Bilder, die die aktuelle Situation der Donaulandschaft dokumentieren, stammen von Hubert Ch. Ehalt und Gero Fischer. Die Bilder zu den Beiträgen von Leopold Redl und Hans Wösendorfer stammen von den Autoren. Das Foto auf Seite 101 hat Didi Sattmann zur Verfügung gestellt.
Historische Aufnahmen mit freundlicher Genehmigung von:
Historisches Museum der Stadt Wien, Österreichische Nationalbibliothek, Fotoarchiv Doz. Dr. Herbert Steiner, Magistratsabteilung 19/Wien.
Karten über Donauinsel, Alte Donau und Lobau mit freundlicher Genehmigung des Presse- und Informationsdienstes der Stadt Wien.
Karthographische Arbeiten: Erika Karhan-Grubits.

Verfasser- und Quellenverzeichnis

Peter Altenberg, In einem Wiener „Puff", aus: Märchen des Lebens, Volk & Welt (Berlin 1908)

H. C. Artmann, dod en wossa. Aus: med ana schwoazzn dintn, Otto Müller Verlag Salzburg (Salzburg 1958)

Peter Jagschitz, E. Mulley, Die wilden fünfziger Jahre (St. Pölten—Wien 1985), S. 303

Geschäftsgruppe Stadtentwicklung und Stadterneuerung (Hrsg.), Der Donaukanal. Geschichte — Planung — Ausführung; für den Inhalt verantwortlich: Betrand Michael Buchmann, Harald Sterk, Rupert Schickl; erschienen in der Reihe: Beiträge zur Stadtforschung, Stadtentwicklung und Stadtgestaltung, Bd. 14 (Wien 1984)

Fritz Keller (Hrsg.), Lobau — Die Nackerten von Wien (Wien 1985)

Carl Lorens, Der Donau Gigerl. Aus: Wiener Lieder und Tänze, Copyright by Bosworth & Comp.

Bernhard Marienne, Das Biedermeier. Kultur zwischen Wiener Kongreß und Märzrevolution (Düsseldorf 1983)

Trude Marzik, „Rettung", „Gänsehäufel am Sunntag", „Gänsehäufel unter der Wochen". Aus: Aus der Kuchelkredenz, Copyright by Paul Zsolnay Verlag Gesellschaft m. b. H. (Wien—Hamburg 1971)

Teddy Podgorski, Kämpfernaturen und Traumtänzer. Aus: Muskeln auf Papier, Copyright by Edition S, Österreichische Staatsdruckerei (Wien 1986)

Der Sonnenmensch Helios, Nr. 108, Jg. 14/1983

Herausgeber und Verlag danken den Autoren, lizenzgebenden Verlagen und allen sonstigen Rechteinhabern für ihr freundliches Entgegenkommen bei den Gewährung der Abdruckrechte.